정치,
이렇게
굴러갑니다

청와대, 총리실, 국회는 무슨 일을 하는가

정치, 이렇게 굴러갑니다

···

손은혜 지음

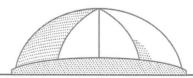

원더박스

정치 보도 1년,
무엇을 찾고 싶었나?

2020년 5월, 정치부 국회팀에 배치받았습니다. 같은 해 11월부터는 청와대와 총리실을 취재했습니다. 국회에서 많은 국회의원을 만났습니다. 청와대와 총리실에서 많은 관료와 정치인을 또 만났습니다. 코로나 정국, 부동산 광풍 속에서 정치권이 어떤 고민을 하는지 가까이에서 생각을 보고 들었습니다.

코로나 정국, 부동산 광풍 속 정치는 무얼 하고 있었나

청와대는 법을 만들지 않습니다. 직접 행정을 하지도 않습니다. 그러나 국정 전반의 큰 그림을 그려 나갑니다. 2020년과 2021년 한국 사회는 코로나19로 고통받았습니다. 부동산 가격 급등으로 시민들의 분노가 들끓었습니다. 이 속에서 대통령을 보좌하는 비서실과 국정을 고민하는 정책실, 통칭 청와대는 고민하고 또 고민하고 있었습니다. 사람들은 다양한 문제를 가지고 청와대의 문을 두드렸습니다. 시민들의 아픔과 갈등을 살펴 이해하고, 행정부에 비전을 제시하고, 국회와 소통하며 입법을 이끌어 내는 과정. 이 모든 과정에서 청와대는 분투하고 있었습니다.

그리고 청와대 곁에 총리실이 있었습니다. 코로나 정국 속에 중앙재난대책본부를 이끄는 국무총리의 책임은 막중했습니다. 국무총리 아래 총리실(국무조정실과 국무총리비서실)은 행정 부처 사이의 업무를 조율하는 조직입니다. '부처 간 업무를 조율한다.' 이만큼 애매한 말이 또 있을까요? "적극 행정 할라치면 끝이 없고, 안 할라치면 한없이 일을 안 해도 되는 곳." 이게 총리실을 규정하는 말이었습니다. 대통령제 국가에서 총리실은 역할과 책임의 경계가 애매하지만 해야 할 일은 너무나 많은 그런 곳이었습니다.

민주주의의 꽃, 국회에서는 정말 많은 갈등을 보고 들을 수 있었습니다. 20대 국회가 막을 내리고 21대 국회가 출범하던 시기, 이전 국회에서 폐기되어 아쉽다고 꼽은 법안이 이번 국회에서 1년도 되지 않아 모두 통과하는 것을 보며 정치의 역동성을 느꼈습니다. 사회 곳곳의 부조리와 모순을 드러내어 바로잡아 가는 정의로운 모습도 보았지만, 때로는 정쟁 일변도의 아쉬운 모습도 마주했습니다. 따뜻한 마음을 이야기하는 보수를 만났고, 더 나은 미래를 꿈꾸는 진보를 만났으며, 진보도 보수도 아닌 제3의 길을 개척하는 사람들도 만날 수 있었습니다.

정책 보도 그 어려움에 관하여

2020년 당시 KBS 정치부의 목표는 정쟁 보도 일변도였던 이제까지의 정치 뉴스를 바꿔 보자는 것이었습니다. '정쟁 반, 정책 반 보도하자.' 시민을 위한 정책 경쟁이라는 정치의 본질을 제대로 이해하고, 그 취지를 뉴스를 통해 살려 보자는 것이었죠. 그래서 정치부 구성원도 정당팀과 의제팀으로 반반 나눠서 구성했습니다. 저는 국회 의제팀 소속으로 의원들이 무슨 정책을 구상하고 있는지, 지금 국회 안에서는 어떤 법안들이 논의되고 있는지 심도 깊게 살피고 시의적절하게 시민들에게 전달하는 역할을 맡았습니다. 그런데 이 일이 얼마나 어려운 것인지, 몇 번 해 보고서야 알았습니다.

첫째, 제가 중요하다고 생각하는 의제 혹은 법안이 보편타당성을 띠기가 매우 어렵다는 사실을 알았습니다. 노동, 복지, 부동산 문제 등등 제가 중요하다고 생각하는 의제를 열심히 따라가다 보면 저도 모르게 제 주관에 치우치게 되었습니다. 내가 의제화하고 싶은 법안의 입법 방향이 우리 사회에 보편적으로 득을 주는 것인가? 이 물음 앞에서 끊임없이 성찰해야 했습니다.

둘째, 법이 만들어지기까지, 법안을 둘러싸고 치열한 논쟁이 벌어지고, 여러 단계를 거치는 입법 과정을 따라가는 게 쉽지만은 않았습니다. 정책과 정치는 떼어 놓고 생각할 수가 없습니다. 어떤 정책의 입안 과정은 정쟁과 함께합니다. 해당 정책을 둘러싼 여러 정당의 이해관계, 수많은 사람의 권력 다툼 속에서 수십, 수백 번의 변화를 거치게 되는 겁니다. 법 하나 태어나기가 때로는 얼마나 어려운지! 그 지난하고 긴긴 과정 속에서 논의의 흐름을 따라가기 쉽지 않을 때가 많았습니다.

셋째, 그 무엇보다 가장 어려웠던 것은 제가 옳다고 생각한 것들이 세상에 받아들여지지 않을 때 느끼는 한 소시민으로서의 자괴감이었습니다. 꽤 여러 순간 세상에 꼭 정의가 승리하는 것만은 아닌 것 같다는 생각을 하게 됐습니다. 그럴 때 느끼는 안타까움이 참 컸습니다. 그런 사적인 안타까움을 가슴속에 묻고 객관적이고 건조하게 뉴스를 만들 때마다 기자라는 직업은 과연 무엇인가 회의하기도 했습니다.

무엇을 찾고 싶었나?

이렇게 짧다면 짧고 길다면 긴 1년간의 국회, 청와대, 총리실 출입이 끝났습니다. 다른 부서로 자리를 옮기며 정치부에서의 1년 동안 내가 그토록 찾고 싶던 것은 무엇이었는지 반추해 보았습니다.

숨 가쁘게 돌아가는 정치권을 취재하며 제가 찾고자 했던 것은 '위로하는 정치'였던 것 같습니다. 사회의 아픔을 이해하고 조금이나마 앞으로 나아가려는 관료와 각자 지향하는 가치는 달라도 저마다의 살기 좋은 세상을 위해 분투하는 국회의원을 볼 때면 힘이 났습니다. 그리고 또 한 가지, 굴곡진 삶의 아픔을 이겨 낸 정치인을 만날 때면 고마운 마음이 드는 동시에 위안도 얻곤 했습니다.

정치권 취재를 하는 동안 때로는 분노하고 때로는 위로받으며 아주 조금은 성장하는 느낌이 들었습니다. 정치를 통해 우리 사회가 앞으로 나아간다는 느낌을 받았기 때문입니다. 때로는 헛발질을 하는 것 같으나 종종 치열하게 고민하고, 최선을 다해 분투하는 것 같으나 또 간혹 넘어지고, 넘어지는 듯하면서도 다시 일어서는 모습을 보았습니다. 지난한 가치 논쟁과 정책 경쟁을 거쳐 아주 더디지만 한 걸음을 내딛는 순간을 볼 때면 이루 말할 수 없는 위로를 받았습니다. 이 역사의 흐름처럼, 운명처럼, 내 인생도 미세하지만 앞으로 나아갈 수 있겠다는 희망도 품게 됐습니다.

그런 과정을 보면서 세 가지를 담아 책을 써야겠다고 결심했습니다.

하나, 2020년 중순부터 2021년 중순까지. 문재인 정부 청와대와 총리실의 모습, 그리고 21대 국회의 모습을 기록으로 남기자. 둘, 어떻게 하면 나라가 더 좋아질 것인지 치열하게 논쟁하며 고민을 거듭했던 사람들을 역사의 기록으로 남기자. 셋, 청와대, 총리실, 국회가 무슨 일을 하는지 정리한 책을 쓰자. 사람들이 세 기관에 대한 마음의 문턱을 낮출 수 있게 알기 쉬운 언어로 정리하자.

이 책은 '정치에 환멸을 느끼지만 정치를 포기할 수 없는' 시민들을 위한, 2020~2021년 정치권의 기록입니다. 또 가까이에서 보기 전에는 저조차도 잘 몰랐던 국회, 청와대, 총리실이 하는 일을 담은 읽기 쉬운 정치 상식서이기도 합니다. 그리고 정치권을 출입하며 저와 인연을 맺은 정치인들의 땀과 눈물, 삶을 담은 인터뷰집이기도 합니다.

정치는 시민의 관심을 먹고 자랍니다. 우리가 두 눈 크게 뜨고 정치인을 지켜볼 때, 그들은 보다 올바른 정치를 펼칠 것입니다.

독자들께서 이 작은 책을 통해 대한민국 정치 권력이 어떻게 움직이고 있는지 쉽게 익힐 수 있다면 좋겠습니다. 그리고 앞으로 어떤 정치인을 선택해야 할 때, 냉정하고 현명한 결정을 내리는 데 도움을 얻으셨으면 좋겠습니다.

온갖 당리당략 속에서도 정치의 이상을 믿는 시민들을 위해, 이 책을 세상에 내놓습니다.

목차

• 여는 글: 정치 보도 1년, 무엇을 찾고 싶었나? | 4

1. 권력의 정점, 청와대

1-1. 청와대에서는 누가, 어떤 일을 하고 있나? —————— 17

　대한민국 대통령에게 주어진 막강한 권한 —————— 17

　대통령을 가장 가까이에서 보좌하는 사람들 —————— 20

　인사가 만사다 —————————————————— 42

　한국 사회 모든 갈등은 청와대로 모인다? —————— 49

　INTERVIEW 01 한 걸음씩 양보했다면 어땠을까?

　　　　　　김제남 전 대통령비서실 시민사회수석비서관 ——— 53

1-2. 욕먹고 갈등하고, 청와대도 사람 사는 곳이다 —————— 61

　문재인 정부 청와대를 보며 소통을 생각하다 —————— 61

　민정수석실발 갈등을 취재하며 ———————————— 68

　실패를 인정할 줄 아는 정부를 꿈꾼다 —————————— 72

　INTERVIEW 02 내가 배운 것을 정책으로 실현하기 위하여

　　　　　　이병헌 대통령비서실 중소벤처비서관 —————— 77

2. 총리실, 그 애매함에 관하여

2-1. 대통령과 국무총리가 공존하는 대한민국 ——————— **89**

국무총리는 무슨 일을 할까? ———————————————— 89

청와대 대신 총리실? 국정을 조정하는 곳, 국무조정실! ——100

INTERVIEW 03 갈등의 시대에 걸맞는 리더십을 고민하다

정기남 전 국무총리비서실 정무실장 ——————107

2-2. 상처와 아픔을 남긴 코로나 정국, 정부는 무엇을 했나 ——**115**

방역 단계를 둘러싼 긴 논의 ————————————————115

코로나19가 던진 화두, 선별이냐 보편이냐 ———————118

INTERVIEW 04 국무조정실은 행정부를 조율해 끌고 가는 운전사다

구윤철 국무조정실장 ——————————————125

INTERVIEW 05 답이 없는데 답을 찾아야 하는 숙명에 관하여

장상윤 국무조정실 사회조정실장 ————————134

3. 민주주의의 꽃, 국회

3-1. 국회는 숨 가쁘다 ——————————— 147

걸어 다니는 헌법기관, 국회의원의 역할 ——————— 148

21대 국회 1호 법안은? ——————————— 156

아쉬움 가득한 대정부질문의 기억 ———————— 160

INTERVIEW 06 반대편의 의견도 들을 수 있는 정치를 꿈꾼다

곽현준 국회사무처 국제국장 ———————— 165

3-2. 법 하나 태어나기가 얼마나 어려운지! ——————— 173

일하다 죽지 않을 권리, 중대재해처벌법 ——————— 175

부동산 관련 입법의 딜레마 ————————— 182

입법이란 무엇인가 ——————————— 190

INTERVIEW 07 함께 비 맞아 주는 정치인이 되고 싶다

강은미 정의당 원내대표 ——————————— 193

3-3. 사회의 부정을 감시하는 국회 ———————— 202

'비전문가' 정치인은 '전문가' 관료를 통제할 수 있을까? —— 202

국감 취재, 사회 곳곳의 부조리를 찾아서 ——————— 206

INTERVIEW 08 '날 뽑아 준 사람'의 이야기를 하는 정치인을 만나고 싶다

한상필 보좌관(국민의힘 김태흠 의원실) ——————— 218

4. 정당 정치, 진보와 보수를 넘어

4-1. 여당을 만나며, 진보인 듯 진보 아닌 사람들 ——————— 232

INTERVIEW 09 진보는 오늘보다 내일의 삶이 더 나아질 수 있다고 믿는 것!
　　　　　　　민형배 더불어민주당 국회의원 ——————— 240

4-2. 야당을 만나며, 품격 있는 보수를 찾아서 ——————— 249

INTERVIEW 10 약자를 보듬는 따뜻한 보수가 필요하다
　　　　　　　조해진 국민의힘 국회의원 ——————— 257

4-3. 제3의 길, 정의당과 소수정당을 만나며 ——————— 265

원내 제3정당의 무게, 정의당을 만나다 ——————— 266

누구도 가 보지 않은 길, 소수정당의 움직임 ——————— 271

INTERVIEW 11 보수도 진보도 아닌 새로운 길을 만들어 간다
　　　　　　　조정훈 시대전환 국회의원 ——————— 276

4-4. 좋은 정치란 무엇인가 ——————— 286

진보와 보수가 수없이 헷갈리는 대한민국 ——————— 286

운동권을 위한 변명 ——————— 294

정치인에게 돈이란? ——————— 298

그들이 가진 소명에 눈을 크게 뜨고 ——————— 300

- 닫는 글: 위로하는 정치를 찾아서 ｜ 306
- 책을 쓰는 이유 & 감사의 글 ｜ 313
- 미주 ｜ 316

1

권력의 정점,
청와대

청와대에서는 누가, 어떤 일을 하고 있나?

대한민국 대통령에게 주어진 막강한 권한

청와대를 출입하기 전에는 청와대 조직에 대해 잘 몰랐습니다. 비서실장이나 경제수석이야 언론에 하도 많이 등장하는 사람들이니 어떤 일을 하는지 대략 이해는 하고 있었지만, 그 이하 비서관들이 어떤 역할을 하는지, 누가 그 자리에 있는지 정확하게 알지 못했습니다. 청와대에 배치받고 나서 제일 처음 한 일은 청와대 비서관급 이상 구성원의 연락처를 받아 들고 이 사람들이 무슨 일을 하는지, 그리고 청와대 조직은 어떻게 돌아가는지 파악하는 것이었습니다. 무엇보다 청와대를 본질적으로 이해하려면 대통령이 무슨 일을 하는 사람인지 알 필요가 있었습니다.

작가 존 스타인벡은 이런 말을 했습니다. "우리는 대통령에게 도저히 한 사람이 해낼 수 없는 일과, 도저히 한 사람이 감당할 수 없는 책임과, 도저히 한 사람이 견뎌 낼 수 없는 압박을 주고 있다." 또 미국의 제3대 대통령 토마스 제퍼슨은 대통령이라는 자리를 '화려한 불행'이라고 칭하기도 했습니다.[1] 실제 대통령에게 부여된 권한을 들여다보면서 이 말이 과언은 아니라는 생각을 하게 됐습니다.

대통령이 누구인지를 이해하려면, 국가가 무엇인지부터 이해해야 합니다. 근대 국가는 제도화된 통치 조직입니다. 국가는 한정된 영토 안에서 정당하게 물리적인 폭력을 행사할 권한을 가지고 있습니다. 막스 베버는 이렇게 말합니다. "근대 국가는 이런 독점을 통해서 모든 물질적인 통제 수단을 지도자의 수중으로 통합시켰다."[2] 과거에는 신분 제도 등이 시민을 통제할 권한을 가졌지만, 이제는 국가가, 그리고 국가를 운영하는 정치인이 그런 권한을 행사하기 시작한 겁니다.

세계 각국의 입법부와 사법부, 행정부는 각기 다른 모습으로 견제와 균형을 이뤄 나가고 있습니다. 우리나라와 같은 대통령제 국가에서는 행정부의 수반인 대통령이 입법부나 사법부에 비해 훨씬 강한 권한을 가지고 있습니다.

우리나라 대통령이 가진 권한은 다양합니다. 일단 행정부의 최고 지도자 역할을 합니다. 조약을 체결하고, 외교 사절을 신임하고 파견하는 역할도 합니다. 대통령은 헌법 개정안을 발안할 수 있고, 국가 주요 정책을 국민투표에 부의할 수도 있습니다. 국회에 임시회 소집을 요구할 수 있고, 국군 통수권과 긴급명령권, 계

대한민국 헌법에 제시된 대통령의 주요 권한

제47조 ① (…) 국회의 임시회는 대통령 또는 국회 재적의원 4분의 1 이상의 요구에 의하여 집회된다.

제53조 ① 국회에서 의결된 법률안은 정부에 이송되어 15일 이내에 대통령이 공포한다.
② 법률안에 이의가 있을 때에는 대통령은 제1항의 기간 내에 이의서를 붙여 국회로 환부하고, 그 재의를 요구할 수 있다. 국회의 폐회 중에도 또한 같다.

제66조 ① 대통령은 국가의 원수이며, 외국에 대하여 국가를 대표한다.
④ 행정권은 대통령을 수반으로 하는 정부에 속한다.

제72조 대통령은 필요하다고 인정할 때에는 외교·국방·통일 기타 국가 안위에 관한 중요 정책을 국민투표에 붙일 수 있다.

제73조 대통령은 조약을 체결·비준하고, 외교 사절을 신임·접수 또는 파견하며, 선전포고와 강화를 한다.

제74조 ① 대통령은 헌법과 법률이 정하는 바에 의하여 국군을 통수한다.

제75조 대통령은 법률에서 구체적으로 범위를 정하여 위임받은 사항과 법률을 집행하기 위하여 필요한 사항에 관하여 대통령령을 발할 수 있다.

제76조 ① 대통령은 내우·외환·천재·지변 또는 중대한 재정·경제상의 위기에 있어서 국가의 안전보장 또는 공공의 안녕질서를 유지하기 위하여 긴급한 조치가 필요하고 국회의 집회를 기다릴 여유가 없을 때에 한하여 최소한으로 필요한 재정·경제상의 처분을 하거나 이에 관하여 법률의 효력을 가지는 명령을 발할 수 있다.
② 대통령은 국가의 안위에 관계되는 중대한 교전 상태에 있어서 국가를 보위하기 위하여 긴급한 조치가 필요하고 국회의 집회가 불가능한 때에 한하여 법률의 효력을 가지는 명령을 발할 수 있다.

제77조 ① 대통령은 전시·사변 또는 이에 준하는 국가비상사태에 있어서 병력으로써 군사상의 필요에 응하거나 공공의 안녕질서를 유지할 필요가 있을 때에는 법률이 정하는 바에 의하여 계엄을 선포할 수 있다.

제79조 ① 대통령은 법률이 정하는 바에 의하여 사면·감형 또는 복권을 명할 수 있다.

제81조 대통령은 국회에 출석하여 발언하거나 서한으로 의견을 표시할 수 있다.

제128조 ① 헌법 개정은 국회 재적의원 과반수 또는 대통령의 발의로 제안된다.

엄 선포권 등의 권한도 갖습니다. 입법에 해당하는 권한, 즉 법률을 제안하고 공포하고 거부할 수 있는 권한도 있습니다. 사법에 해당하는 사면·감형·복권을 명령할 수 있는 권한도 있습니다. 대통령의 권한은 이토록 막강합니다.

하지만 대통령을 견제하는 장치도 있습니다. 대통령이 직무를 수행하다가 헌법이나 법률에 위배하는 행동을 하면 탄핵할 수 있습니다. 국회 재적의원의 과반수가 발의하고 3분의 2 이상이 찬성하면 대통령을 탄핵 소추할 수 있고, 헌법재판소 재판관 6인 이상이 찬성하면 탄핵이 성립합니다. 우리나라 국민에게는 대통령이 잘못하면 그 자리에서 끌어내릴 수 있는 권한이 있는 셈입니다.

청와대 출입기자가 되어 대통령이 하는 일을 날마다 유심히 살피고 기사를 쓰면서 대통령이 가진 권한이 얼마나 큰지 새롭게 깨달았습니다. 나라의 얼굴이자 나라 살림살이의 총책임자이면서 정말 많은 권한을 지닌 단 한 사람, 대통령! 이 사람을 잘 뽑는 것이 국가의 미래뿐 아니라 나 개인의 안위를 위해서도 얼마나 중요한지 시민의 한 사람으로서 새삼스럽게 깨닫는 나날이었습니다.

대통령을 가장 가까이에서 보좌하는 사람들

대통령을 보좌하는 청와대 조직은 꽤 큽니다. 누가 어느 부서에서 어떻게 일하는지 파악해야 취재를 할 수 있습니다. 그래서 저는 청와대 직제표를 수첩에 붙여 두고 청와대 조직을 이해하려 애썼습니다.

현재 청와대 조직은 크게 두 축으로 나뉘어 있습니다. 하나는 대통령비서실이고 다른 하나는 정책실입니다. 직제상으로는 정책실이 비서실 산하로 분류되어 있지만, 정책실장과 비서실장 모두 장관급이고 역할도 서로 다릅니다. 대통령비서실은 대통령을 보좌해서 국정을 수행하고, 정책실은 경제, 교육, 사회, 문화 등 정부 정책에 관련된 업무를 담당합니다.

2021년 10월 현재, 문재인 정부 청와대에서는 대통령비서실장과 정책실장을 두고 있습니다. 비서실장 아래에 'ㅇㅇ수석'으로 불리는 정무, 민정, 국민소통, 시민사회, 인사 수석비서관이 있고, 정책실장 아래에 일자리, 경제, 사회 수석비서관이 있습니다. 정책실장 아래에는 세 명의 수석 외에 경제보좌관과 과학기술보좌관이 있습니다. 각 수석비서관 아래에는 여러 분야를 세분화해서 책임지는 2~6명의 비서관을 둡니다. 비서실장 직속으로는 총무, 의전, 제1, 2부속, 기획, 연설, 국정기록 비서관과 국정상황실이 있습니다. 비서실장과 정책실장은 장관급이고, 수석과 보좌관은 차관급입니다. 실장-수석-비서관으로 이어지는 청와대 조직 속에서 각 비서관실에 10~40명 사이의 행정관이 배정돼 실무를 더욱 세밀하게 책임집니다. 정리하자면 문재인 정부 청와대는 대통령 산하에 두 명의 실장과 열 명의 수석 및 보좌관, 그 아래 40여 명의 비서관과 각 비서관실의 행정관으로 구

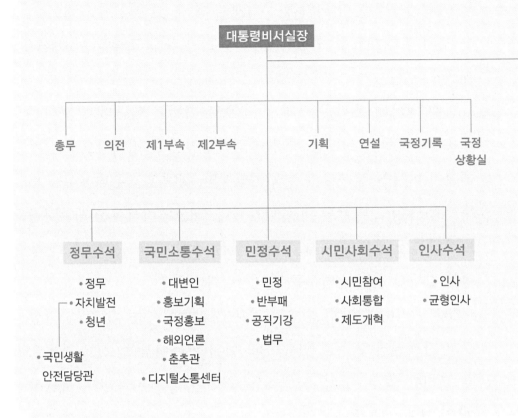

대통령비서실장
총무 의전 제1부속 제2부속 기획 연설 국정기록 국정상황실

정무수석
• 정무
• 자치발전
• 청년
• 국민생활
  안전담당관

국민소통수석
• 대변인
• 홍보기획
• 국정홍보
• 해외언론
• 춘추관
• 디지털소통센터

민정수석
• 민정
• 반부패
• 공직기강
• 법무

시민사회수석
• 시민참여
• 사회통합
• 제도개혁

인사수석
• 인사
• 균형인사

성되어 있는 셈입니다.

청와대 직원은 대략 1000여 명 정도이고, 이 가운데 경호처 소속 공무원이 500여 명으로 알려져 있습니다. 그럼 대통령 경호 인원을 제외한 비서실과 정책실에 있는 500여 명의 비서관과 행정관은 어떻게 구성할까요? 청와대 구성원들의 출신 이력은 다양합니다. 공무원 세계에는 두 부류가 있는데, 흔히들 '어공(어쩌다 공무원)'이라고 불리는 정무직 공무원과 '늘공(늘상 공무원)'이라고 불리는 일반 공무원이 있습니다. 청와대에는 대통령 캠프 출신

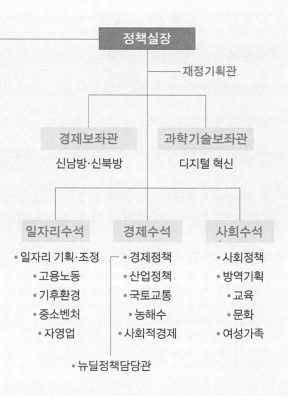

인사나 정치권 인사 같은 어공, 그러니까 정무직 공무원도 있고, 정부 각 부처에서 청와대로 차출된 늘공, 즉 일반 공무원도 있습니다. 물론 개인 성향 차도 있겠습니다만, 아무래도 전문성 측면에서는 늘공이 더 앞서가고 전체적인 판을 읽거나 대인관계의 유연함 등은 어공이 좀 더 달란트가 있는 듯 보였습니다. 제가 취재하던 당시 문재인 정부 청와대에도 행정부 관료, 대선 캠프 출신인물, 혹은 국회 보좌관 출신이나 시민사회 관계자 등 다양한 사람들이 들어와서 일하고 있었습니다.

곁에서 보기에 청와대의 업무 강도는 사뭇 혹독해 보였습니다. 특히 아침잠이 많은 저의 눈으로 봤을 때는 청와대 구성원 대부분의 출근 시간이 아침 7시 무렵이라는 게 가장 독하게 느껴졌습니다. 수면 시간이 절대적으로 부족해 보였기 때문입니다. 사생활이나 재산과 관련해 고도의 도덕성을 요구받기에 그 스트레스도 만만치 않아 보였습니다. 인사권이 절대적으로 대통령 한 사람에게 가 있는 만큼, 본인이 언제 이 일을 그만두는지조차 알 수 없는 불안정한 상태로 일한다는 것도 안쓰러워 보였습니다. 그래서 제 눈에는 오직 보스의 마음에 의해 좌지우지되는 비민주적인 고용 관계에다 살인적인 업무 강도를 견뎌야 하는 청와대 업무가 별로 매력적으로 보이지 않았습니다.

그럼에도 불구하고 청와대에서 한 번쯤 일을 해 보고 싶어 하는 사람은 많습니다. 청와대에서 일한 경력은 그 분야에서 가장 엄격하고 깊이 있게 일했다는 방증으로 여겨지는 경우가 많기 때문입니다. 문재인 정부 청와대와 총리실에서 일하고 있는 고위급 인사를 만나 보면, 이미 김대중 정부 혹은 노무현 정부에서 청와대 행정관으로 일한 경험이 있거나 총리실 근무 경험이 있는 경우가 상당히 많았습니다. 비교적 낮은 직급일 때 청와대에서 실무를 담당하며 청와대 조직의 구조와 일의 흐름을 익히고, 이후 여러 경력을 쌓은 뒤 다시 더 높은 보직으로 돌아오는 겁니다. 함께 국정을 고민하고 치열하게 일하는 과정에서 전우애 같은 동지애가 생기는 경우가 종종 있고, 이런 인연이 후일 더 높은 자리에서 더 영향력 있는 일을 할 때 다시 이어지는 경우가 많은 거죠.

내부 구성원들에게 청와대 근무의 장점이 뭐냐고 넌지시 물어 보면, 청와대만큼 국정이 돌아가는 것을 역동적이고 종합적으로 살펴볼 수 있는 기관도 없다고 말하곤 했습니다. 청와대에서 월요일마다 열리는 수석·보좌관회의에서 각 실마다 어떤 일을 하고 있는지 듣다 보면 나라 돌아가는 흐름을 훤히 파악할 수 있다는 겁니다. 특히 수석과 보좌관은 화요일마다 열리는 국무회의에 참석할 수 있습니다. 국무회의에서는 행정부 각 부처의 수반이 다 모여서 국정을 논하기 때문에 참관하는 것만으로도 나라의 정책을 바라보는 안목이 확연히 넓어지고 깊어진다고 합니다. 또 행정부, 입법부와 함께 정책을 구상할 때 청와대 구성원이 갖는 무게감이 상당하기 때문에 본인의 소명과 이상에 합치하는 정책을 다른 기관에 비해 훨씬 영향력 있게 추진할 수 있다는 장점도 있습니다. 이처럼 극한 노동 강도, 불안정한 고용을 뛰어넘는 장점이 있기 때문에 많은 사람이 청와대 근무를 희망하고 지원하는 것이 아닌가 하는 생각이 듭니다.

청와대 조직에 대해 알아 가면서 청와대 각 비서관실과 행정부 각 부처 간의 관계가 어떠한지 궁금해졌습니다. 예를 들자면 이런 겁니다. 청와대 정책실의 일자리수석 산하에는 일자리기획비서관, 고용노동비서관, 중소벤처비서관 등이 있는데, 고용노동비서관은 고용노동부 업무를 함께 들여다봅니다. 그렇다면 어떤 사안을 다룰 때 청와대 고용노동비서관실과 실무를 하는 고용노동부 가운데 누가 더 힘이 있을까? 이러저러한 부동산 정책이 나오고 있는데, 정책실 경제수석 아래 국토교통비서관과 국토교통부 실무자 가운데 누가 더 입김이 셀까? 여러 정책 이슈가 나올 때마다 사뭇 궁금해질 때가 많았습니다.

표면적으로 문재인 정부는 행정 각부의 자율성을 높이고, 부처 직원과 담당 비서관의 상하 관계를 없애는 것을 목표로 하고 있었습니다. 부처와 청와대가 자유롭고 평등하게 소통하며 일하라는 의미라고 하는데, 실제로 얼마만큼 이런 자율적인 소통이 이뤄졌는지는 잘 모르겠습니다. 처음엔 의문이 많았습니다. 청와대는 입법도 하지 않고 행정도 하지 않는데 왜 이렇게 힘이 셀까? 청와대는 대체 무얼 하는 조직일까? 이 물음에 한 정책실 비서관이 제게 이렇게 대답했습니다.

"청와대는 이 나라가 어떻게 나아가야 할지 장기적인 방향성과 아젠다를 제시하는 곳입니다. 청와대가 나라가 가야 할 방향을 잘 제시해야 행정부가 그걸 실질적으로 잘 집행할 수 있고, 입법부도 제대로 된 법을 만들 수 있습니다."

청와대는 직접 정책을 만들거나 운영하는 기관은 아니지만, 청와대 정책실이 중요한 것은 나라의 큰 그림을 그리는 곳이기 때문이라는 것이지요. 하지만 청와대 정책실의 역할에 대해서 비판적인 시각도 있습니다. 통상 행정부를 면밀히 감시하고 입법으로 정책을 보좌하는 역할은 국회가 합니다. 국토교통위원회, 보건복지위원회, 환경노동위원회 등 국회에는 다양한 상임위원회가 있습니다. 국회의원들은 상임위 활동을 통해 정부 조직의 역할을 상세히 살피고 무엇이 필요한지 학습합니다. 그러니 국회 상임위 활동 경험만큼 정부 운영에 필요한 정책 지식을 더 잘 익힐 수 있는 곳은 드물죠. 그렇기 때문에 정당이 청와대보다 훨씬 정책을 잘 알고 잘 실천할 수 있다는 주장도 있습니다.[3] 이 관점에서 보면 청와대 정책실보다는 각 정당의 정책위원회가 정책 운영과 감시, 국가 비전 제시의 중심이 되는 것이 나라 정책이 실질적인 성과를 내는 데 유리하다는 결론에 이르게 됩니다.

저 또한 민주주의의 중심은 당연히 국민의 손으로 선출된 권력인 국회에 있어야 한다고 믿습니다. 하지만 현재 청와대 정책실이 행정부 관료들과 국회가 미처 다 챙기지 못한 정책 이슈들을 제3자의 입장에서 끊임없이 고민하고 대안을 제시하려는 노력은 분명히 하고 있다고 생각합니다. 대통령의 의중에 따라 구성되는 청와대 조직보다 국민의 실질적인 대표들에게 의사 결정 권한을 더 주면서 청와대 구성원들의 전문성을 적극 활용한다면 더욱 효율적으로 국가가 돌아갈 수 있을 것입니다.

다양한 이슈를 취재하며 각 사안마다 청와대와 행정부, 입법부 사이의 무게 중심이 다른 것을 느꼈습니다. 노동, 복지, 부동산, 교육, 문화, 외교, 국방 등 수많은 사안에 대응하는 축이 늘 같을 수는 없는 것이니까요. 어떤 때는 청와대 구성원이, 때로는 행정부 실무자가, 또 때로는 국회가 사안의 중심축이 되었습니다. 그래서 정치부 기자들은 어떤 사안이 쟁점이 됐을 때, 국회와 청와대 출입 구성원들이 긴밀하게 정보를 공유하는 작업을 합니다. 누가 어떤 말을 했고, 어느 조직이 어떻게 움직이고 있는지 각자 파악하고 있는 걸 서로 알려 주는 겁니다. 그러면 한 가지 사안에 대해서 나라의 주요 구성원들이 각기 어떻게 생각하고 있는지 짜

맞춰 볼 수 있고, 주요 공직자의 말의 행간 속에서 나라 전체가 어떻게 움직이고 있는지 알 수 있기 때문입니다.

대통령비서실장은 어떤 일을 하는 사람일까?

그러면 이 많은 청와대 구성원 가운데 대통령과 가장 가까운 사람, 대통령비서실장은 무얼 하는 사람일까요?

저는 2020년 11월부터 청와대에 출입했습니다. 당시에는 노영민 실장이 비서실장 자리에 있었습니다. 노영민 실장은 주택 두채를 소유한 문제로 큰 곤욕을 치른 상태였고, 그 가운데 반포 주택을 남기고 청주 주택을 처분하기로 결정하는 바람에 언론의 집중포화를 맞은 바 있습니다. 부동산 이슈는 문재인 정부의 가장큰 아킬레스건이었기에 거센 비판을 피해 갈 수 없었습니다. 결국 노영민 실장은 주택을 모두 처분했으나 이후로도 부동산 문제를 둘러싼 비아냥과 비판은 그를 따라다녔습니다. 꼭 이런 이유때문만이라고 할 수는 없겠지만, 노영민 실장은 춘추관에 직접오는 경우가 없었습니다. 기자들의 전화나 메시지에도 일절 응하지 않았기에 청와대에 출입하는 동안 그의 얼굴을 한 번도 실제로 보지 못했습니다.

제가 청와대 출입을 시작한 때부터 연말까지, 차기 비서실장이 누가 될지는 기자들의 주요 관심사 가운데 하나였습니다. 노영민 실장이 물러나는 것이 거의 확실시된 상황에서 임기 말 대통령을 가장 가깝게 보좌할 사람이 누가 될지 다들 정말 궁금해했습니다. 제가 속한 KBS에는 인사 예측 기사를 쓰는 것을 지양하자는 나름의 원칙이 있습니다. 하지만 기사화하지는 않더라도 사실 관계나 돌아가는 상황은 당연히 파악하고 있어야 했기에, 인사철이 다가오면 매번 고단해졌습니다. 온갖 사람들이 하마평에 올랐기 때문입니다. 문재인 대통령의 최측근 가운데 정치에 뛰어들지 않은 사람, 노무현 대통령 때 청와대를 지켰던 사람, 현재 청와대 실무진 가운데 문 대통령이 가장 아끼는 것으로 보이는 사람 등등. 일면식도 없는 사람에게 대뜸 전화해서 이런저런 평이 오가고 있는데 알고 있느냐고 질문한 적도 부지기수입니다.

그렇게 추측이 무수히 난무하던 가운데 모두의 예측을 뚫고 유영민 실장이 비서실장으로 임명됐습니다. 한 번도 기자들의 예측 후보군에 포함된 적이 없었고, 문 대통령보다 나이도 많은 데다 뚜렷한 정치색을 띤 사람도 아니었기에 기자들은 적잖이 놀랐습니다. 사람에 대한 평가는 다면적이기에 누가 누구보다 낫다 아니다 함부로 말할 수는 없습니다만 유영민 비서실장이 청와대에 온 뒤 확실히 기자들과의 소통은 늘었습니다. 유영민 실장은 춘추관에 깜짝 방문해서 기자들과 두런두런 인사를 나누고 가기도 했고, 한 달에 한 번씩 춘추관을 찾아 티타임을 겸한 약식 비공개 브리핑을 하기도 했습니다. 청와대 내부 사정이 이것저것 궁금한 기자들은 비서실장이 등장하면 더욱 집중적으로 질문을 쏟아 냈는데, 크게 불편한 기색 없이 유연하게 잘 받아 대처했습니다. 아주 큰 이변이 없는 한 유영민 비서실장은 문재인 정부의 마지막 비서실장이 될 것으로 보입니다.

대통령비서실장은 말 그대로 대통령의 비서입니다. 다만 일반

기업의 비서처럼 대통령의 일정을 관리하고 사소한 것을 챙기는 업무는 하지 않습니다. 이런 업무는 대통령비서실 소속 비서관들이 전담하고, 비서실장은 더 큰 일을 수행합니다. 관계 법령에는 대통령비서실장은 "대통령의 명령을 받아서 대통령비서실의 사무를 처리하고, 소속 공무원을 지휘·감독한다."라고 되어 있습니다. 그리고 대통령비서실장은 각 중앙행정기관과 지방자치단체 등에서 추진하는 모든 정부 정책을 점검하고 국정 과제의 방향을 설정합니다. 대통령을 가장 가까이에서 보좌하면서 직간접적으로 조언하는 직책이니 그 권한이 막강하고 책임도 큰 자리지요.

대통령비서실은 제2공화국 시절인 1960년 처음으로 설치되었다고 합니다. 대통령비서실이 대통령 직속부서로 힘을 갖기 시작한 것은 박정희 정부 때부터였습니다. 박정희 대통령은 기존 1실장 2수석 1대변인 체제를 1실장 6수석 22비서관 체제로 확대했습니다. 이후 정권의 상황에 따라 약간의 차이는 있지만 통상적으로 비서실장은 '실질적인 행정부의 2인자'로 여겨집니다. 표면적으로는 국무총리와 부총리, 부총리급 대우를 받는 감사원장이 비서실장보다 직급이 더 높습니다. 하지만 경제부총리는 경제 정책을 아우르는 권한은 있지만 대통령과는 다소 거리가 있고, 사회부총리는 교육 관련 정책 이외에는 큰 권한이 없습니다. 국무총리도 인물에 따라서 존재감이 없을 수도 있고요. 그렇기 때문에 대통령을 가장 가까이에서 보좌하면서 직언까지 할 수 있는 비서실장은 때에 따라서는 국무총리, 부총리보다 더 큰 권한을 부여받은 자리로 여겨지기도 합니다. 예를 들자면 이런 겁니다.

비서실장은 고위 당정청회의에 참석해 직접 국무총리나 여당 대표 및 원내대표 등과 교섭할 수 있습니다. 고위 당정청회의는 정부와 여당이 정기적으로 만나 정책 방향과 입법 현안 등을 논의하는 자리입니다. 당에 비서실장 본인의 목소리를 직접 전달할 수 있다는 얘기지요.

하지만 비서실의 목소리가 계속 커지면 어떻게 될까요? 정부 각 부처의 정책을 조정하는 역할을 부여받은 기관은 국무총리와 그 아래 총리실입니다. 그런데 청와대로 권력이 집중되고, 비서실장이 정책 조정의 최일선에 나서게 되면, 총리실에서 할 일이 없어집니다. 소위 '비선실세'가 등장할 위험성이 높아지는 것이죠. 민간인 최서원 씨가 박근혜 전 대통령의 신임을 등에 업고 당시 막대한 권력을 쥐고 있던 비서실을 통해 사실상 행정 전반에 개입한 '최순실 게이트'가 하나의 사례가 될 수 있습니다. 비서실장이 대통령을 보좌하는 역할을 넘어 국정 전반에 지나치게 개입하고, 인사에도 막강한 영향을 행사하기 시작하면 권력형 부패가 나타날 우려가 높아집니다.

또 하나의 기둥, 청와대 정책실은 어떤 일을 하나?

그럼 이번에는 대통령비서실의 또 다른 큰 축, 정책실을 알아볼까요? 제가 처음 청와대를 취재할 무렵에는 김상조 정책실장이 있었습니다. 2020년 연말, 비서실장과 더불어 정책실장 교체설이 파다했는데 김상조 실장은 유임됐습니다. 4차 재난지원금 정책, 부동산 공급 대책 등을 마무리하라는 의미였다고 합니다. 그런데 김상조 실장의 임기는 2021년 3월 말, 의도치 않은 일로 끝났습니다. 3월 중순 공직자 재산 공개 이후 김상조 정책실장이 소유한 청담동 아파트는 기자들 사이에서도 사뭇 화제였습니다. 김상조 실장은 임기 내내 집값 안정을 강하게 주장해 왔고, 보유세 인상과 대출 억제 정책을 이끌어 왔습니다. 그런데 정작 본인은 청담동 아파트를 소유했다는 것, 그리고 그 아파트 가격이 크게 올랐다는 것, 그 사실 자체로 기자들의 입길에 올랐습니다. 여기에다 김상조 실장이 2020년 개정된 임대차법 시행 직전에 자신이 소유한 아파트의 전세금을 14% 가까이 올려 받았다는 사실이 드러나면서 비판의 목소리가 걷잡을 수 없이 커졌습니다. 김상조 청와대 정책실장은 여당과 함께 임대차 3법의 통과를 이끌어 낸 핵심 인물입니다. 그런데 그런 사람이 해당 법 시행 이틀 전에, 법이 시행되면 받을 수 있는 전세금 상한선의 배 이상을 올려 받았다는 건 너무나 큰 위선이라는 거죠.

해당 의혹이 불거진 지 단 하루 만에 김상조 실장은 사의를 표했습니다. 김상조 정책실장이 사퇴한 날은 아이러니하게도 문재인 정부가 LH 땅 투기 의혹과 관련해 강력하게 대응하겠다는 의미로 반부패정책협의회를 처음으로 연 날이었습니다. 기자들 가운데 몇몇은 김 실장의 사의를 두고 '무슨 사퇴냐, 경질이지!'라고 표현했고 실제로도 '경질'이라는 단어를 제목으로 뽑아 기사를 쓴 언론사도 여럿 있었습니다. 개인적으로는 김상조 실장이 논란에 책임을 지게 될 것이라고는 예측했지만, 그렇게 빠르게 직을 내려놓을 줄은 예상치 못했습니다. 청와대 인사는 늘 한 치도 예측할 수 없다고 생각해 왔지만 김상조 실장이 사퇴한 날은 더욱 그렇게 느꼈습니다. 개인적으로 만난 청와대 구성원들은 종종 이렇게 넋두리하기도 했습니다. "인사 대상이라는 것을 하루 전에만 가르쳐 줘도 양반입니다. 당사자에게 자리 빼야 한다는 거, 발표 당일 가르쳐 주는 경우도 허다해요. 보안을 위해서 인간적임을 포기하는 거죠."

청와대 정책실장의 역사는 그리 길지 않습니다. 이 직책은 참여정부 당시 정부 정책 등 주요 국정 과제 해결을 위해 장관급으로 신설되었고, 이명박 정부 시절 일시적으로 폐지했다가 되살린 적이 있습니다. 박근혜 정부 시절엔 폐지됐고요. 그러다 문재인 정부에서 다시 장관급으로 부활했습니다.

문재인 정부 청와대의 정책실장 아래에는 일자리수석, 경제수석, 사회수석, 과학기술보좌관, 경제보좌관 등이 있습니다. 정책실장은 장관급이지만 때로 경제부총리와 사회부총리가 하는 역할을 넘어설 정도로 권한이 강합니다. 앞서 언급했듯이 비서실장과 정책실장, 두 실장 아래에 여덟 명의 수석과 두 명의 보좌관이 있는데, 이들은 매주 열리는 수석·보좌관회의(수보회의)에 참석해서 대통령과 함께 국정 전반에 대해 의논합니다. 청와대에 출입하는 동안 이 수보회의 메시지를 굉장히 유념해서 챙기곤 했습니다. 나라의 주요 정책을 기획하고 국정이 잘 돌아가고 있는지 살피는 수석과 보좌관 들이 대통령에게 보고하고, 때로는 직언까지도 하는 자리이기 때문입니다.

행정부가 나라 살림살이를 하고 입법부가 법을 만들고 예산을 심의하는 동안 청와대는 우리나라가 어떤 방향으로 가야 할지 큰 그림을 그립니다. 대통령은 수석들과 의논하여 국정의 큰 방향을 잡고, 수석들은 대통령의 의사를 국회에 전달하기도 하고 행정부 정책에 직접적인 영향력을 행사하기도 합니다. 이처럼 청와대 수석들의 임무는 막중하지만, 누가 어떤 직책을 맡고 있는지 아는 사람은 많지 않을 것입니다. 대통령이 직접 임명하는 사람들이기도 하거니와 이들은 인사청문회 대상도 아니니까요. 하지만 가까이에서 지켜본 결과 이들의 역할은 정말 중요합니다. 청와대 수석과 비서관 들은 정책을 제대로 실현하기 위해 해당 부처 행정부 구성원들과 긴밀하게 소통합니다. 이 과정에서 국회와는 입법으로 어떤 부분을 해결해 가야 할지 열심히 의논하고 협의합니다. 이 소통의 과정이 민주적으로 이뤄지면 나라가 잘 굴러가는 것이겠고, 그렇지 못하다면 나라 꼴이 엉망이 되는 것이겠지요.

청와대 비서진들의 이런 업무 특성을 이해하기 시작하면서, 각 구성원이 어떤 마음으로, 어떤 비전을 가지고 이곳에서 일하고 있는지 참 궁금해졌습니다. 각 개인이 어떤 생각을 가지고 있느냐에 따라 중점을 두는 과제들도 다를 것이니까요. 저는 사회적 경제 분야에 큰 관심이 있었습니다. 시장 중심, 이윤 추구 중심의 경제 발전은 분명한 한계에 달했고, 이런 문제점을 해결할 수 있는 대안이 바로 사회적 경제, 사회적 기업에 있다고 생각했기 때문입니다. 그래서 청와대에 처음 갔을 때 청와대 사회적경제비서관실의 문을 똑똑 두드렸습니다. 국회에서도 사회적경제위원회를 이끌었던 민형배 의원과 소통하며 언젠가는 사회적 경제에 관한 뉴스를 꼭 만들어야겠다고 결심하던 차였습니다.

사회적경제비서관은 문재인 정부 청와대에서 신설된 직책입니다. 이전에는 사회적 경제에 대해 청와대 내부에 비서관실 조직을 만들 만큼 무게를 둔 적이 없었던 것이죠. 경제 분야에서 다소 소외받고 관심사 밖이었던 사회적 경제 분야를 나라가 정책적으로 중요하게 생각한다는 의지를 드러낸 것을 보고 참 반가웠습니다.

제가 청와대를 출입했던 2020년 가을에는 김기태 비서관이 사회적경제비서관으로 재직 중이었습니다. 김 비서관은 농업 분야, 그 가운데서도 농촌의 노인 돌봄 문제에 각별한 관심을 두고 있었습니다. 김 비서관은 농협을 농촌 노인 돌봄에 활용하겠다는 청사진을 세웠습니다. 요양 시설을 만들기 위해서는 인력과 재원이 반드시 필요한데, 이미 전국 농촌 곳곳에 농협 직원과 사무실이 있으니 이 조직을 이용하는 방안을 구상한 겁니다. 김 비서관은 보건복지부와 함께 이런 모델을 제도화할 계획을 세우고 있었습니다. 청와대 정책실이 주무 부처와 협력해서 실질적으로 우리 사회의 약자를 돕는 방안을 찾는 좋은 사례라는 생각이 들었습니다.

저는 함께 일하던 동료와 선배 들의 격려에 힘입어 그 제도를 취재했습니다. 노인 요양 시설을 운영하고 있는 충남 아산의 인주농협을 방문했습니다. 농촌 면 단위에 거주하는 65세 이상 노인 가운데 일상생활에 불편을 느끼는 사람은 모두 40만 명에 달합니다. 하지만 22만 명 정도만 노인장기요양보험 등의 공적 돌봄을 받고 있는 것으로 집계됐습니다.[4] 돌봄에 분명한 공백이 있는 겁니다. 인주농협의 사례처럼 농협에 요양원이나 재가돌봄센터를 운영할 수 있는 권한을 주고, 지자체와 정부에서 함께 지원하는 방식을 제도화하면 농촌 노인 돌봄 사각지대를 효과적으로 해결할 수 있겠구나 싶었습니다. 이 모델은 복지부와의 협력을 통해 더욱 구체화되고 있습니다.

청와대 정책실은 이와 같은 경제 정책뿐만 아니라 노동, 교육, 복지, 문화 등 다양한 영역의 전문가들을 불러다 놓고 정책의 큰 그림을 그리는 곳입니다. 대통령의 의중이나 생각을 행정부와 입법부에 적극적으로 전달하고, 그것을 현실화하는 곳이죠. 그러니 사회의 예민한 사안이 생길 때마다 청와대 정책실이 어떻게 돌아가고 있는지, 그 안에서도 정책실장이 무슨 생각을 하고 있는지 파악하는 것은 기자들에게 너무나 중요한 과제였습니다. 나라가 어떤 방향으로 흘러갈지 예측할 수 있는 가늠자 같은 사람이니까요.

예를 들자면 이런 겁니다. 2020년 말, 중대재해처벌법 제정 과정에서 온 사회가 격한 토론을 벌였습니다. 산재 노동자를 위해 법이 반드시 필요하다는 의견과 법이 통과되면 기업의 활동이 큰 제약을 받을 것이라는 의견이 첨예하게 대립했습니다. 국회에서 날 선 토론이 오가는 동안, 청와대 출입기자들은 '청와대의 의중'이 무엇인지 알기 위해 귀를 쫑긋 세웠습니다. 문재인 대통령이 산재 노동자들을 위한 안타까운 마음을 드러낸 발언을 한 날도 그러했습니다. 이를 두고 '대통령이 공개적으로 중대재해처벌법 제정에 힘을 실은 것인가?'라며 해석이 분분했습니다. 그날 청와대 정책실장, 일자리수석 등에게 정책실의 입장, 그리고 청와대의 입장을 재차 확인했습니다. 입법은 국회가 하지만, 청와대의 입장이 당과 여론에 큰 영향을 끼칠 것이라는 점은 자명했기 때문입니다. 대통령의 발언이 정책실과 교감을 나눈 뒤 나온 것인지, 독자적인 발언인지도 확인해야 했습니다. 당시 청와대는 해당 발언은 법 제정과는 별개로 산재 사망 사고가 많은 우리나라 현실에 대한 안타까움의 표시였을 뿐이라고 선을 그었습니다. 그 무렵 정책실 내부 분위기도 중대재해처벌법에 그다지 호의적이지는 않았던 것으로 기억됩니다.

이와 함께 정책실 움직임을 기민하게 파악해야 했던 이슈는 무엇보다 이번 정권 내내 화제였던 부동산 정책이었습니다. 임대차 3법, 종부세와 양도세 강화 방안, 대출 규제 방안, 그리고 공급 확대 방안에 이르기까지. 이런 여러 법과 제도적 규제는 입법부가 만들고 행정부가 집행하지만, 정책의 기획과 실행 단계에는 청와대 정책실 구성원들의 의견이 깊숙이 개입됩니다. 김상조 정책실장은 부동산 규제책에 대한 확고한 신념이 있는 사람이었습니다. 김 실장은 전 세계적인 유동성 장세로 인해 문재인 정권 들어 부동산 가격이 폭등하고 있지만 머지않아 이 장세는 끝날 것이며, 투기 세력을 억제하기 위한 여러 규제 정책을 멈추지 않고 반드시 추진해야 한다는 확신을 가지고 있었습니다. 이 확신에 대해서는 역사가 후일 잘잘못을 판단해 주리라 생각합니다.

이처럼 막강한 영향력을 행사하는 청와대 수석·보좌관 체제에 대한 비판도 있습니다. 마땅히 정당이 해야 할 일들을 청와대 보좌진들이 하는 것은 민주주의 원리에 맞지 않는다는 것이죠. 하지만 당장 우리나라에 의원내각제를 적용하거나 정책실 없는 청와대 운영을 생각하기가 쉽지는 않은 만큼, 당분간은 최대한 청와대 정책실의 장점을 선용해 나갈 필요는 있을 것 같습니다. 그렇지만 차츰 청와대 정책실의 역할과 권한에 한계를 두고, 정당이 정책 제안의 중심이 되는 정치를 하는 것이 민주주의의 원리에 더 맞지 않을까 싶습니다.

대통령 업무의 두 축, 수석·보좌관회의와 국무회의

통상 대통령은 오전 9시 10분에 청와대 여민관 집무실에서 대통령비서실장과의 티타임으로 공식 업무를 시작하는 것으로 알려져 있습니다. 이 자리에는 비서실장 이외의 참모들도 참석해 밤사이 어떤 일이 일어났는지 보고하고 당일의 중요 현안을 이야기합니다. 수석비서관들은 티타임 전, 회의를 통해 대통령과 어떤 얘기를 나눌지 미리 정리합니다. 참모들과의 티타임 이후 대통령은 공식 일정을 소화합니다. 다양한 외부 행사에 참석하고 청와대 내부에서 각종 회의를 하거나 보고를 받습니다. 매주 소화해야 하는 회의도 여러 개 있습니다. 월요일 오전에는 국무총리와 국정 전반을 논의하고, 오후에는 청와대 참모진들과 수석·보좌관회의를 합니다. 화요일에는 각 부처 장관들과 함께 국무회의를 열어 국정의 중요한 사안들을 결정합니다.

국무회의는 대통령과는 별도로 조직된 대한민국 특유의 헌법기관으로, 독특한 면이 있습니다. 의원내각제 국가에서는 중요 정책을 심의하고 의결하는 각의가 있습니다. 의원내각제의 각의는 '의결 기관'인지라 여기서 결정된 사안은 반드시 지켜야 합니다. 반면 대통령제 국가에서는 장관회의를 열어서 국정의 중요한 사안에 대해서 대통령에게 자문을 합니다. 그런데 장관회의는 말 그대로 '자문 기관'이어서 별다른 구속력이 없습니다. 그렇다면 우리나라 국무회의는 의결 기관일까요, 자문 기관일까요? 두 가지가 묘하게 섞여 있습니다. 우리나라 국무회의에서는 국가 중요 정책들을 '심의'하고 나아가 '의결'도 합니다. 그런데 국무회의 의결로 결정된 내용을 따라야 한다는 강제성이 없습니다. 냉정하게 얘기하면 대통령은 국무회의 의결 내용으로부터 자유로운 것이죠. 하지만 제가 아는 한도 안에서는 문 대통령이 국무회의 의결 내용을 무시하고 그에 반하는 결정을 내린 적은 없습니다. 대통령도 국무회의에서 의결한 내용을 존중하고, 그것을 따른다는 얘기입니다.

국무회의의 의장은 대통령이고 부의장은 국무총리입니다. 통상 대통령이 회의를 소집하고 주재하지만, 국무총리와 국무위원들도 회의의 소집을 요구할 수 있습니다. 참석하는 인원은 통상 15명에서 30명 정도로 각 부처 장관이 국무위원으로 참석합니다. 장관들 외에도 대통령비서실장, 국가안보실장, 대통령비서실 정책실장, 국무조정실장, 국가보훈처장, 인사혁신처장, 법제처장, 식품의약품안전처장, 공정거래위원회위원장, 금융위원회위원장, 과학기술혁신본부장, 통상교섭본부장, 서울특별시장 등은 국무회의에 배석하여 발언할 수 있습니다.

국무회의가 심의하는 사안은 주로 어떤 것들일까요? 헌법에서는 "대통령·국무총리 또는 국무위원이 제출한 사항"에 대해서는 국무회의 심의를 거치도록 하고 있습니다. 그러니까 대통령과 총리, 장관이 제기하는 모든 문제가 국무회의의 안건이 될 수 있다는 얘기입니다. 하지만 아무 의제나 안건으로 제기하지는 않겠지요? 우선 국무회의에서는 국정의 기본 계획과 정부의 정책을 전반적으로 심의합니다. 헌법 개정안, 예산안과 같은 중요한 사항들도 심의합니다. 대통령이 긴급명령을 하려 하거나 계엄을 하려 할 때, 사면과 복권 같은 사안을 결정할 때 해당 사안이 합당한지 심의합니다. 행정 각 부처의 중요한 정책을 수립하거나 조정하는 것도, 검찰총장, 합참의장과 각 군 참모총장 등 주요 공무원의 임명과 관련된 내용도 국무회의의 심의 대상입니다. 국정 전반의 굵직한 정책 사안들이 대부분 국무회의에서 결정된다고 보면 됩니다.

국무회의의 의안은 회의 3일 전까지 행정안전부로 제출되고, 행정안전부 장관은 이 의안들을 회의 이틀 전까지 대통령과 국무총리, 국무위원 그리고 배석자들에게 배포합니다. 국무위원 과반수가 출석하면 국무회의가 개의되는데, 출석 구성원들의 3분의 2 이상이 찬성하면 해당 사안은 의결됩니다.

국무회의에서는 부처 간 얽힌 다양한 이해관계에 관한 이야기가 오가고, 국무위원들은 적극적으로 토의합니다. 이처럼 국무회의는 각 부처 수준에서 의사 결정을 하는 것을 넘어서서 행정부가 집단으로 의사 결정을 하는 것입니다. 각 부처 장관들은 국무회의를 통해 해당 부처의 이해관계를 넘어 나라 전체의 입장에서 국정을 이해하고 정책을 결정하게 됩니다. 범정부적인 차원에서 국정 전반을 논의하는 헌법상 최고 심의 기관이 국무회의인 셈입니다.

한 명의 시민이자 기자로서, 국무회의와 수석·보좌관회의에서 무슨 얘기가 오가는지, 대통령이 무슨 말을 하는지 어떻게 궁금하지 않을 수 있겠습니까? 하지만 국무회의와 수석·보좌관회의는 딱 대통령의 모두 발언까지만 공개됩니다. 그 뒤에는 비공개로 전환되죠. 모두 발언은 길어야 5분 남짓, 하지만 이 짧막한 모두 발언 안에서 대통령은 시민들에게 때마다 전하고 싶은 메시지를 고민해서 전달합니다. 그래서 그날그날 대통령의 모두 발언 내용은 기자들에게 매우 중요한 취재 대상이고, 기삿거리입니다.

예를 들자면 이런 겁니다. LH 직원들의 부동산 투기 사태로 민심이 들끓었을 때, 대통령은 때로는 국무회의를 통해서, 때로는 수보회의를 통해서 본인의 마음을 드러냈습니다. 발본색원하라고 지시하기도 하고, 국민들에게 미안하다고 사과하기도 했습니다. 그렇다면 대통령이 어떤 사안에 대해 이런 회의 석상 메시지를 늘 전달했느냐? 그랬던 것은 아닙니다. 윤석열 검찰총장과 추미애 법무부 장관의 갈등이 극에 달했을 때 기자들은 날마다 대통령의 입장을 물었습니다. 이낙연 의원의 전직 대통령 사면 발언이 논란이 됐을 때도 많은 사람이 대통령의 생각을 궁금해했습니다. 하지만 기자들은 대통령의 의중을 알 수 없었습니다. 어떤 사안을 두고 민심이 들끓고 관심이 청와대에 집중될 때, 수보회의와 국무회의 모두 발언에 귀를 쫑긋 세웠지만, 실망할 때가 더 많았습니다. 대통령이 해당 사안에 대해서 아무런 의견도, 메시지도 내지 않는 경우가 많았기 때문입니다. 그러면 일부 언론은 '대통령의 침묵', '대통령의 책임 회피'라고 비판하는 기사를 쓰기도 합니다. 국가 최고 책임자이니 무슨 말이라도 하라고 압박하는 것입니다. 저도 한 개인으로서는 답답할 때가 많았습니다. '이럴 때 속 시원하게 무슨 말이라도 대통령이 해 주면 안 되나? 왜 이렇게 논란을 키우나?' 하는 생각도 들었습니다. 하지만 대통령은 자신이 입장을 표명하고 사건의 전면에 나설수록 오히려 혼란을 가중할 것이라고 판단했을 수도 있었을 것 같습니다. 또 대통령이 논란의 중심에 서는 모양새가 되는 것이 부담스러웠을지도 모릅니다. 문재인 정부 청와대의 이런 소통 방식에 대한 가치 판단은 시민들 각자의 몫으로 돌려드려야 할 것 같습니다.

이렇게 공식 업무를 마치면 대통령도 퇴근을 합니다. 하지만 관계자들과의 회의가 길어지거나 비공개 만찬이 있는 경우도 많으니 대통령의 퇴근 시간은 자주 늦어지기도 하겠지요.

인사가 만사다

어느 조직이든 마찬가지겠지만 인사가 만사입니다. 그 자리에 필요한 사람을 적재적소에 배치하는 것만큼 어려운 일이 또 있을까요? 저도 한 조직의 구성원으로서 인사철마다 고민이 많았습니다. 내가 어느 부서에서 일하게 될지, 어느 분야에 더 쓰임이 있을지 고민하는 과정이 매번 쉽지 않았기 때문입니다. 물론 저는 아직 조직원을 판단하고 배치하는 역할보다는 평가받고 선택당하는 입장이었기 때문에 조직 전체의 판을 봐야 하는 고민은 조금 덜했던 것이 사실입니다. 그런데 정치부 기자로 한 나라의 국정을 움직이는 구성원들의 인사를 보도하는 입장이 되고 보니 시각이 많이 달라졌습니다. 인사철마다 관련 보도를 준비하면서 이제까지 저 개인의 인사를 바라보던 시선과는 전혀 다른 관점으로 인사를 바라보게 됐습니다.

청와대 인사에는 특징이 있습니다. 우선 사전에 인사 시기와 다음 주자를 예측하는 것이 매우 어렵습니다. 어느 정도 예측을 하고 마음의 대비를 하지만, 예상과 전혀 다른 방향으로 이뤄지는 경우가 많기 때문입니다. 인사철이 오면 기자들은 수많은 기사를 씁니다. 그 가운데는 신뢰할 만한 기사도 있지만 오보도 상당히 많습니다. 인사철에는 특히나 '카더라 통신'이 난무합니다. '그 자리에는 누가 온다더라', '이번에 누구는 거기서 쫓겨난다더라'와 같은 말이 정말 많이 오갑니다. 인간사 뒷담화야 막을 방법이 없다지만 개각철, 청와대 인사철에 떠돌아다니는 세간의 하마평에 귀를 기울이다 보면, 산다는 것이 이렇게 비루하고 피곤하게 느껴질 수가 없었습니다.

청와대 인사에는 분명히 잔혹한 면이 있습니다. 대상자에게 본인이 직을 내려놓는다는 사실을 그 전날 알려 주는 것만도 큰 호의라고 하니 당사자는 교체 당일 본인이 물러나야 한다는 사실을 알게 되는 경우도 흔하다는 건데…. 인간적으로 상처가 클 것 같다는 생각이 들었습니다. 통상 청와대 주요 공직자가 교체되면 전임자는 후임자와 함께 춘추관에 와서 기자들에게 짤막하게 마지막 인사를 하고 후임자를 소개하곤 합니다. 그런데 교체될 전임자가 춘추관에 도착할 때까지 자신의 후임자를 소개하는 자리인 줄도 모르는 경우도 있었다고 합니다. 조직의 안정과 보안을 위해서 인간적임은 철저히 포기하는 셈입니다. 브리핑룸에 와서야 이 자리가 자신의 후임자를 소개하는 자리라는 것을 알게 된다면 그 기분이 어떠할까요? '아무리 보안이 중요하다 해도 다 사람 사는 세상인데 최소한의 인간적인 예의는 있어야 하지 않으려나? 후임자에게 업무 인수인계도 하고 팀원들과 미리 술 한잔 함께 기울일 시간은 줘야 하지 않을까?' 하는 생각이 들곤 했습니다.

개각은 어떻게 이뤄질까?

개각은 내각을 개편함, 즉 정부 각 부처의 장관을 비롯한 주요 공직자를 교체하는 것을 의미합니다. 개각에는 대통령의 의중이 가장 중요합니다. 하지만 아무리 대통령 마음에 드는 사람이라고 해도 아무나 국가의 중요한 직책에 앉힐 수는 없지요. 어떤 자리에 사람을 앉히려면 그 사람이 그 직분을 수행할 만한 전문성과 능력이 있는지 검증해야 하고, 도덕적으로도 공직을 수행하기에 무리가 없는지 살펴봐야 합니다. 이를 위해서 청와대 안에는 인사수석실이 있습니다. 인사수석실에서는 다양한 경로로 합당한 인재를 찾아서 추리고 검증을 합니다. 그리고 후보군을 만들어 대통령에게 올리고, 대통령의 재가를 받아서 후보자를 내정하지요. 대통령이 해당 직책에 특정인을 내정했다고 해서 곧바로 임명으로 이어지는 것은 아닙니다. 엄격한 국회의 인사청문회 과정을 통과해야 합니다. 주요 공직자 가운데 국무총리와 대법원장 및 대법관, 헌법재판소장, 감사원장은 반드시 국회의 동의를 얻어야 합니다.

2020년 12월 초 개각이 있었습니다. 새 국토교통부 장관이 내정됐고, 행정안전부 장관, 보건복지부 장관, 그리고 여성가족부 장관이 교체 대상으로 발표됐습니다. 3년 반 동안 국토교통부 장관을 지낸 김현미 장관이 변창흠 장관으로 교체됐고, 행정안전부는 친문 핵심으로 꼽혀 왔던 전해철 장관으로 교체됐습니다. 당시 청와대는 국토교통부 장관 교체는 부동산 실패의 책임을 묻는 경질성 인사 아니냐는 기자들의 질문에 김 장관이 문재인 정부 초기부터 오랜 시간 최선을 다했기에 경질은 아니라고 설명했습니다.

얼마 뒤 추가 개각이 있었습니다. 윤석열 검찰총장과의 긴 갈등 끝에 추미애 법무부 장관이 사퇴 의사를 밝히고 난 뒤 이 자리에 박범계 의원이 내정됐고, 환경부 장관과 국가보훈처장도 교체 대상으로 발표됐습니다. 그리고 바로 다음날 청와대 인사도 단행됐습니다. 대통령비서실장과 민정수석이 바뀌었습니다. 이후 2021년 1월 중순에 3차 개각이 있었습니다. 외교부 장관, 중소벤처기업부 장관, 문화체육관광부 장관이 새로이 내정됐습니다. 이어서 4월 중순에는 대권 도전을 선언한 정세균 총리 후

대한민국 헌법에 명시된 대통령의 임명권

제78조 대통령은 헌법과 법률이 정하는 바에 의하여 공무원을 임명한다.

제86조 ① 국무총리는 국회의 동의를 얻어 대통령이 임명한다.

제87조 ① 국무위원은 국무총리의 제청으로 대통령이 임명한다.

제94조 행정 각부의 장은 국무위원 중에서 국무총리의 제청으로 대통령이 임명한다.

제98조 ② (감사)원장은 국회의 동의를 얻어 대통령이 임명하고, 그 임기는 4년으로 하며, 1차에 한하여 중임할 수 있다.

제104조 ① 대법원장은 국회의 동의를 얻어 대통령이 임명한다.

② 대법관은 대법원장의 제청으로 국회의 동의를 얻어 대통령이 임명한다.

제111조 ② 헌법재판소는 법관의 자격을 가진 9인의 재판관으로 구성하며, 재판관은 대통령이 임명한다.

④ 헌법재판소의 장은 국회의 동의를 얻어 재판관 중에서 대통령이 임명한다.

제114조 ② 중앙선거관리위원회는 대통령이 임명하는 3인, 국회에서 선출하는 3인과 대법원장이 지명하는 3인의 위원으로 구성한다.

임으로 김부겸 총리를 내정하면서 국토교통부, 산업통상자원부, 고용노동부, 과학기술정보통신부, 해양수산부 장관 내정자도 함께 발표했습니다.

개각을 하는 이유는 다양합니다. 하지만 그 가운데 가장 중요한 이유는 사람을 바꾸는 것이 조직의 쇄신을 알리는 가장 효과적인 신호탄이기 때문입니다. 임기 종료를 1년여 앞둔 2020년 말에서 2021년 초, 문재인 정부는 막바지 인적 쇄신을 통해 여러 정책을 안정적으로 마무리하는 데 집중하려는 것으로 보였습니다. 정권 말을 책임질 인물들은 과연 누구일까? 하루하루를 긴장 상태로 보냈습니다. 언제쯤 개각이 있을 것이라고 대략 예상은 하지만 정확한 날짜는 누구도 알 수 없기에 청와대 춘추관에 소통수석과 대변인이 온다는 브리핑 공지 문자가 오면 절로 긴장되곤 했습니다. 드디어 오늘 개각과 청와대 인사가 있으려나? 우리가 하마평에 올렸던 그 사람들이 장관이 되려나? 아니면 전혀 다른 제3의 인물이려나? 언론의 예측이 맞을 때도 있고 완전히 엇나갈 때도 있었습니다. 때에 따라서는 '절대 이 사람만은 아닐 것'이라고 생각한 사람이 장관이 되기도 했습니다.

매번 인사철이 되면 청와대의 고민도 깊어 보였습니다. 청문회를 무사히 통과할 만한 사람이면서, 유능하고, 성품도 원만하고, 이 정권의 국정 철학에 대한 이해도도 높은 사람을 찾는 게 어디 쉽겠습니까. 청와대 소통수석은 사석에서 이렇게 토로하곤 했습니다. "우리도 정말 어렵다. 어디 좋은 사람 있으면 추천해 달라! 특히 여성들 좀 추천해 주시라!" 고위 공직에 일정 정도 여성 비율을 맞추는 것이 중요한데, 합당한 여성 후보자를 찾는 게 매우 어려웠던 모양입니다.

청와대 민정수석실과 인사수석실이 총동원돼 나름의 검증을 거치고 거쳐 내정자를 세워도, 국회 청문회 과정에서 낙마하는 경우가 허다합니다. 2021년 4월 개각이 그러했습니다. 임혜숙 과학기술정보통신부 장관 내정자, 박준영 해양수산부 장관 내정자, 노형욱 국토교통부 장관 내정자가 청문회 과정에서 큰 홍역을 치러야 했습니다. 청와대 인사 검증 시스템에 문제가 있는 것은 아닌가 하는 비판이 쏟아졌습니다. 2020년 1월 중순 개각을 두고는 부엉이 내각이라는 비판이 쏟아졌습니다. 권칠승 중소벤처기업부 장관, 황희 문화체육관광부 장관이 모두 문재인 대통령을 지지하는 부엉이 모임 멤버였고, 특히 황희 장관의 경우 문화체육관광부 관련 경력이 전무하다는 것이 비판의 이유였습니다. 후보자로 올랐던 다른 사람들은 본인이 낙마한 합당한 이유를 찾지 못해서 섭섭하고, 장관이 된 사람은 비판의 한가운데서 그것을 이겨 내느라 또 고심이고. 국정을 움직이는 인물을 적재적소에 배치하는 것은 정말 어려운 일인 듯했습니다.

한 민정수석실 관계자는 사석에서 청와대의 가장 중요한 역할이 무엇이냐는 질문에 바로 '인사권'이라는 답을 내놨습니다. 이 관계자는 관료 조직을 지나치게 비판적으로 바라보고 있기는 했으나 생각할 거리를 던져 주었습니다. 조직이 부패하면 능력 있는 사람들은 오히려 뒷자리로 물러나고, 아무도 경쟁자로 삼지 않았던 가장 무능한 사람 혹은 힘 있는 사람에게 빌붙었던 가장 약은 사람이 조직의 주류가 되는 경우가 왕왕 생긴다는 겁니다. 그런데 만약 한 나라의 행정부 조직이 그런 사람으로 채워지면 국정이 흔들릴 수밖에 없기에, 그런 상황을 막기 위해 청와대라는 외부 조직이 역할을 해야 한다고 주장했습니다. 정말 능력 있고 배포 있는 사람들이 국정을 운영할 수 있도록 외부에서 관료 사회에 인사권으로 파문을 일으켜 줘야 그 나라가 잘 돌아가게 된다는 의견이었습니다. 물론 이런 선순환은 우선 청와대가 건전하고 투명하게 돌아간다는 전제하에 가능한 것이겠지요.

인사권은 양날의 칼입니다. 잘못된 인물이 자리에 오르면 나라가 산으로 가고, 반대로 자질 있는 사람이 본인 역량을 발휘할 수 있는 자리에 가면 나라가 제대로 굴러갑니다. 수많은 하마평과 덧없는 예측 기사들 속에서 제가 길어 올리고 싶었던 것은 좋은 인재를 선발하고자 하는 진심이 아니었을까, 혼자 생각해 봅니다.

한국 사회 모든 갈등은 청와대로 모인다?

청와대에 출입하는 동안 가장 인상적이었던 것 가운데 하나는 청와대 국민청원이었습니다. 이 제도는 문재인 정부 들어 처음 생긴 제도입니다. 국민의 목소리를 청와대가 마음을 열어 가까이에서 듣고, 실질적인 해결 방법을 찾아 주겠다는 의도이지요. 청원 글을 올리고 30일 안에 20만 명 이상의 동의를 얻으면 청와대 및 정부 책임자가 답하는 구조입니다.

시민들의 여러 갈등은 정당을 통해서 조직되고 표출되는 것이 합당합니다. 그것이 대의 민주주의 원칙에 맞기 때문입니다. 하지만 청와대 국민청원은 직접 민주주의에 가깝습니다. 이해 당사자가 본인의 어려움을 직접 청와대에 토로하는 것이니까요. 우리나라 사람들 특유의 정서라고 해야 할까요. '국가 최고 권력자에게 나의 문제를 직접 말하고 싶다.'라는 마음들이 있는 것 같습니다. 청와대를 출입하기 전에는 청와대 국민청원 게시판에 이렇게나 다양하고 많은 사연이 올라오고 있다는 것을 미처 몰랐습니다. 수많은 가슴 아픈 사연, 억울한 사연이 청와대의 문을 두드리고 있었습니다. 국민청원의 내용은 경제, 사법, 농민, 교육, 문화,

여성 등 분야를 넘나들었습니다. 게시판에 올라온 글을 가만히 살피다 보면, '과연 이런 수많은 문제를 해결하는 게 가능한 일인가?' 자문하게 되었습니다.

답변자들은 국회와 함께 적극적으로 입법을 해 나가겠다는 답변을 내놓기도 했고 때로는 행정기관 감사를 강화하겠다는 답을 내놓기도 했습니다. 실질적인 해결책이 제시되는 경우도 있었지만, 그렇지 못한 경우도 왕왕 있었습니다. 그런데도 청와대 국민청원의 문을 두드리는 사람은 여전히 많습니다. 청와대가 이 문제를 알고, 정부 공식 관계자가 여기에 반응하고 있다는 것, 그리고 이것이 여론화된다는 것 자체가 문제를 제기하는 당사자에게는 큰 힘이자 위로인 것 같았습니다.

청와대를 출입하며 청와대 앞뜰에서 저마다의 요구 사항을 외치는 수많은 사람을 보았습니다. 청와대는 앞서 언급했듯이 직접 법을 만드는 기관도, 정책을 집행하는 기관도 아닙니다. 그럼에도 불구하고 온갖 종류의 갈등이 이곳으로 모이고 있었습니다. 사람들은 피켓을 들고 청와대가 답을 하라고, 대통령이 답을 하라고 요구했습니다. 특히 2020년 말에는 김진숙 민주노총 지도위원의 복직 문제를 두고 많은 사람이 청와대 앞을 찾았습니다. 코로나19로 고통받는 자영업자들도, 세월호 유가족도, 비정규직 노동자들도 청와대 앞을 찾았습니다. 전직 대통령 사면 문제를 두고도 마찬가지였습니다. 보수 진영은 보수 진영대로, 진보 진영은 진보 진영대로 사면 문제에 대한 본인들의 요구를 말하기 위해 목소리를 높였습니다. 청와대 앞은 늘 붐비고, 늘 뜨거웠습니다.

그럴 때 청와대는 무엇을 해야 할까요? 어떻게 시민들의 삶을 위로할 수 있을까요? 청와대의 고민도 깊어 보였습니다. 특히 이런 사회 갈등을 처리하는 역할을 맡은 시민사회수석의 경우 그 고민은 더욱 깊어 보였습니다. 시민사회수석은 말 그대로 시민사회의 모든 부문에서 일어나는 일들이 업무 영역이다 보니, 어지간한 갈등 사안들은 청와대 시민사회수석실로 모이곤 했습니다. 고민이 참 많은 부서이지요. 행정부도 입법부도 해결 못 하는 사안, 더 나아가 행정부와 입법부가 충돌하는 사안이 있다면 청와대가 중간 다리 역할을 해야 하는 경우도 종종 있습니다. 그럴 때는 또 정무수석의 고민이 깊어집니다. 여론이 들끓고 분노가 폭발하는 사안에 대해서 대통령과 청와대 구성원들이 어떻게 반응하느냐는 늘 시민들의 관심거리일 수밖에 없습니다. 청와대가 직접적인 해결책을 내놓지 못하더라도 '문제가 있음을 알고 있다'라고 관심을 표시하는 것만으로도 성난 민심이 가라앉는 경우도 많으니까요. 그래서 때때로 참모들은 청와대 바깥으로 나와 농성하는 분들의 손을 잡고 단식하는 사람들의 안부를 묻습니다. 대통령이 직접 청와대 바깥으로 나와서 그분들의 손을 잡을 수 없는 때가 많기 때문입니다.

우리 사회의 여러 갈등이 대의 민주주의 제도를 통해서, 국회와 정당을 통해서 성숙하게 분출되기를 바랍니다. 하지만 그렇다고 해서 이렇게 직접 청와대로 달려와 본인들의 억울한 마음을 표현하는 방식을 무조건적으로 비판할 수는 없다고 생각합니다. 이런 모습이 성숙한 민주주의를 향해 가는 과정에서 겪는 성장통일 수 있으니까요. 문재인 정부 청와대가 민의에 귀 기울이기 위해서 얼마나 노력했는지, 다른 정부보다 시민들의 마음을 감싸 안고 보듬기 위해 더 노력했는지에 대한 판단은 사람마다 제각기 다를 것입니다. 그렇지만 적어도 제가 만난 청와대 구성원 상당수는 나름의 소명을 가지고 사회 여러 사안에 적극적으로 반응하기 위해 고군분투하는 모습이었습니다. 왜 문제가 해결되지 않는지, 왜 노력해도 이런 불만과 문제가 계속되는지 고심하고 있었습니다. 시민들을 함부로 무시하거나, 귀를 꽉 막고 그들의 불만을 폄훼하려는 구성원은 드물었습니다. 물론 밖에서 무슨 일이 일어나든 상관하지 않고 청와대라는 성에 갇혀 권력과 자리만을 탐하는 사람도 분명히 있었겠지만요.

정치의 본질은 지금 여기, 우리 사회에서 일어나고 있는 여러 고통과 갈등에 귀를 기울이고, 그것을 해결하려고 최선을 다하는 데 있다고 봅니다. 여러 이유로 시민들은 오늘도 청와대로 향하고, 청와대의 문을 두드립니다. 앞으로 어떤 정권이 집권하든 부디 그 아픔에 더 민감하게, 더 따뜻하게 반응하면 좋겠습니다. 그들의 손을 잡으며 위로하고, 정책과 제도를 통해 상황을 더 나아지게 만들 방안을 고민해 줬으면 하는 바람입니다.

한 걸음씩
양보했다면
어땠을까?

>>> 김제남 전 대통령비서실 시민사회수석비서관

시민사회에서 오랫동안 환경 운동을 했다. 기후위기 극복, 환경오염 문제 해결이 인생의 가장 중요한 과제라고 믿는다. 통합진보당 비례대표로 19대 국회의원이 되었고 이후 정의당으로 당적을 옮겼다. 2020년 1월부터 8월까지 청와대 대통령비서실 기후환경비서관으로, 2020년 8월부터 2021년 5월까지 시민사회수석으로 일했다.

시민사회수석으로 일하는 동안 수많은 갈등과 이해관계의 충돌 속에서 고민하고 또 고민했다. 결국 진심 어린 소통만이 답이라는 결론을 내리게 됐다. 청와대 구성원으로 사는 동안 다른 어떤 때보다 정치의 본질을 깊이 있게 경험했다고 생각한다. 한 번 사는 삶, 의미 있게 공적인 가치를 추구하며 살고 싶다고 한다. 이제 생의 다음 여정을 준비하고 있는 김제남 전 수석에게, 청와대에서 일했던 경험의 기쁨과 슬픔에 대해 물었다.

- 기후환경비서관과 시민사회수석을 거치며 청와대에서 1년 4개월 동안 계셨습니다. 내려오고 나니 어떠신가요?

○ 청와대 업무가 워낙 격무에요. 그래서 지금은 오래간만에 일상을 여유롭게 보내고 있어요. 직에서 내려온 과정이 아쉽지 않았다면 거짓말이겠지요. 시민사회수석으로서 좀 더 해 보고 싶은 부분이 있기도 했고요. 청와대 인사가 원체 예측하기가 쉽지 않긴 한데, 그 무렵 저와 함께 청와대에 들어간 참모들이 거의 교체되어서 '나도 교체 대상일 수 있겠구나' 싶었죠. 개인적으로야 정권 말까지 함께했다면 더 좋았겠지만, 인사권자가 그리는 청와대 조직의 더 큰 그림이 있지 않았겠나 생각하고 있습니다.

- 청와대 시민사회수석이 정확하게 어떤 역할을 하는지 잘 모르는 시민들도 많아요. 시민사회수석은 무슨 일을 하나요?

○ 청와대 구성원은 기본적으로 대통령의 참모들이죠. 대통령은 우리나라의 가장 중요한 정책들을 최종 결정하는 사람인데, 비서진들은 그분이 가장 합리적인 판단을 할 수 있도록 돕고 정책을 집행하는 과정을 보좌하는 사람들입니다. 그럼 시민사회수석은 뭐 하는 사람이냐. 정부의 영역도, 경제의 영역도 아닌 제3의 영역, 그러니까 시민사회 영역과 소통하면서 다양한 요구를 정책으로 수렴하는 사람이에요. 노동계, 종교계, 환경 단체, 과거사 진실 규명 단체까지 시민사회 영역은 아주 넓고 다양하죠. 그 속에 갈등 현안도 얼마나 많겠습니까? 게다가 그 문제가 청와대까지 왔을 때는 얼마나 곪아 있겠어요? 그런 어려운 갈등을 풀기 위해 노력하는 사람이 시민사회수석이라고 보면 될 것 같아요.

● 풀기 어려운 문제들에 수없이 부딪혀 오셨을 것 같은데요, 갈등을 효과적으로 풀려면 어떻게 해야 하던가요?

○ 이게 정말 정답이 없는 건데… 일단 한자리에 모여서 대화하면 반은 풀리는 것 같아요. 그게 안 되면 아무리 해도 진전이 안 돼요. 시민사회수석의 역할은 대화의 장으로 절대로 나오지 않으려는 사람들이 대화에 참여하도록 노력하는 거죠. 때로는 읍소도 하고, 때로는 설득도 하고요. 가장 안타까운 문제로 기억되는 것은 2020년 말, 김진숙 위원의 복직 문제였어요. 밖에서 보기엔 간단하죠. '그렇게 오래 해고된 상태로 있던 사람, 그냥 복직 좀 시켜 주지! 대통령이 그걸 못해?' 하지만 그 안에는 너무나 어려운 문제들이 섞여 있었어요. 김진숙 지도위원 측의 요구는 회사가 부당해고를 인정하고 정식으로 복직을 시키라는 것이었어요. 회사 측은 대법원 판결까지 끝난 일인데 부당해고를 인정하는 복직은 받아들일 수 없으니 재입사 형태로 회사에 돌아오라는 입장이었고요. 양측을 설득해서 협상 자리를 만들었습니다. 서로 합의할 수 있는 복직안을 마련하려고 수많은 협상을 진행했지만 끝내 합의에 이르지 못했어요. 개인적으로는 한 여성 해고 노동자가 겪었을 고난의 삶에 대한 깊은 연민이 있었어요. 그리고 시민사회수석으로서는 문제를 해결해야 한다는 책임감이 있었고요. 협상이 잘 안 돼서 너무 안타까웠습니다.

● 일이 어떻게 풀렸다면 좋았을까요?

○ 부당해고를 인정한 복직이냐, 아니면 재입사냐. 둘 중에 어느 하나로 합의하는 것은 서로 받아들이기 어려웠을 겁니다. 저는 명예로운 복직과 보상이 동시에 이루어지길 바랐어요. 김진숙 위원은 설령 그것

이 현실적으로는 재입사라고 할지라도 명예 복직에 합의하고, 회사 측은 성의 있는 위로금을 지급했다면 어땠을까 싶습니다. 오랫동안 노동 운동을 하며 투쟁해 온 분이 정년을 며칠 앞두고 해고자가 아닌 현장 노동자로 회사에 다시 출근하는 모습만으로도 우리 사회에 큰 울림이 있었을 것 같아요. 그랬다면 김진숙 지도위원은 회사에서 받은 위로금을 노동자들을 위해 쓰는 아름다운 삶을 살았을 거라고 생각합니다. 이런 생각을 하다 보면 너무 아쉽죠. 문재인 대통령도 이 부분에 대해서 너무 마음 아파하셨어요. 문재인 대통령과 김진숙 위원은 인권 변호사와 노동 운동가로 서로 인연이 깊잖아요. 노사 간의 협상 문제이니 대통령이 직접 나서기 어려운 상황이었어요. 대통령께서는 참모들이 이 사안을 잘 챙겨 보도록 하셨고, 사측과의 협상이 원만하게 타결되기를 바라셨죠. 끝내 협상이 타결되지 않아 복직이 안 된 채 정년이 끝나고 말아 정말 안타깝습니다.

● 실패라고 봐야 할까요?

○ 아니요. 갈등 해결의 실패라고 보지는 않아요. 지난 연말과 연초에 김진숙 지도위원의 이야기가 많은 국민의 마음을 울렸다고 생각해요. 노동자들의 열악한 현실, 과거 권위주의 통치 시기에 벌어진 국가 폭력의 피해, 해고자 복직 투쟁 등 노동 운동의 역사를 알렸고, 여기에 많은 시민이 공감하고 함께 마음 아파했잖아요. 그것만으로도 우리 사회가 진일보하는 데 일조했다고 봅니다.

● 청와대 구성원 이전에 정의당 국회의원이셨어요. 국회의원과 청와대 업무는 어떻게 다르던가요? 어떤 일이 더 재밌던가요?

○ 국회의원은 한 사람 한 사람이 헌법기관이지요. 민의를 바탕으로, 무한한 열정과 실력을 발휘해서 더 나은 세상을 위한 정치를 펼칠 수 있죠. 물론 국회 속에도 야합과 갈등, 투쟁 등이 존재하지만 자신이 노력한 만큼 성과를 낼 수 있는 곳이고, 성취감도 크죠. 자신의 비전을 입법으로 실현해 내는 과정이 참 보람 있고요.

이에 반해 청와대는 대통령의 참모인 만큼 운신의 폭이 좁아요. 하지만 다른 어떤 공간보다 정치의 본질을 깊게 느낄 수 있는 공간인 것 같아요. 매주 월요일 수보회의를 하는데 거기서 국정이 돌아가는 것을 배우고, 또 국무회의에 들어가서는 정부가 어떻게 작동하는가를 보게 됩니다. 대통령이 주재하는 국무회의에서 각 부처 장관들과 청와대 주요 참모진들이 함께 모여서 지금 나라에 어떤 일이 일어나고 있는지, 어떤 정책을 중요하게 수립하고 결정해야 하는지, 그걸 어떻게 실행해야 하는지 함께 머리를 마주 대고 의논하죠. 그 과정에서 국가가 어떻게 돌아가는지 한눈에 들여다보게 돼요. 특히 대통령의 국정 운영 철학을 가까이서 접하고 배우게 됩니다.

여기서는 내 열정과 신념만으로 일해서는 안 되고, 균형 감각을 가지고 사회를 들여다봐야 한다는 무거운 책임감이 따릅니다. 그 책임감이 때론 무겁고, 그래서 긴장되긴 하지만, 그래도 국정 운영 시스템을 짧은 시간 안에 가장 압축적으로 배울 수 있었다는 점에서 정말 보람이 컸어요.

● 일각에서는 지금처럼 '강한 청와대'에 대한 비판도 제기하는데요, 당·청 관계가 청와대 중심으로 돌아가면 민의가 왜곡된다는 우려도 있고요.

○ 지금 우리나라는 대통령제이기 때문에 '강력한 청와대'가 부각되는 것은 당연하다고 봐요. 그리고 대통령이 실권을 가지고 많은 정부 정책을 결정하고 집행하기 때문에 청와대 정책실과 비서실은 필수불가결한 조직이라고 보고요. 다만, 외국처럼 의회가 중심이 되고 책임총리제의 형태로 가는 것도 좋은 방향이라고 생각합니다. 외국은 비례대표도 많아서 정말 다양한 사회 구성원이 국회에 들어가 있잖아요. 성소수자부터 이민자, 비정규직 노동자 등 다양한 이해관계인을 국회가 모두 담고 있고, 총리가 실권을 쥐고 있어요. 우리도 그런 형태를 꿈꿔 볼 수 있다고 봅니다. 그리고 그 길로 가기까지 대통령제를 유지하게 된다면, 5년 단임제는 벗어나야 할 것 같아요. 5년은 어떤 정책을 실행하기엔 너무나 짧은 시간이거든요.

● 청와대에서 생활하는 동안 가장 어려웠던 순간, 가장 보람 있었던 순간을 꼽아 주신다면요?

○ 가장 보람 있었던 것은 기후환경비서관으로서 한국판 뉴딜에 그린 뉴딜의 개념을 함께 담은 것을 꼽고 싶어요. 온실가스 감축과 탄소중립은 우리 사회가 더 이상 피해 갈 수 없는 시대의 과제라는 확신이 있었어요. 산업통상자원부, 환경부, 기획재정부 등 관련 부처에 필요성을 설명하고 가이드라인을 마련하고 정책 과제를 수립하고, 얼마나 열심히 준비했는지 몰라요. 마침내 대통령께서 2020년 10월 국회 시정연설에서 공식적으로 '2050 탄소중립'을 선언하셨거든요. 가장 보람 있었던 것도 그 일이지만, 가장 어려웠던 일도 그 일이에요. 기후환경비서관은 정책실 소속이잖아요. 정책실 안에서 그린 뉴딜에 공감하지 못하는 분들이 많았어요. 시기상조다, 경제에 무리가 된다는 거죠.

하지만 저는 지금 하지 않으면 안 된다는 확신이 있었습니다.

● 탈원전에 대해서는 수많은 논란이 있잖아요?

○ 탈원전은 국민의 생명과 안전을 위해 선택한 미래 방향성이고 단계별 로드맵이에요. 국민이 선택한 길이기도 하고요. 원전 가동을 당장 중단하자는 것이 아니라 에너지 전환 계획에 따라 단계적으로 줄여나가자는 겁니다. 원전이 가동되는 동안 부지런히 재생 에너지를 만들어서, 원전 제로가 되는 때를 대비하고 그 시기를 앞당겨 가야죠. 그런데 안타까운 건 탈원전 이슈가 너무 정치 쟁점화되고 있다는 겁니다. 사실 관계를 정확히 따지거나 국민에게 무엇이 도움이 되는지를 살피지 않고, 이 문제를 정치적인 공격 수단으로 악용하는 건 좋지 않다고 봐요.

● 어떤 정치가 좋은 정치라고 생각하시나요? 정치를 한 단어로 규정하자면?

○ 주권자인 국민을 중심에 놓는 정치가 좋은 정치죠. 국민을 우선으로 두고, 더 좋은 정책으로 경쟁을 하는 게 정치의 본질이 되어야 하는데요. 정치권을 보면 공정한 경쟁을 하기보다 상대를 적대시하고 혐오하는 행태가 지나친 경우가 많습니다. 좋은 정치하는 것, 쉽지 않아요. 시대마다 요구하는 좋은 정치, 좋은 정치인이 있다고 생각하는데… 저는 요즘처럼 인류의 운명이 걸린 기후위기 시대에는 이에 대응하는 지속 가능한 미래를 그려 낼 수 있는 정치인이 많아져야 한다고 생각해요.

● 정치 왜 하시나요? 정치인이 된 이유를 들려주세요.

○ 이게 나의 소명이고, 숙명 같아요. 내 개인만 생각하며 사는 삶보다는 더 공적인 삶, 더 많은 사람을 행복하게 만드는 삶을 살고 싶은 욕구가 있어요. 그러니까 때로는 힘들어도 이 길에 다시 서 있게 되는 것 같습니다.

● 나중에 어떤 사람으로 기억되고 싶은지요?

○ 좋은 정치인이었다! 이렇게 기억해 주면 바랄 게 없죠. "김제남이 있어서 그래도 사회가 이만큼은 좋아졌네. 특히 녹색 정치가 이만큼은 성장했네. 환경이 이렇게 좋아졌네." 이렇게 기억되고 싶어요.

"녹색으로 사는 즐거움"

사람과 자연이 공존하는 한국, 녹색 한국을 보는 게 평생의 꿈이라고 했다. 시민단체에서도, 국회에서도, 청와대에서도 이 꿈은 변치 않았기에 그녀 인생의 한 단어는 '녹색으로 사는 즐거움'이다.

욕먹고 갈등하고, 청와대도 사람 사는 곳이다

문재인 정부 청와대를 보며 소통을 생각하다

청와대는 기자들에게 취재하기 쉬운 출입처는 아닙니다. 가장 답답한 점은 사람 만나기가 녹록지 않다는 점입니다. 청와대 출입기자들은 청와대 업무 공간과는 분리된 춘추관이라는 프레스센터에 모여 있습니다. 원래는 청와대 춘추관에서 청와대 경내로 출입하는 통로가 열려 있었으나 현재는 닫혀 있습니다. 청와대 출입기자는 청와대의 일부 건물에 상주하지만 딱 그 공간에만 자유로이 출입이 가능한, 사뭇 모순된 위치에 있는 셈입니다. 행정부를 취재할 때는 부처 사무실에 직접 들어가 해당 부처 관계자를 비교적 자유롭게 만날 수 있었습니다. 국회도 마찬가지입니다. 의원회관, 본청 등 업무 공간에서 자유로이 국회의원과 보좌진을 만나 얘기를 나눴습니다. 하지만 청와대에서는 공식 브리핑이나 기자회견에 담당 실무자가 직접 오는 경우도 드물고, 간혹 온다 해도 대부분 짧고 엄격하게 끝났습니다. 추가 취재를 위해 취재원에게 전화를 하면 연결조차 안 될 때가 많았습니다. 취재를 하려면 사람을 만나고 이야기를 많이 들어야 하는데 그게 수월치 않으니 답답할 때가 많았습니다.

그렇다면 청와대 기자들은 어떻게 취재를 하느냐? 주로 식사 자리에서 취재가 이루어졌습니다. 정치부 기자들은 통상 대여섯 개의 언론사 기자들끼리 하나의 그룹을 만들어 함께 주요 인사들을 만나고 취재 일정이나 브리핑 내용 등을 공유합니다. 혼자서 모든 일정을 챙기고 많은 사람을 알아 나가는 데는 분명히 한계가 있으니 상부상조하는 것이죠. 이 그룹을 기자들끼리의 은어로 '꾸미'라고 부릅니다. 꾸미 구성원들이 함께 청와대 수석, 비서관, 행정관 등과 식사 자리를 만들어 소통합니다. 기자들은 이 자리에서 정보도 나누고 나름의 친분도 쌓고 못 다한 취재도 합니다. 청와대 구성원 입장에서는 특정 언론사 기자와 일대일로 만나는 것보다 부담이 덜한 채로 기자들을 만날 수 있다는 장점이 있습니다. 청와대 구성원들도 공인인 만큼 아예 기자들과 담쌓고 살 수는 없으니 여러 언론사 기자들과 소규모로 만난 자리에서 국정의 주요한 사안들을 적절히 공유하고 소통도 해 나가는 것이죠.

청와대 구성원은 온 언론의 주목을 받는 위치에 있다 보니 어느 조직보다 엄격한 도덕성을 요구받습니다. 그러니 상당수 청와대 구성원에게 기자는 '말조심할 상대', '가까워지면 피곤한 존재'로 인식

될 수밖에 없는 것 같습니다. 하지만 정책의 핵심 쟁점을 파악하고 국정을 움직이는 사람들이 무슨 생각을 하고 있는지 살피는 게 기자의 업무입니다. 그러니 담당자에게 전화해서 물어볼 수밖에요. 전화를 받아야 하는 관료들의 입장은 또 다릅니다. 기자들의 전화에 응대하다 보면 업무를 못 하게 되는 경우가 많은 것이죠. 기자의 일과 그들의 일은 본질적으로 상충할 수밖에 없습니다. 참 어려운 상황이지요.

소통이란 뭘까요. 저는 '소통이란 관계 맺음이다'라는 정의에 깊이 공감합니다. 소통이란 인간 존재의 원초적 욕구인 동시에 궁극적인 목표점이고, 타인과의 관계 속에서 자신이 누구인지를 성찰해 가는 과정이라고 합니다.[5] 그런 면에서 문재인 정부가 소통을 잘했느냐? 출입기자의 시각에서 볼 때 솔직히 여러 아쉬움이 남습니다.

문재인 정부는 소통을 표방하고 나선 정부였습니다. 문 대통령은 취임사에서 국민과 수시로 소통하는 대통령이 되겠다고 천명하며 주요 사안은 대통령이 직접 언론에 브리핑하겠다고 밝혔습니다. 그러면서 "불가능한 일을 하겠다고 큰소리치지 않고, 잘못한 일은 잘못했다고 말씀드리겠다."는 말을 덧붙였습니다. 나아가 "국민들의 서러운 눈물을 닦아 드리는 대통령"이 될 것이라고도 말했습니다. 취임사를 감동적으로 기억하는 저로서는 출입기자가 된 뒤, 청와대가 소통하는 방식을 보며 적지 않게 당황했습니다.

어떤 사안이 있을 때 대통령이 시원하게 의견을 말한다는 생각이 별로 들지 않았습니다. 주요 사안이 있어도 대통령이 직접 춘추관에 오는 경우는 거의 없었습니다. 제가 청와대에 출입한 6개월 동안, 신년 기자회견을 제외하고는 한 번도 춘추관에서 대통령 브리핑을 경험하지 못했습니다. 감염병 유행이라는 특수한 상황을 감안하더라도, 얼마든지 비대면으로라도 소통할 수 있을 텐데, 그런 노력은 별로 느껴지지 않았습니다. 대통령의 침묵이 정치적으로는 더 합리적이고 득이 되는 선택일 수 있었을지 모르지만, 진심 어린 소통을 기대한 한 사람의 시민으로서 적잖이 실망스러웠습니다.

대통령이 직접 브리핑을 안 하면 욕먹을 일이 적어집니다. 어떤 시빗거리도 만들지 않을 수 있습니다. 하지만 그렇게 본인만의 성에 갇힐수록 일반 국민은 소외받는다고 생각합니다. 비록 실언과 실수를 하더라도, 그래서 욕먹을 가능성이 커진다 해도 문재인 대통령의 취임사대로 국민과 수시로 소통하는 것이 더 바람직한 것으로 보입니다. 그게 민주주의고, 그러면서 국민이 나라의 주인이 되어 가는 것이니까요. 기자가 국민의 대표는 아닙니다. 하지만 상당수의 사람들은 언론사의 기사를 통해서 세상을 봅니다. 이 과정에서 기자는 사람들이 세상을 내다볼 수 있는 창문 역할을 합니다. 그러니 당연히 바른 창문이 되기 위해 끝없이 성찰하고 노력해야겠지요. 그리고 청와대를 비롯한 주요 권력기관은 언론과 적절하고 지혜롭게 소통해야 한다고 봅니다. 그래야 시민들이 세상을 더 넓고 깊게 볼 수 있으니까요. 이런 관점에서 봤을 때, 힘을 가진 권력기관이 언론과의 소통을 지나치게 꺼려

하는 것은 시민들을 무시하는 처사라고 생각합니다.

문재인 대통령의 기자회견 횟수는 내내 시빗거리가 됐습니다. 회견의 형식을 두고 어디까지를 '정식' 기자회견으로 보느냐에 따라 논란이 있기는 하지만, 문재인 정부에서 대통령의 기자회견이나 방송을 통한 국민과의 대화가 부족했던 것은 사실로 보입니다. 한 칼럼에서는 노무현, 김대중 대통령의 기자회견은 재임 동안 150여 회, 이명박 대통령은 20여 회, 박근혜 대통령은 5회, 문 대통령은 6회에 불과하다고 꼬집기도 했습니다.[6] 소통을 강조한 문재인 정부의 기자회견 횟수치고는 (단순 수치만 비교하자면) 실망스러운 수준이라는 것이죠. '왜 이렇게 국민들, 기자들과 소통하지 않느냐, 이게 문 대통령이 그토록 강조했던 소통의 실체냐.'라는 비판이 기자들 사이에서 쏟아져 나왔습니다. 저도 사석에서 청와대 대변인과 소통수석실 직원들에게 여러 번 토로했습니다. '어떤 사안이 있을 때 대통령이 입을 꽉 다물고 있는 것이 너무 답답하다. 청와대 구성원들이 기자들 피해 숨어 다니는 것도 답답하다. 민감한 사안을 다루는 민정수석실과 인사수석실이야 그렇다 쳐도, 정책실 구성원들은 달라야 하는 것 아니냐. 그들은 우리를 이용해서 정책을 국민들에게 적극 홍보해야 하는 입장인데, 왜 이렇게까지 기자들을 피해서 꽁꽁 숨어 다니는 거냐.'라며 나름의 불만과 답답함을 드러내곤 했습니다.

이에 대해 소통실은 세 가지 해명을 내놓았습니다. 첫째는 기자들 전화에 다 응대하다 보면 청와대 업무가 안 된다는 것이고, 둘째는 청와대의 메시지는 소통실로 일원화하는 것이 합리적이라는 것, 마지막은 문재인 대통령은 단순 기자회견 횟수는 좀 적을지 몰라도 다른 어떤 대통령보다 현장 방문을 많이 하고 있고 거기서 국민들과 직접 소통하고 있다는 것이었습니다. 하지만 이 답변에도 이런저런 의문이 남았습니다. 단순히 대통령이 잘 세팅된 현장을 둘러보는 게 진정한 소통인가 하는 생각이 들었기 때문입니다.

대통령이 현장을 둘러보고 나면 그에 대한 국민의 의견과 반응이 있기 마련입니다. 국민과 언론은 때로는 칭찬을, 때로는 건전한 비판을, 때로는 대통령의 언행에 대한 꼬투리 잡기식 비난을 내놓기도 합니다. 문재인 정부 청와대가 그런 국민들의 반응에 '적절히 대응했는가?' 또는 '현안에 대해서 깊이 있는 문제 인식을 보여 주고, 입장을 내 왔는가?'를 생각해 보면, 정말 아쉬움이 큽니다. 그러니 이런 비판이 나옵니다. "박근혜 정부를 경험했음에도 불구하고, 청와대가 중심이 되어 여론을 직접 이끌고 내각을 수직적으로 지휘하는 정부 운영 방식이 재현되었다. 박근혜의 '보수판' 청와대 정부와 비견될 만한 '진보판' 청와대 정부의 등장으로 보였다."[7] '진보판 박근혜 정부'라는 비판은 촛불혁명으로 탄생한 문재인 정부에 얼마나 뼈아픈 비판인지요!

문재인 정부 청와대가 이런 폐쇄적인 소통 방식을 택하는 것은 노무현 정부의 경험에서 비롯된 반작용인가, 하는 짐작도 해 보곤 했습니다. 노무현 대통령은 재임 시절 춘추관에 너무 자주 와서 오히려 기자들이 피곤해했다는 놀라운 뒷얘기를 이따금 전해 들었습니다. 문제가 되는 사안이 있으면 참모들을 보내는 게 아니라 대통령이 직접 춘추관에 와서 의사를 표현하고 기자들의 질의에 응답하곤 했다는 겁니다. 이따금 일요일에 예고도 없이 춘추관에 와서 기자들과 격의 없이 점심 먹고 술 한잔하며 세상사 돌아가는 얘기, 본인 어려움 등을 나누고 갔다고 하니, 소통의 측면에서는 과연 달인이라고 할 만합니다. 그런데 그렇게 진솔하게 소통하던 그가 특유의 솔직한 언사로 인해 재임 기간 내내 언론의 수많은 억측과 비판에 시달린 것은 사실이지요. 그러니 문 대통령을 향해 일부의 비판과 같이 '대면 정치를 피하는 대통령, 문제 사안이 있으면 뒤로 숨는 대통령'이라고 날 선 비판을 하기는 참 어려웠습니다. 노무현 전 대통령이 열린 소통을 지향하다가 당하지 않아도 되는 비판의 중심에 서는 것을 누구보다 많이 봐 온 문재인 대통령으로서는 격의 없고 잦은 소통, 대통령이 직접 의사를 표현하는 것 등이 오히려 장기적으로는 손해라고 판단했을 수도 있겠다는 생각이 듭니다.

소통에 정답이 있을까요? 정답은 없습니다. 다만 문재인 정부 청와대가 좀 더 열려 있었다면, 조금만 더 활발히 소통했더라면 훨씬 좋았을 것 같습니다. 그렇게 열린 소통을 하다 보면 물론 지금보다 비난과 비판을 더 많이 받을 수도 있습니다. 그러나 문재인 정부가 그 과정조차 이겨 내서 '활발한 소통을 해도 제대로 평가받고 인정받을 수 있다'는 선례를 남겼다면 정말 좋았을 것 같습니다. 문재인 정부 청와대가 '소통'의 측면에서는 부족하다는 비판에 대한 저의 긴긴 고민은 어떤 결론을 내리지 못한 채 출입처를 떠날 때까지 끝나지 않고 이어졌습니다.

민정수석실발 갈등을 취재하며

청와대만큼 엄격하고 철저하게 관리되는 조직도 드물 것입니다. 온 국민의 관심사가 집중되는 조직인 데다, 인사권이 철저하게 대통령 한 사람에게 있으니 자유롭고 열린 분위기를 기대하기는 어렵지요. 그러니 인사상의 잡음이 있기는 쉽지 않습니다. 대통령이 오라면 오는 것이고, 그만두길 바라면 그만둬야 하는 조직이니까요. 하지만 청와대를 출입하면서 인생사 다 똑같다는 것을 느낀 순간이 있었습니다. 신현수 민정수석을 둘러싼 논란을 취재할 때 그러했습니다.

민정수석은 국민 여론을 파악하고 공직 기강과 관련된 업무를 수행합니다. 민정수석 아래에 민정비서관, 반부패비서관, 공직기강비서관, 법무비서관이 있습니다. 민정수석실은 청와대 내부 감찰 조직으로 대통령 친인척 관리, 공직 사회 감찰, 대통령의 주요 측근과 장·차관급 공무원에 대한 인사 검증 등의 업무를 수행합니다. 또한 경찰, 국가정보원, 국세청, 감사원 등을 사정하고, 해당 기관장들의 인사에 대해 대통령에게 직접 조언을 하기도 합니다. 고위 공직자 인사에도 개입하고 국가 핵심 권력기관을 사정하니 그 권한이 막강할 수밖에 없습니다.

문재인 정부 청와대에서는 조국 수석으로 시작해 이후 김조원 수석, 김종호 수석, 신현수 수석을 거쳐, 지금은 김진국 수석이 민정수석 자리를 맡고 있습니다. 그런데 앞의 네 민정수석은 다들 끝이 그리 좋지 못했습니다. '이 정권 지지율의 10%는 부동산 문제가, 10%는 민정수석발 사고가 까먹고 있다'는 자조가 나올 정도였으니까요. 조국 수석은 다들 알다시피 수많은 논란과 비판의 한가운데 있는 사람입니다. 김조원 수석은 강남과 잠실에 두 채의 주택을 보유했다가 언론의 집중포화를 맞고 사퇴했습니다. 김종호 수석은 임명된 지 4개월 만에 자리에서 내려왔습니다. 이유를 두고 해석이 분분했습니다. 제가 청와대에 출입하기 시작한 2020년 11월은 추미애 법무부 장관과 윤석열 검찰총장 사이의 갈등이 극심했던 시기였습니다. 두 사람의 대립이 깊어질수록 국민들의 피로감도 커졌습니다. 이런 가운데 추미애 장관이 윤석열 총장에 대한 징계를 결정하고 법원이 이 결정을 취소하는 등, 2020년 연말 뉴스는 온통 두 사람의 갈등에 집중됐습니다. 당시 민정수석이 김종호 수석이었는데, 청와대에서는 김 수석이 법무부 장관과 검찰총장 사이의 갈등에 제대로 대응하지 못하고 있다는 뒷말들이 흘러나왔습니다. 그러다 4개월 만에 교체되면서 사실상 경질 아니냐는 추측이 나왔습니다. 그렇게 다사다난한 민정수석의 역사를 거쳐 문재인 정부 들어 첫 검사 출신인 신현수 민정수석이 자리에 올랐습니다.

그런데 신현수 수석의 행보도 처음부터 삐걱거렸습니다. 2021년 2월, 추미애 장관의 뒤를 이은 박범계 장관과 검찰 인사를 두고 갈등을 빚은 것입니다. 검찰 출신인 신현수 수석은 검찰의 의견을 존중하려 했고, 박범계 장관은 추미애 전 장관의 뜻을 이어가려 했다고 합니다. 이 과정에서 박 장관이 민정수석을 '패싱'하고 대통령에게 인사 재가를 받았다는 거죠. 이후 얼마 지나지 않아 신 수석은 사의를 밝혔습니다. 자신이 민정수석으로서 할 역할이 없다고 생각한 거겠죠. 부임한 지 얼마 안 된 청와대 구성원, 그것도 민정수석이 스스로 사의를 표명하는 것은 참으로 드문 일이었습니다. 청와대에서는 떠나려는 민정수석을 설득해 사의를 거두도록 만류하는 상황이 한동안 계속됐습니다. 이 과정에서 신현수 민정수석과 이광철 민정비서관과의 갈등설도 흘러나왔습니다. 민정수석실 내부의 갈등, 새로 온 민정수석과 법무부 장관이 세력 다툼을 하는 사안은 얼마나 큰 뉴스거리였겠습니까!

당초 문 대통령은 신현수 수석을 이 정권의 마지막 민정수석으로 생각하고 그를 임명한 것으로 알려져 있었습니다. 그런데 그토록 대통령의 신임을 한 몸에 받은 민정수석이 스스로 사의를 표하고, 그것이 언론에 여러 경로로 알려지고, 민정수석실 내부 기강이 의심받는 상황까지 온 것이죠. 민정수석은 우리 사회 권력 다툼의 핵심에 있는 자리입니다. 공공기관을 감찰하고 인사에까지 개입하는 자리니까요. 그런데 조국 수석에서부터 신현수 수석까지, 문재인 정부 역대 민정수석들이 여러 잡음에 휩싸이면서 청와대의 고민도 무척 깊어 보였습니다.

청와대의 만류로 신 수석은 짧은 휴가를 마친 뒤 본인의 업무로 돌아왔습니다. 기자들 사이에서는 의견이 분분했습니다. '한번 조직에 부담을 준 구성원은 더 이상 그 자리에 있기 힘들다, 곧 내려오게 될 것이다.'라며 교체설에 무게를 싣는 의견과, '신 수석에 대한 문 대통령의 신임이 깊으니 이걸로 문제는 일단락된 것이 아닐까?' 하는 의견이 있었습니다. 저는 후자 쪽으로 생각했습니다. 하지만 제 예상은 빗나갔습니다. 2021년 3월 4일, 문재인 대통령은 윤석열 검찰총장의 사의를 수용하며 동시에 신현수 민정수석을 김진국 민정수석으로 교체했습니다. 이렇게 해서 신 수석은 이 정부의 최단기 민정수석이 됐습니다.

한동안 청와대를 떠들썩하게 했던 민정수석실발 혼란을 보면서 권력의 최정점에 있을수록 더욱 그 권력을 통제하고 제어하기 어려워지는구나 싶었습니다. 그리고 다른 한편으로는 '청와대도 사람 사는 곳이구나'라는 생각이 절로 들었습니다. 청와대 내부 구성원들도 서로 갈등하고, 권력을 두고 다툼하고, 인사를 두고 처절하게 고민합니다. 우리 사회에서 가장 많이 배웠다는 엘리트들도 때로는 예상치 못한 부분에서 본인의 허점을 보이기도 하고, 그것을 수습하는 과정이 다소 감정적으로 흐르기도 하는 것 같습니다. 이렇게 갈등하고 고민하는 과정에서 국가 조직이 성장하게 된다면 고마운 일이겠고, 그 갈등이 내부 성원들에게 생채기와 불명예만 남긴다면 너무 슬픈 일이겠지요.

지난 민정수석실발 갈등과 소란 들이 국민들에게 상처만 남기는 일이 아니었기를 간절히 바랍니다. 민정수석실을 거쳐 간 네 명의 수석들을 둘러싼 논란을 통해, 검찰과 법무부의 갈등을 통해, 우리 사회가 추구하는 가치에 대한 고민, 권력기관의 균형에 대한 고민이 더 깊어지고 성숙해졌기를 기대합니다. 당시 갈등 내용을 보도하며 '내가 쓴 기사가 청와대와 민정수석실이 좋아지는 데 아주 작은 도움이라도 되는 기사였나?' 되묻곤 했습니다. 앞으로의 민정수석실이 권력을 감찰하는 과정에서 본인들 스스로 권력기관이 되어 권력을 휘두르지 않기를 기대하는 마음을 담아 취재했습니다. 민정수석실이 정말 민심이 어디에 있는지 기민하게 파악하고, 대통령의 귀와 눈을 열어 주는 기관으로 거듭나길 바랍니다. 소위 '나는 새도 떨어뜨린다'는 민정수석실의 권력이 이제 옛말이 되길, 민정수석이 권력 그 자체가 아니라 민의를 읽는 본연의 역할을 해 주길 기대합니다.

실패를 인정할 줄 아는 정부를 꿈꾼다

2021년 1월 5일, 새해 첫 국무회의가 열렸습니다. 기자들은 대통령이 어떤 메시지를 내놓을지 촉각을 곤두세웠습니다. 새해 첫 국무회의의 대통령 메시지는 부동산과 관련된 것이었습니다. 문재인 대통령은 국무회의 모두 발언을 통해 지금까지의 부동산 정책 기조를 유지하되 혁신적인 주택 공급안을 마련하겠다고 공언했습니다. 부동산 시장 안정을 위해서 정부가 할 수 있는 모든 노력을 다하겠다는 뜻이었습니다. 변창흠 당시 국토교통부 장관은 서울 시내에 저밀 개발된 지하철 역세권과 준공업 지역, 저층 주거지 등을 효과적으로 활용하면 서울 도심에서도 충분한 양의 주택을 공급할 수 있을 것이라고 자신감을 내비쳤습니다.

하지만 문재인 정부의 부동산 정책은 큰 악재를 만났습니다. LH 직원들이 3기 신도시 예정지에 투기를 목적으로 토지를 구매한 사실이 드러났기 때문입니다. 폭등하는 부동산 가격, 그 속에서 분노해 온 서민들에게 이 소식은 분노를 넘어 현 정권의 부동산 정책 전반에 대한 불신으로 이어지는 듯했습니다. 누군가는 책임을 져야 했습니다. 투기가 벌어진 시기에 LH 사장이었던 변창흠 장관은 곧 사의를 밝혔습니다.

청와대 구성원들에게도 부동산 문제는 너무나 큰 짐이자 고민거리인 것 같았습니다. 청와대 출입기자들은 당시 정책실장이었던 김상조 실장과 정기적으로 간단한 점심 식사를 겸한 비공개 기자 간담회를 했습니다. 정부가 부동산 정책 실패를 인정하는가, 사과할 마음이 있는가. 이것이 기자들의 주요 관심사였습니다. 하지만 정책에 대한 사과를 하기란 얼마나 힘든 것인지! 김상조 실장은 절대 사과하지 않았습니다. 대신 해명했습니다. 코로나19라는 전례 없는 위기 속에서 전 세계적으로 유동성 장세가 펼쳐졌고, 1인 가구 증가 등으로 부동산 가격 폭등은 피할 수 없는 현실이었다는 겁니다.

김상조 정책실장 후임으로 온 이호승 정책실장도 부동산 정책에 대한 사과는 조심스러워했습니다. 우리나라 3월 수출액이 역대 최고치를 기록했다는 발표가 나온 4월의 어느 날, 이호승 실장이 춘추관을 찾았습니다. 취임 이후 처음으로 춘추관을 찾은 날이었습니다. 하지만 기자들의 질문은 수출 호조와 관련된 사안이 아닌, 부동산 문제에 집중됐습니다. 정권 초기의 과도한 규제책이 오히려 불쏘시개가 된 것은 아닌지, 공급 대책이 너무 늦은 것은 아닌지 등 부동산 정책 관련 질문을 쏟아냈습니다. 그리고 정부가 부동산 대책을 수요 억제에서 공급 확대로 전환한 것은 이제까지의 정책 실패를 인정하는 것 아니냐는 질문도 나왔습니다. 이에 대해 이호승 실장도 부동산 가격 폭등은 1인 가구 증가, 전 세계적 유동성 장세 등이 반영된 결과라고 답했습니다. 저는 왜 그런 대답을 할 수밖에 없는지 이해하면서도, 다른 한편 매우 안타까웠습니다.

사안을 보는 시각은 가지각색입니다. 부동산, 무엇이 문제일까요? 물론 시중에 돈이 많이 풀리고, 물가가 오르는 상황에서 우리나라만 부동산 가격을 안정시키기는 어려웠을 것입니다. 하지만 시종 규제책으로 일관한 부동산 정책이 많은 부작용을 일으킨 것도 사실인 것으로 보입니다. 규제가 촘촘해질수록 무주택자들이 집을 살 수 있는 기회도 줄어들었습니다. 투기꾼을 목표로 한 대책이 서민을 울린 셈입니다. 보유세와 취득세, 양도세가 모두 올라 집을 보유하는 것도, 사고 파는 것도 모두 어려워졌습니다. 임대차 3법도 취지는 좋았지만, 집주인이 전셋값을 갑자기 크게 올려 받으면서 매매가가 뛰는 악순환이 펼쳐졌습니다. 그런 가운데 공공기관 임직원의 투기 사실이 밝혀졌으니 그 분노가 오죽했겠습니까. 정책이 선의만으로 움직이지 않고, 뫼비우스 띠처럼 계속 돌고 돌아 제자리로 오는 것 같았습니다.

시민의 한 사람으로, 한 명의 출입기자로, 누군가는 부동산 정책에 대해 책임지고 진실하게 사과하기를 간절히 바랐습니다. 본인의 한계를 인정하는 것은 너무나 어려운 일입니다. 하지만 문제를 해결하는 과정에서 건네는 진솔한 사과는 그 자체만으로도 힘이 있다고 생각합니다. 진심 어린 사과가 박탈감을 느낀 사람을 위로할 수 있기 때문입니다. 하지만 제가 본 청와대 구성원과 정책 담당자 들은 그렇게 하지 않았습니다. 실패가 아니라고 주장하고, 그러니 사과할 이유도 찾지 못했습니다. 그런 모습을 보면서 험악한 민심 앞에서 실패를 자인하는 것은 상상 이상의 용기를 필요로 하는 일인지도 모르겠다고 생각했습니다.

LH 사태가 터졌을 때 이례적으로 강한 대통령의 메시지를 확인했습니다. 정부 합동조사단이 출범하던 날, 대통령은 관련자를 발본색원하라고 지시했습니다. 바로 다음 날에도 대통령은 해당 투기 의혹에 대해 강력한 조사를 지시하고, 청와대 직원과 그 가족도 전수 조사하겠다고 밝혔습니다. 그렇지만 저는 그것보다 더 급한 것은 사과가 아닐까, 국민들에게 진심으로 미안하다고 해야 하지 않을까 생각했습니다. 대통령은 사태가 불거진 지 2주가 지난 뒤에야 성실하게 살아가는 국민들에게 허탈감과 실망을 드려 송구하다며 공개적으로 사과했습니다. 어느 정부보다 도덕성 면에서는 우위에 있다고 생각해 왔던 정부였기에 LH 사태는 참 실망스러웠습니다. 공공기관 임직원이 직분을 이용해 수십억을 챙긴 이 사건은 집 한 채 마련도 어려운 평범한 소시민들의 희망과 용기를 빼앗아간 일이라고 생각합니다. 이후 해당 사태 관련자들은 경찰 수사를 받았고, 여러 명이 구속됐고, LH는 대대적인 개혁 과정을 거치게 됐습니다.

이렇게 큰 홍역을 치른 만큼 우리 사회는 한 단계 더 성숙했을까요? 저는 잘 모르겠습니다. 부동산은 삶의 근간과 직결된 문제이기에 더 빨리 사과하고, 규제책보다는 공급 대책으로 더 빠르게 선회했더라면 어땠을까요? "타인을 조금이라도 탓하는 사과는 진실한 사과가 될 수 없다."[8]라는 사과의 기본을 조금이라도 알았더라면 부동산을 둘러싼 민심의 분노가 조금은 누그러지지 않았을까요. 그런 면에서 LH 사태와 관련된 대통령의 한발 늦은 사과도, 청와대 정책실과 국토부 수장들의 부동산 정책과 관련된 항변들도 참 아쉬웠습니다.

혹시 우리 정부는 적어도 부동산 문제에 있어서는 '콩코드 효과', 이른바 매몰 비용 효과에 빠져 있었던 것은 아닐까요. 사람들은 돈이나 노력, 시간 등을 투입하면 그것을 지속하려 하고, 자신의 과오를 인정하기 싫어하는 자기 합리화 욕구가 생긴다고 합니다.[9] 특히 개인보다는 집단이 그런 경향을 보이는 경우가 많고요. 이미 추진하고 있는 수많은 부동산 정책에 대해서 과오를 인정하고 싶지 않은 탓에 기존 정책을 계속 유지하면서 자신들을 합리화하려 했던 것은 아닌지… 그 과정에서 더욱 많은 부작용이 생긴 것은 아닌지 안타까운 마음이 듭니다. 고전했던 부동산 정책에 반해 코로나19라는 긴긴 터널을 거치면서도 우리나라 경제는 비교적 선방했다는 평가를 받았습니다. 수출 호조, 중소·벤처 기업의 약진, 세계 최고 수준의 반도체 실적 등 이런 긍정적인 경제 실적들이 부동산 정책에 대한 불만으로 그 성과를 제대로 평가받지 못한 면이 있는 것 같아 안타까운 마음도 듭니다. 어떻게 했다면 더 나은 결과가 나왔을까요? 문재인 정부의 부동산 대책은 왜 이렇게 흘러갈 수밖에 없었는지, 여러 의문과 아쉬움이 남습니다.

내가 배운 것을
정책으로
실현하기 위하어

>>> 이병헌 대통령비서실 중소벤처비서관

2020년 1월 청와대 정책실 중소벤처비서관으로 임명됐다. 스스로를 혁신 성장과 신자유주의적 작은 정부론에 반대하며 국가의 역할을 강조하는 '슘페터 학파'로 분류하는 경영학자다. 경영학 교수, 중소기업연구원장 등으로 일해 왔다. 노무현 정부 시절, 청와대에 초청돼 중소기업 기술 혁신 제고 방안을 발표했다. 이후 노무현 정부 인사들과 인연을 맺었고, 지난 2012년 담쟁이포럼 멤버로 문재인 후보를 도왔다.

민주화 운동으로 뜨거웠던 시절에 대학을 다녔다. 본인은 희생한 친구들 뒤에 서서 '적당히' 지냈다고 한다. 평생 그렇게 자신을 희생한 친구들에 대한 부채의식이 있다. 사람이 사는 데 가장 중요한 건 진정성이라고 믿는다. 사람들은 종종 현실과 이론은 다르다고 조언하지만, 그는 책 속에 적힌 '이론'에서, 대의라고 생각하는 '명분'에서 현실적인 삶의 원리를 찾을 수 있다고 생각한다. 그에게 청와대 비서관으로 사는 일상에 대해 물었다.

- 청와대 중소벤처비서관으로 일하고 계십니다. 청와대 비서관은 어떤 자리라고 정의할 수 있을까요?

○ 대통령은 국가의 최고 경영자지요. 비서관은 그 최고 경영자가 제대로 역할을 할 수 있도록 돕는 사람이라고 할 수 있습니다. 기업에서도 CEO를 돕는 부서들이 있는 것처럼 국가에도 국가 경영을 돕는 스태프들이 있는 것이죠. 하지만 청와대 비서진들이 직접 중요한 의사 결정을 하는 건 아닙니다. 우리나라는 대통령중심제이긴 하지만 엄연히 각 부서의 장관들, 그러니까 국무위원들이 있잖아요. 그들이 중요 사안에 대한 의사 결정을 하고, 거기에 책임도 지는 게 맞지요. 다만 청와대 비서진은 대통령의 비전과 국정 철학이 잘 작동할 수 있도록 각 부처와 활발하게 소통하고, 국가 경영과 의사 결정의 방향을 정하는 역할들을 해 나가는 거죠.

- 그럼 중소벤처비서관은 주로 무슨 일을 하나요?

○ 우리나라 중소기업과 벤처기업을 돕기 위한 일을 모두 합니다. 예를 들자면 이런 것이죠. 지금 코로나19로 인해 자영업자와 중소기업이 많이 어렵잖아요. 이들을 돕기 위한 추경을 어떻게 집행할 것인지, 손실 보상은 언제 어떤 방식으로 할 것인지, 문제를 해결하기 위한 큰 방향을 국회에서 결정하면 누군가는 이것을 구체화해야 할 것 아니겠어요? 이런 국정 과제가 떨어지면, 중소벤처비서관은 정부 관계 부처의 실·국장을 모아서 이걸 어떤 방식으로 실현할 것인지 함께 의논하고 계획을 세우죠.

문재인 정부가 내세운 주요 국정 과제 가운데 하나가 중소기업 중심의 경제를 만들자는 거였어요. 저는 중소기업이 잘되어야 우리나라가 잘된다는 믿음이 있습니다. 그리고 학계와 연구원에 있으면서 이 걸 정책적으로 실현해 보고 싶다는 생각도 했고요. 청와대에 들어와 서는 제가 이제까지 쌓아 온 지식과 경험을 총동원해서 지금 우리나 라 중소기업 지원 정책이 어떻게 집행되고 있는지, 뭐가 부족한지, 부 처들은 잘하고 있는지 최선을 다해 모니터링하고 있어요. 그리고 수 요자 입장에서 부족한 점을 파악해서 더 나아질 수 있는 방안을 제시 하고 있고요.

● 경영학 교수였고, 중소기업연구원에도 계셨잖아요. 여러 분야에서 긴 여정을 걸어오셨는데, 청와대 비서관 업무는 다른 직업들에 비해 어떤 어려움과 보람이 있을까요?

○ 어려운 점은… 24시간 긴장 상태로 있어야 한다는 것? 지금 우리나 라가 어떻게 돌아가는지, 특히 내 분야와 관련된 정책이 어떻게 움직 이고 있는지 늘 알고 있어야 하니까 고단하죠. 청와대 비서관이 체력 적으로 버틸 수 있는 최대치가 통상 1년 반 정도라고들 하더군요. 저 는 정권 말까지 하면 딱 1년 2개월 정도 하는 거니까 방전되기 직전 에 그만하게 되지 않을까 싶네요.

장점은 자신이 맡은 분야를 아주 넓고 깊게 볼 수 있다는 점이에요. 교수로 있을 때는 어떤 과제가 있으면 자료 수집하고 글 쓰고 이런 과정을 혼자 하니까 한계가 많았거든요. 그런데 여기 오니까 어떤 문 제가 생기면 각 부처 담당자와 청와대 행정관이 전부 투입돼 자료를 모아요. 접근하고 확보할 수 있는 리소스 자체가 다르죠. '중소기업 정책이 잘 돌아가고 있나?' 이런 물음에 대해 밖에서는 피상적으로 접근했다면 여기서는 매우 구체적으로 알게 되는 것 같아요.

다만 체력적으로 너무 힘들기 때문에 잘 관리하는 것도 필요하고, 의지와 소명 없이는 버티기 어려운 것 같아요. 저도 중소기업과 관련된 지식과 노하우를 우리나라를 위해 원 없이 한번 쏟아 보겠다는 진심을 가지고 들어왔거든요. 들어와 보니 지금 청와대 구성원 상당수에게 그런 진심이 분명히 있는 것 같아요.

● 이번 정부에서는 부동산 이슈가 경제의 여러 다른 밝은 면들을 다 가려 버린 측면이 있습니다. 청와대 구성원 중 한 사람으로서 어떻게 보시나요? 지금 우리나라의 경제 상황, 중소·벤처 업계를 비롯한 다른 산업 부분은 어떻게 평가하시나요?

○ 한 나라의 성장 잠재력이라는 건 커지기도 하고 작아지기도 하죠. 그런데 우리나라는 이미 노령화 사회로 접어들고 있잖아요. 아무리 성장을 외쳐도 성장에 한계가 있을 수밖에 없어요. 누가 해도, 어떤 정부가 와도 한계가 있단 말입니다. 그런 가운데 벤처기업은 어떠냐? 꾸준히 성장하고 있고, 정말 잘하고 있다고 봅니다. 이게 일본과 우리나라의 차이인데요. 이미 초고령 사회에 진입한 일본도 어렵기는 마찬가지란 말이에요. 그런데 스타트업과 벤처를 일으켜 세우는 데 상당 부분 실패했어요. 그러니 침체의 골이 깊죠. 우리나라도 고속 성장을 이루거나 경제의 파이를 키우는 데는 분명히 한계가 있지만, 벤처 분야는 매우 선방하고 있고, 앞으로 이들이 우리나라를 먹여 살리는 데 큰 역할을 할 거라고 확신해요.

● 부동산 정책에 대해서는 어떻게 생각하세요?
○ 조심스럽긴 하지만 여러모로 아쉬움이 있죠. 사실 부동산이라는 게

수요와 공급에 따른 가격 탄력성이 정말 떨어지는 재화잖아요. 공급을 늘린다고 당장 가격이 떨어지는 재화가 아닌데… 공급책을 미리미리 준비했다면 어땠을까 싶어요. 사실 몇 년 전부터 수많은 전문가들이 자산 버블, 부동산 버블에 대한 강력한 경고를 하고 있었어요. 결과적으로 지금 전 세계가 부동산 버블 상황인데, 이걸 미리 더 지혜롭게 대비했다면 이 파고를 조금은 덜 고통스럽게 넘을 수 있지 않았겠나 싶어요.

● 피할 수는 없었겠지만 좀 더 지혜롭게 넘길 수는 있지 않았을까 하는 거네요.

○ 그렇죠. 일례로 종부세를 통해서 수요를 억제하겠다는 발상 자체가 모순이 있다고 봅니다. 세금은 부자들로부터 걷어서 분배하라고 있는 건데, 그걸 수요 억제 방책으로 생각했다는 게 모순이죠. 부동산 정책 전반은 매우 아쉬운 부분이 많다고 봅니다.

● 역대 최대치를 자랑하는 수출 실적, 중소·벤처 업계의 성장이 통계치만 그럴듯한 빛 좋은 개살구라는 비판을 듣기도 하잖아요?

○ 거기엔 동의하기 어렵습니다. 현재 우리나라에서 벤처기업이 창출하는 일자리가 100만 개 내외거든요. 물론 전체 경제에서 차지하는 비중은 아직 적죠. 하지만 앞으로 대기업들이 늘릴 수 있는 일자리가 얼마나 될까를 생각해 보면 이 숫자가 결코 적지 않다는 걸 알게 됩니다. 반도체 공장을 아무리 지어도 이제 일자리를 늘리는 데 한계가 있거든요. 자동화, 디지털화되는 세상 속에서 어떤 방식으로 일자리를 늘릴 수 있을까요? 벤처와 중소기업이 많이 뛰어 줘야 앞으로 살

아갈 길이 있을 거예요.

- 경제 성장 방향에서 롤 모델로 삼는 나라가 있나요?

○ 독일이요. 나라마다 가지고 있는 자원이 모두 다르잖아요. 이탈리아
와 스페인은 문화유산과 관광 자원으로 먹고사는 나라고, 싱가포르
는 지정학적 위치와 항만 인프라로 먹고살 수 있죠. 그러면 우리는?
우수한 인적 자본이 우리가 가진 최대 장점이라고 봐요. 높은 교육열
을 바탕으로 개개인의 능력이 다른 나라에 비해 월등하거든요. 의료,
스포츠 등등 다양한 분야에서 뛰어난 인적 자원이 정말 많잖아요. 독
일도 비슷한 것 같아요. 딱히 자원이 있는 것도 아니고 지정학적 위
치가 뛰어난 것도 아니지만, 뛰어난 인적 자원을 바탕으로 발전해 가
는 모델이잖아요. 이에 더해서 복지와 분배 측면에서는 북유럽식을
추구해야 한다고 보고요. 다만 성장에 대한 비전 없이 복지와 분배만
외치다 보면 그리스처럼 무너지기 십상이죠. 성장 동력을 유지하면
서 분배도 함께 해 나가는 게 필요한데, 그런 면에서 독일이 가장 이
상적이지 않을까 싶습니다.

- 문재인 정부 임기도 어느덧 말기에 접어들었습니다. 반드시 이루고
싶은 정책, 갈무리하고 싶은 정책이 있나요?

○ ESG요. 환경(Environment)을 생각하는 기업, 사회적 책임(Social)을 생각하
는 기업, 지배구조(Governance)를 개선해서 투명하게 운영하는 기업, 이
런 기업 문화를 꼭 제도적으로 정착시켜야 한다고 봐요. 사회적인 소명
을 다하는 기업이 잘되는 나라를 만들어 가야죠. 또 다른 하나는 모험자
본이 우리 경제에 더 많이 들어오게 만들고 싶어요. 우리나라는 경제의

파이 자체가 작잖아요. 파이를 키우려는 노력을 해야 합니다. 그런 면에서 위험도 높은 분야에 투자하는 모험자본에 세제 혜택도 파격적으로 주고, 여러 규제도 풀어서 경제의 파이를 더 크게 만드는 데 도움을 주고 싶어요.

● 2012년 문재인 대통령을 돕는 담쟁이포럼에 함께하셨습니다. 정치에 발을 한쪽 담그신 셈인데, 이유가 있나요?

○ 노무현 정부 시절, 청와대로 초청돼 중소기업 기술 혁신 제고 방안에 대한 발표를 한 적이 있어요. 그걸 당시 박기영 과학기술보좌관이 유심히 봤고, 참여정부에서 많이 참고한 걸로 알고 있어요. 이후 정권이 바뀌었고, 노무현재단에서 만든 미래발전연구원에 참여하게 됐습니다. 이 재단은 참여정부의 정책을 더 발전시켜 보자는 취지로 만든 재단이었어요. 거기서 중소기업의 발전을 위한 정책 비전을 제시하는 역할을 했죠. 그때 만났던 사람들이 2012년 대선에서 자연스럽게 담쟁이포럼을 만들게 됐고, 문재인 후보를 지지하며 정책 비전을 짜는 역할을 하게 되었습니다.

● 사실 철저히 실리적인 측면에서만 보면 정권 바뀌고 노무현 정부 사람들이 주축인 미래발전연구원에 참여한 것이 지혜로운 선택은 아닌데요.

○ 그렇죠. (웃음) 한자리하고 싶은 마음이 있었다면 연구해 온 거 새로 들어선 정권에 다 넘기고 거기에 줄 서야 맞죠. 하지만 나도 내가 맞는다고 생각하는 세상이 있고, 내 가치가 있고, 내 신념이 있는데, 그러고 싶지는 않았던 것 같아요.

● 청와대 조직이나 국가 조직이 어떻게 바뀌면 좋을 것 같으세요?

○ 일을 해 보니 청와대와 부처 사이의 의견을 조율하는 과정이 좀 애매할 때가 있어요. 각 부처가 맡은 영역이나 처한 상황에 따라 이견을 보이는 경우가 있어요. 그걸 조율하라고 국무총리실(국무조정실)이 있지만, 현 체제에서의 역할은 매우 애매하잖아요. 그런 면에서 우리나라도 의원내각제를 논의할 때가 온 것 같기도 합니다. 의회와 내각이 한 몸이 되고 정책을 세우며 소통하고, 이런 과정을 거치다 보면 조금 더 성숙한 사회가 가능할 것 같아요. 이보다 더 중요한 건 지방 분권이죠. 중앙정부가 모든 것을 결정하는 것이 아니라, 지자체가 살림살이를 알아서 하는 세상이 오면 더 민주적인 국가 운영이 가능할 것 같습니다.

● 어떤 정치가 좋은 정치라고 생각하는지요? 정치를 한 단어로 규정하자면?

○ 정치란⋯ 대한민국의 미래를 열어 가는 것. 현재의 갈등과 문제를 해결하는 것도 중요하지만 미래를 내다보고 비전을 만들어 가는 게 정말 중요한 것 같아요. "대한민국은 이런 방향으로 갈 겁니다. 이게 맞는 방향입니다."라고 제안하는, 시민들에게 미래 비전을 잘 제시하는 게 좋은 정치라고 생각해요.

● 나중에 어떤 사람으로 기억되고 싶은지요?

○ 글쎄요. 아까운 사람? (웃음) 아쉬운 사람?

● 왜요? 잘했던 사람이 아니라, 아쉬운 사람으로 기억되고 싶다고요?

○ 네. 더 잘할 수 있었는데 그만큼밖에 못 보여 줘서 좀 아쉬운 사람으로 기억되고 싶어요. 저는 사실 교수로서도 좀 아쉽고, 벤처 연구자로서도 아쉽고, 제가 걸어온 길이 다 살짝 아쉽거든요. 제 역량을 다 못 보여 준 것 같기도 하고요. 다른 사람들이 이병헌을 생각했을 때 "그래, 쟤는 더 잘할 수 있었는데, 그 정도까지만 보여 준 사람이었던 것 같아. 좀 아쉽네!" 하고 기억해 주면 좋겠어요. 그건 제가 아직 발전 가능성이 있다는 방증과도 같은 거니까요. 인생이 끝날 때까지 끝난 게 아닌 거죠.

"이론"

이병헌 비서관은 종종 실망한다. 공부하며 꿈꾸던 세상의 방향을 얘기하면 '현실은 그거랑 다르니까 적당히 하자'는 말이 돌아오는 게 참 실망스럽단다. 그럼에도 이론 속에 답이 있다고 생각하며, 학문 속에서 꿈꾸던 세상을 현실로 옮기는 게 가능하다고 믿기에 그의 인생의 한 단어는 바로 '이론'이다. 그는 아직도 순수를 꿈꾸나 보다.

2

총리실,
그 애매함에
관하여

대통령과 국무총리가
공존하는 대한민국

국무총리는 무슨 일을 할까?

우리나라는 대통령제 국가이지만 엄연히 총리가 존재합니다. 대
통령과 함께 뉴스에 수도 없이 나오는 사람이지만, 정작 국무총
리가 무얼 하는 사람인지 물어보면 모르는 사람이 많습니다.

대한민국의 국무총리는 대통령의 뒤를 이은 행정부의 2인자입
니다. 총리는 대통령을 보좌하고, 대통령의 명령을 받아서 행정
각 부처를 지휘하고 감독하는 사람입니다. 지위상으로는 행정 각
부 장관보다 위에 있지만 모든 결정을 "대통령의 명을 받아" 하
도록 되어 있으니 그 권한에 분명한 한계가 있지요. 국무총리는
헌법과 정부조직법에 따라 국무위원과 중앙행정기관장의 임명
을 제청할 수 있는 권한과 해임을 건의할 수 있는 권한을 가지고

있습니다. 국무총리는 중앙행정기관장이 위법한 행동을 하거나 부당한 명령이나 처분을 한 경우에는 대통령의 승인을 받아 해당 기관장의 역할을 중지하거나 취소할 수도 있습니다. 또 국회에 출석해서 발언할 수 있고, 총리령을 발할 권한을 가집니다. 그리고 대통령이 궐위되거나 사고로 직무 수행이 불가할 경우 가장 먼저 대통령의 권한을 대행하게 됩니다.

국무총리는 대통령이 지명하고 국회가 동의해서 임명되는데 반드시 인사청문회 과정을 거쳐야 합니다. 국무총리 임명을 위해서는 국회 재적의원의 과반수가 출석하고 이 가운데 절반 이상이 찬성해야 합니다. 역대 대한민국의 국무총리는 모두 40여 명이고, 이 중 임기 2년을 넘긴 사람은 김종필, 최규하, 이낙연 총리 등 여덟 명에 불과합니다.[10] 고건 총리와 황교안 총리는 각기 노무현 대통령 탄핵 소추와 박근혜 대통령 탄핵에 따른 권한대행을 한 적이 있습니다. 대통령 후보가 된 사람도 여럿 있었는데, 이 가운데 이회창 후보는 매우 유력한 대선 후보였습니다. 경제 관료 출신이 가장 많았고 법관 출신도 많았습니다.

일반적으로 대통령제 국가에서는 대통령 아래에 부통령을 둡니다. 하지만 우리나라 헌법은 의원내각제적인 요소가 있기 때문에 부통령 대신 국무총리를 두고 있습니다. 당초 대한민국 헌법 초안에 따르면 대한민국은 국무총리가 실권을 쥐고 대통령은 상징적인 국가 원수에 머무르는 의원내각제 국가가 될 예정이었습니다. 하지만 초대 대통령으로 사실상 내정되었던 이승만 대통령이 대통령중심제를 강하게 주장한 것으로 알려져 있습니다. 제헌

헌법에 명시된 국무총리의 권한

제71조 대통령이 궐위되거나 사고로 인하여 직무를 수행할 수 없을 때에는 국무총리, 법률이 정한 국무위원의 순서로 그 권한을 대행한다.

제86조 ② 국무총리는 대통령을 보좌하며, 행정에 관하여 대통령의 명을 받아 행정 각부를 통할한다.

제87조 ① 국무위원은 국무총리의 제청으로 대통령이 임명한다.
③ 국무총리는 국무위원의 해임을 대통령에게 건의할 수 있다.

제94조 행정 각부의 장은 국무위원 중에서 국무총리의 제청으로 대통령이 임명한다.

제95조 국무총리 또는 행정 각부의 장은 소관 사무에 관하여 법률이나 대통령령의 위임 또는 직권으로 총리령 또는 부령을 발할 수 있다.

정부조직법에 명시된 국무총리의 행정감독권

제18조 ① 국무총리는 대통령의 명을 받아 각 중앙행정기관의 장을 지휘·감독한다.
② 국무총리는 중앙행정기관의 장의 명령이나 처분이 위법 또는 부당하다고 인정될 경우에는 대통령의 승인을 받아 이를 중지 또는 취소할 수 있다.

의회 헌법은 이미 의원내각제에 기반을 둔 상태였는데 여기에 대통령제를 덧입히다 보니 대통령도 내각제처럼 의회에서 선출하는 것으로 정해졌다고 합니다.

이승만 대통령은 1954년 제2차 헌법 개정, 이른바 사사오입 개헌을 통해 아예 국무총리 제도를 폐지했습니다. 이 헌법 개정을 통해 우리나라는 잠시 대통령과 부통령 체제로 운영됐었죠. 그러다 4.19혁명으로 제1공화국이 무너지고 제2공화국이 들어서며 다시 국무총리 직책이 부활했습니다. 1960년 6월 15일 의원내각제를 바탕으로 한 헌법 개정이 이루어졌고, 같은 해 8월 12일 대통령에 윤보선, 국무총리에 장면을 선출했습니다. 이때가 대한민국 역사상 유일하게 의원내각제를 채택한 시기였는데, 1961년 5월 16일 군부 쿠데타로 인해 장면 내각은 짧은 역사의 막을 내렸습니다. 쿠데타를 통해 정권을 잡은 박정희 대통령은 제3공화국 헌법을 만들면서 부통령을 두지 않고 대통령의 임명으로 선출하는 국무총리직을 만드는 것으로 체제를 개편했습니다. 이후 오늘날까지 대통령과 국무총리가 동시에 존재하는 제도가 이어지고 있습니다.

　대통령과 총리가 공존하는 나라는 한국 외에도 많습니다. 하지만 대부분 대통령제가 아닌 의원내각제를 채택한 나라들입니다. 대통령제 국가에서 총리와 대통령이 공존하는 국가는 많지 않습니다. 우리나라는 대통령이 장관 등 행정 각부 수장에 대한 인사권을 행사하는 대통령제 국가인데, 이런 국가에 총리가 있으니 매우 특이한 경우입니다.

의원내각제와 대통령중심제

대통령중심제(대통령제)와 의원내각제에 어떤 차이가 있는지 조금 더 살펴보겠습니다. 의원내각제에서는 국가를 대표하는 국가 원수의 권한은 대통령이 갖고, 행정부를 지휘하고 감독하는 권한은 총리가 가지고 있습니다. 반면 대통령제 국가에서는 대통령이 국가를 대표하는 역할도 하면서 행정부 수반의 역할도 합니다. 권력이 한 사람에게 집중된 체제가 대통령제, 총리와 대통령으로 나뉘어 있는 체제가 의원내각제라고 생각하면 이해가 쉬울 것 같습니다.

의원내각제에서는 의회의 다수 의석 정당이 총리 선출을 비롯해 정부를 구성할 수 있는 권한을 가집니다. 그리고 의원내각제 국가에서는 한 선거구에서 여러 명을 선출하는 중대선거구제를 채택하고, 정당 득표율에 비례해서 의석수를 배분하는 비례대표 의원의 비율이 높은 경우가 많습니다. 이런 제도에서는 한 정당이 과반 이상의 의석을 확보하기 어렵고 국회(의회) 안에 다양한 정당이 존재할 가능성이 높습니다. 따라서 정당들이 서로 연합을 해야 정부를 구성할 수 있는데, 이처럼 둘 이상의 정당이나 단체가 함께 내각을 구성하는 것을 연립정부(연정)이라고 합니다. 군소정당이라도 연정에 참여하게 되면 본인들의 목소리를 국정에 반영하는 것이 훨씬 수월해집니다. 때문에 의원내각제는 구조적으로 사회의 다양한 목소리가 국정에 반영될 가능성이 큽니다.

반면 우리나라처럼 대통령중심제와 소선거구제를 택하고 있는 나라는 연정을 할 이유가 별로 없습니다. 소선거구제는 한 선거구당 한 사람의 국회의원을 뽑는 제도로, 가장 많은 표를 얻은 후보만 당선됩니다. 이 제도에서는 당선자 외 다른 사람에게 투표한 표는 모두 버려지게 됩니다. 이렇게 여러 후보자 가운데 다수 득표자 한 사람만 선출하는 것을 다수대표제라고 합니다. 이런 체제에서는 국회 의석의 절대다수가 거대 양당 출신으로 채워지게 되는데, 그러면 집권 세력은 소수정당과 함께 연립정부를 구성할 이유가 없습니다. 그리고 현재 우리나라는 지역구 의석의 수가 훨씬 많습니다. 그러면 정당에 대한 지지율은 높아도 지역구 당선자가 적은 정당은 국회 안에서 힘을 발휘하기가 어려워집니다. 이런 점을 보완하기 위해 준연동형 비례대표제를 도입해서 비례대표 의석 가운데 일부는 정당 득표율에 비례해서 배정하도록 규정했지만, 여전히 소수정당에게 국회의 문턱은 높습니다.

대통령제에서는 국회의원이 아니라도 장관이 될 수 있습니다. 하지만 의원내각제에서는 의회 구성원이 내각의 관료로 선출됩니다. 국민의 손으로 뽑은 사람들로 내각을 구성하는 거죠. 또 의원내각제에서는 국민이 정부를 심판하는 것이 대통령제에 비해 상대적으로 수월합니다. 대통령제에서 대통령은 임기가 보장된 사람이기 때문에 설령 대통령이 직무를 제대로 수행하지 않더라도 임기 중에 바꾸기가 쉽지 않습니다. 물론 탄핵 제도가 있지만 무능을 이유로 탄핵을 할 수는 없습니다. 대통령이 매우 중대한 불법을 행해야만 탄핵할 수 있고, 그 과정도 길고 복잡합니다. 그런데 의원내각제에서는 의회가 언제든지 내각을 불신임하고 총리를 해임할 수 있습니다. 그 반대의 경우도 마찬가지입니다. 총리도 의회 해산권, 조기 총선 실시권을 가지고 있어서 국회의원들도 임기를 보장받기 어렵습니다. 대통령제에서 국회의원들이 임기를 안정적으로 보장받는 것과는 전혀 다른 모습이지요. 이렇게 민심이 국정에 적극 반영되고 권력이 분산되어 민주적인 국가 운영이 가능하다는 점은 의원내각제의 큰 장점입니다.

그렇지만 의원내각제에도 분명한 단점이 있습니다. 연정 과정에서 정당들이 지나치게 이합집산하면 혼란이 발생할 수 있습니다. 국회 안에 군소정당이 난립할 수도 있고, 정부가 유지되는 기간이 너무 짧아서 국가 운영이 불안정해질 수도 있죠. 또 국가 원수와 행정부의 수장이 분리되어 있으니 국민이 보기에는 권력 행사에 일관성이 없어 보이고, 문제가 발생했을 때 책임을 묻기 애매해지기도 합니다. 또 비례대표 비율이 늘어나게 되면, 정치인이 유권자의 목소리에 귀 기울이기보다 비례대표 명단 작성의 실권을 쥐고 있는 당 지도부에게 더 잘 보이려 할 수도 있겠지요.

총리가 행정부의 수반이 되고 대통령은 국가를 대표하는 의원내각제와 행정부 수반과 국가 원수의 역할을 한 사람이 모두 하는 대통령제 가운데 어느 제도가 더 합리적일까요? 승자 독식의 다수대표제와 정당별 득표율로 의석을 나누는 비례대표제, 어떤 제도가 더 민주주의에 가까울까요? 현재 유럽을 비롯한 OECD 국가들의 상당수는 의원내각제를 택하고 있습니다. 앞서 언급한 의원내각제의 여러 장점에 더 주목한 것이겠지요.

우리나라가 대통령제를 고집하고, 그 속에서 '대통령의 명을 받아 행정부를 총괄하는' 애매한 총리직을 존치하는 이유는 무엇일까요? 우선 개헌이라는 것이 너무나 큰 과정이기도 하거니와, 우리나라 사람들이 대통령제를 근본적으로 더 선호하기 때문인 것 같습니다. 많은 국민이 '행정부의 수반이든 국가 원수의 역할이든 우리가 가장 사랑하고 신뢰하는 당신이 하시라. 그리고 책임도 당신이 져라. 못하면 다음 대통령 선거에서 두고 봅시다.'라는 생각을 하는 것 같습니다. 선거 제도에 있어서도, 우리 사회는 권력의 책임 소재가 명확하고 1등과 꼴찌가 뚜렷이 드러나는 것을 선호하는 것 같습니다. 정당이 주는 명부대로 투표를 하는 것보다 해당 인물을 직접 뽑는 것의 장점이 더 크게 느껴지는 것이겠죠. 이것은 권력자를 시민의 손으로 '직접' 뽑는 직선제에 대한 강한 선호와 열망에서 비롯된 것 같습니다. 의원내각제에서는 다수 정당의 대표가 정부 1인자인 총리가 됩니다. 큰 의미에서는 간선제인 셈이죠. 우리나라에서 대통령 직선제를 쟁취하기 위해 얼마나 큰 희생과 눈물이 필요했던가요. 간접 선거를 하다 보면 독재와 부패라는 결과로 이어질지도 모른다는 두려움이 우리 맘속에 깊이 존재하는 것 같기도 합니다.

정답을 찾기는 참 어려운 것 같습니다. 그러나 이제 우리도 의원내각제, 비례대표제의 확대를 더 적극적으로 논의해 봐도 좋지 않을까 싶습니다. 우리의 민주주의가 제도적으로 깊어지고 성숙해졌다고 믿기 때문입니다. 꼭 권력을 한 곳에 집중시키지 않아도, 정치판에서 승자와 패자를 뚜렷하게 나누지 않아도 이제 우리 정치는 잘 돌아갈 수 있을 것 같습니다. 소수자의 목소리가 조금 더 잘 반영되는 국회, 시민이 뽑은 권력이 행정의 실권을 쥐고 민의가 더 큰 힘을 발휘하는 사회, 그런 사회가 갖는 장점도 큰 것으로 보이기 때문입니다.

대한민국 국무총리의 권한과 한계

우리나라의 총리는 내각 통할권, 국무위원 인사 제청권 등 법적으로는 막대한 권한을 가지고 있지만, 국무총리 자신에 대한 인사권은 전적으로 대통령에게 있기 때문에 그 권한에 분명한 한계가 있습니다. 대통령의 방패 역할을 한다고 해서 '방탄 총리', 혹은 대통령이 참석하기 어려운 행사에서 대통령의 말을 대신해 준다고 하여 '대독 총리'라는 비아냥도 있습니다.

현재의 법률상 국무총리는 대통령의 권한을 대행할 수 있을 뿐 대통령 직위를 승계할 수는 없습니다. 일례로 2004년 탄핵 소추로 고건 총리가 대통령 직무를 대행했을 때 한국의 총리는 형식만 국가 원수의 대리인일 뿐 대통령이 아니기 때문에 대한민국의 모든 외교가 중단되기도 했습니다. 또 2016년 박근혜 대통령 탄핵 정국 당시에도 황교안 총리가 대통령 권한대행을 했지만 국가원수급 외교 행사에는 참여할 수 없었습니다. 그래서 아예 총리제를 폐지하고 부통령직을 되살린 러닝메이트제 선거를 실시해야 한다는 주장이 나오기도 합니다. 대통령제에서 벗어나 민주주의 원리에 좀 더 합치한다고 여겨지는 의원내각제로 나아가야 한다는 주장도 있습니다. 모두 개헌을 전제로 하는 일입니다.

역대 대통령 대부분이 헌법에 명시된 총리의 권한을 확실하게 행사할 수 있는 이른바 '책임총리'를 약속했지만 제대로 이뤄진 경우는 많지 않았습니다. 가장 큰 이유는 앞서 언급했듯이 총리가 정부의 2인자이기는 하지만 인사권이 없기 때문입니다.

헌법에 따르면 국무총리는 국무위원을 제청할 권한만 있을 뿐, 최종 결정은 대통령이 내립니다. 행정 각부 수장들의 인사권이 대통령에게 있으니 총리가 행정부에서 실권을 행사하기 어려운 것은 어쩌면 당연한 일인지도 모르겠습니다. 국무총리 자신의 인사권도, 총리를 보좌하는 직속 공무원의 인사권도 대통령이 가지고 있는 형국이니 총리의 권한은 제한적일 수밖에 없습니다. 그나마 김대중 정부 시절 김종필 총리나 노무현 정부 시절 이해찬 총리가 실질적으로 각료 임명 제청권을 행사하여 '실세 총리'라는 평가를 받았습니다.

이처럼 총리의 위상은 대통령의 의중에 따라서 강화되기도 하고 약화되기도 합니다. 문재인 정부에서는 어느 정도 국무총리의 위상을 보장해 주고 있는 듯 보입니다. 이낙연 전 총리는 총리로서의 활동을 성공적으로 마쳤다는 평가를 받아 가장 유력한 대선 주자 가운데 한 명이 되었습니다. 정세균 전 총리는 문재인 대통령이 삼고초려를 해서 임명된 것으로 알려져 있는데, 코로나19 사태 속에서 관련 업무를 총괄하면서 더욱 존재감이 커졌습니다.

왜 총리가 대통령이 된 사례는 없을까?

행정부에서 1인자에 가까운 자리임에도 불구하고 아직 국무총리 출신이 대통령으로 선출된 경우는 사실상 없습니다. 국무총리 출신으로 대통령이 된 사람은 최규하 대통령이 유일합니다. 하지만 최규하 대통령은 박정희 대통령이 시해된 상태에서 권한대행을 하다가 긴급하게 통일주체국민회의의 표결을 거쳐 대통령으로 선임되었기에 진정한 의미에서 대통령으로 선출되었다고 보기는 어렵습니다.

이처럼 총리 출신 대통령이 없는 이유에 대해서는 여러 분석이 나옵니다. 첫째, 총리는 성과를 본인의 것으로 가져오기 쉽지 않기 때문이라는 분석입니다. 총리는 현 정권에 대한 야당의 공격을 막아 내고 언론에 맞서는 역할을 하는 경우가 많습니다. 대통령이 정권의 국면을 전환하기 위해 총리 교체를 이용하는 경우가 많아 퇴임도 명예롭지 않은 경우가 대다수입니다. 국정 운영이 순조롭게 돌아가면 대부분 대통령과 여당에 공을 돌리기 때문에 총리가 본인의 성과를 주목받기란 매우 어렵습니다. 그래서 대권을 위해서는 오히려 광역자치단체장이 유리하다는 얘기도 나옵니다. 자신만의 정책을 펼쳐 강하게 존재감을 드러낼 수 있기 때문이죠. 서울시장이나 경기도지사 같은 지자체장은 자신의 지역에 한정하지 않고 큰 목소리를 낼 수 있고 심지어 중앙정부 정책에 영향을 주기도 합니다.

둘째, 정권의 2인자라는 점에서 현 정권에 대한 책임론을 피해가기 어렵다는 점도 있습니다. 대선은 현 정권의 레임덕과 함께 시작됩니다. 그런데 정권의 2인자가 대선에 나서면 유권자들에게 새로운 이미지를 주기 어려운 경우가 많습니다. 총리는 매우 주목받고 다양한 일을 할 수 있는 자리이지만 해당 정권의 실책으로부터 자유롭기 어렵다는 단점이 있습니다. 그래서 총리 물망에 오르는 이들 중 대통령을 꿈꾸는 사람은 총리를 하면서 현 정권에서 자신의 역량을 이용당하고 뒷전으로 물러나느니, 차라리 고사하고 차기 대권을 노리겠다는 사람도 있는 것으로 보입니다. 물론 선택의 결과는 본인의 몫이겠지요.

청와대 대신 총리실?
국정을 조정하는 곳, 국무조정실!

저는 2020년 말부터 2021년 초까지 6개월 동안 청와대와 총리실을 출입했습니다. 솔직히 말하자면 청와대는 기자들과의 소통에 사뭇 소극적이어서 수석과 비서관 등을 취재하기 쉽지 않았습니다. 그렇다 보니 중요한 사안이 있을 때 기자들 상당수가 총리실을 통해 외곽 취재를 했습니다. 그런데 취재를 할수록 잘 알려지지 않은 총리실의 중요성이 보이기 시작했습니다. 국무총리와 함께 평소 드러나지 않았던 총리실 사람들의 노고와 분투를 소개해 보고자 합니다.

국정을 조정하는 국무조정실, 총리를 보좌하는 국무총리비서실

우리가 흔히 '총리실'이라고 부르는 조직은 사실 두 조직을 함께 묶어서 칭하고 있는 것입니다. 국무총리 산하에는 국무조정실과 국무총리비서실이 있습니다. 국무조정실은 이름에 잘 드러난 대로 행정 각 부처의 국정 업무를 조정하는 역할을 하는 조직입니다. 그리고 국무총리비서실은 국무총리의 업무를 보좌하는 역할을 수행하지요. 총리는 당과 정부 사이에서 의견을 조율하고, 대국회 활동도 활발히 합니다. 국정에 자문도 해야 하고 수많은 연설과 담화문도 내야 하고요. 이런 업무를 국무조정실과 국무총리비서실, 이른바 '총리실'로 통칭하는 곳에서 담당하고 있는 겁니다.

국무조정실에는 장관급인 국무조정실장과 그 아래에 차관급인 국무1차장, 국무2차장이 있습니다. 보통 정통 관료 출신 인사가 부임해 예하 공무원을 지휘하지요. 국무조정실은 정부에 따라 조직의 변화가 있는데, 제가 취재하던 당시의 직제는 다음과 같았습니다. 국무1차장은 국정운영실, 정부업무평가실, 규제조정실, 외교보좌관, 정부합동부패예방감시단 부단장 등을 산하에 두고 해당 업무에 대해서 국무총리와 국무조정실장을 보좌합니다. 국무2차장은 경제조정실, 사회조정실 등을 지휘하지요.(2021년 6월, 직제에 변화가 있었습니다. 사회조정실이 국무1차장 아래로, 규제조정실이 국무2차장 아래로 바뀌었고, 국무2차장 아래 청년조정실이 신설됐습니다.)

경제조정실에는 재정, 산업과학, 농림국토해양 정책관 등이 포진해 있으니 우리나라 경제 정책과 관련된 문제는 국무조정실 산하 경제조정실의 조정을 받는다고 보면 됩니다. 사회조정실에는 사회복지, 교육문화, 고용식품 정책관 등이 있습니다. 사회의 안전, 고용, 노동, 복지와 관련된 이슈를 모두 담당하기 때문에 코로나 시국의 여러 이슈들이 사회조정실 담당 아래 있었습니다. 방역, 백신, 거리두기 단계 조정 등이 모두 사회조정실과 관련된 업무였죠. 그러다 보니 사회조정실장은 코로나 시국에 기자들의 전화를 가장 많이 받는 사람이었습니다. 다음 거리두기 단계는 어떻게 조정될지, 백신은 제대로 들어오고 있는지 등등 시민의 삶과 직결된 예민한 사안들을 취재하기 위해 기자들은 계속 사회조정실의 문을 두드리곤 했습니다.

국무총리비서실에는 국무총리비서실장을 필두로 정통 관료가 아닌 정무직 공무원이 자리해 총리를 보좌하고 있습니다. 대통령 비서실과 비슷하게 국무총리비서실장 아래에 민정실장, 정무실장, 공보실장이 있습니다. 민정실장은 주로 각 공공기관의 동향을 파악하고 민원 업무를 해결하는 역할을 합니다. 정무실장은 정당과 정부, 청와대 및 총리실과 국회의 갈등을 조율하는 역할을 합니다. 공보실장은 언론을 담당하고요. 물론 총리실의 형태와 직제는 총리가 누구냐에 따라, 정권을 잡은 대통령이 누구냐에 따라 크고 작은 변화를 계속 거쳐 왔습니다.

정세균 총리 산하 총리실의 기억

정세균 총리 재임 당시 국무조정실과 국무총리비서실 구성원은 대부분 언론과의 관계가 매우 원만했습니다. 국무조정실의 국무조정실장, 국무1, 2차장을 비롯해 국무총리비서실의 민정실장, 정무실장, 공보실장까지, 정무직 공무원과 정통 관료 출신 일반직 공무원을 가리지 않고 대체로 소탈하고 겸손했습니다. 총리실의 특성상 업무를 열심히 해도 그 공로를 청와대나 각 행정 부처가 가져가는 경우가 종종 있습니다. 간혹 총리실의 이런 애매한 위치가 억울하지 않느냐고 넌지시 물어보면 총리실 사람들은 "그게 총리실의 운명이죠 뭐."라며 멋쩍게 웃곤 했습니다.

코로나19 관련해서 방역 상황이 어떻게 돌아가는지, 손실보상법에 대한 정부 입장이 어떠한지, 향후 부동산 정책 방향은 어떻게 흘러갈지 등등에 대해 정보가 필요한데 청와대 취재가 도저히 안 되면 저는 총리실을 상대로 취재했습니다. 그러면 제가 접촉한 총리실 구성원 대부분은 할 수 있는 한도 안에서 성심껏 취재에 응해 줬습니다. 정보를 적절한 선에서 공개하기도 하고, 때로는 선을 긋기도 하며 국정이 어떻게 돌아가고 있는지 알려 줬습니다. 그렇게 설명해 준 내용은 기사에 다 담지는 못하더라도 출입기자로서 국정의 흐름을 읽고 더 나은 기사를 쓰는 데 큰 도움이 됐습니다. 그런 도움을 받을 때면 고마운 마음이 드는 걸 넘어 우리나라가 더 잘되길 바라는 마음이 생기곤 했습니다. 코로나 상황 속 연일 격무에 시달리는 총리실 관료와 공무원 들을 보며 그들과 함께 나라를 걱정하고 국정을 고민하기도 했습니다. 비판적 시각을 견지해야 하는 언론인이지만 단순히 비판을 위한 비판 기사나 정보를 왜곡하는 기사가 아닌 우리 사회가 더 잘되는 데 일조하는 기사를 써야겠다는 소명도 생겼습니다.

그렇다면 총리실이 늘 이런 분위기였을까요? 그렇지는 않았던 것 같습니다. 기자들은 사석에서 관료와 정치인을 만나면 요즘 정국이 돌아가는 상황에 대해 자세히 물어봅니다. 전 국민의 관심사 속에 있는 정책은 어떤 방향으로 흘러가고 있는지, 치열한 세력 싸움은 어떻게 진행되고 있는지, 다음 인사 때 누가 어느 자리에 올 것 같은지, 다음 대통령은 누가 될 것 같은지 등등 질문은 다양합니다. 각 기관 수장의 됨됨이도 주요 관심사입니다. 저 역시 정세균 총리는 어떤 사람인가를 묻곤 했습니다. 당시 총리실 소속 거의 모든 사람이 '참 좋다'는 답을 내놓곤 했습니다. 정 총리의 성품이 좋고 매우 자상해서 어지간해서는 아랫사람을 기분 나쁘게 혼내는 일이 없다는 겁니다. 일을 처리하는 방식도 합리적이어서 아랫사람 입장에서는 불필요한 일로 조직 안에서 감정이 상하거나 에너지를 쓸 일이 없으니 본인 업무에 집중하는 게 한결 수월해졌다는 평가도 나왔습니다. 혹여 이 사람 앞길이 어렵지는 않을지 먼저 생각해 주고 거취가 불안정해질 것 같은 구성원은 미리 자리를 알아봐 주기도 한다는 미담도 많았습니다. 이런 정세균 총리의 미담은 기자들과 관료들이 함께한 비공식 식사 자리에서 늘 화제가 되곤 했습니다.

기자들은 총리실 분위기가 늘 이렇게 좋은 편이었냐고 물어보곤 했습니다. 그러면 '천만에!'라는 답이 돌아왔습니다. 누가 총리로 오느냐에 따라서 총리실 분위기도 천차만별로 바뀐다는 겁니다. 어떤 총리가 있을 때 얼마나 많이 면박당하고 얼마나 많이 구박당하며 일했는지, 누구 때는 얼마나 분위기가 안 좋았는지 등등 잊고 싶은 기억을 후일담처럼 줄줄이 내놓곤 했습니다. '누구누구는 진짜로 몸이 아파서 병원 신세를 몇 번이나 졌다. 그 총리가 있을 때는 회의를 하는 것 자체가 공포여서 사람들이 다들 총리와 눈을 안 마주치려고 수첩 들고 고개 숙이고 적기 바빴다.'와 같은 역대 총리들의 뒷얘기를 듣다 보면 세상사 다 똑같구나 싶은 생각이 들곤 했습니다. 정세균 총리 재임 시절의 총리실 구성원들은 '현재 총리실은 김황식 총리 이후 최고의 요순시대'라는 평을 내놓으며, 다음 총리도 부디 인품 좋은 총리이길, 조직을 감싸 안아주는 총리이길 바란다는 기대를 내비치곤 했습니다.

우리나라의 총리는 법적으로도 정치적으로도 매우 애매한 포지션입니다. 행정부를 지휘, 감독하는 역할인데 인사권은 없고,

'대통령의 명을 받는' 위치라니! 권한은 애매하고 책임은 무한대일 수 있는 자리이지요. 총리실 조직도 마찬가지입니다. 국무조정실은 말 그대로 각 부처 사이의 갈등을 조율하고, 업무를 조정하는 역할을 하는 곳입니다. 업무를 조정한다는 말만큼 애매한 말이 또 있을까요? 국무조정실 구성원들은 종종 이렇게 토로하곤 했습니다. "총리실은 적극 행정을 하려고 하면 끝없이 일해야 하고, 소극 행정을 하려 하면 계속 편히 놀아도 됩니다." 열심히 일하려면 모든 일이 본인 소관의 일이 되는 곳, 그러나 내 책임이 아니라고 떠밀기 시작하면 가장 여유롭게 지내도 되는 곳. 그런 곳이 총리실입니다. 게다가 마음먹고 열심히 일해서 뭔가 성과를 내면 바로 옆에 있는 청와대 조직이 그 공을 가져가 버리기 일쑤니, 총리실 구성원으로서는 이 부분이 사뭇 억울하기도 하고, 김 빠지기도 하겠지요.

이런 대한민국 총리실의 애매한 위치 속에서 총리실이 '국무를 조정하는' 본연의 역할을 제대로 수행하려면 어떤 총리가 수장으로 합당한가? 시민의 한 사람으로서 물어보게 됐습니다. 제가 내린 결론은 이 자리에는 날카로운 카리스마를 가진 강한 리더십의 소유자보다는 아픔을 품어 주고 위로해 주는 리더십이 더 어울린다는 것이었습니다. 때론 첨예하게 갈등하는 행정 각부를 조율하고, 이리저리 치이는 정책을 실행해 나가려면 화합형 리더가 알맞아 보입니다. 리더로 누가 오느냐에 따라서 해당 조직의 분위기는 천차만별로 달라지는데, 화합형 리더십을 가진 총리가 오면 자연스럽게 총리실 구성원도 그런 성향을 추구하게 될 것 같습니다.

우리나라에는 수많은 갈등과 아픔이 있습니다. 여당과 야당은 물론 행정 각부와 청와대, 때로는 정부와 여당조차도 때마다 다른 이슈로 날카롭고 치열하게 대립합니다. 그 대립과 갈등이 때로는 큰 생채기를 내기도 합니다. 이런 상처는 나라가 앞으로 나가는 데 걸림돌이 되기도 합니다. 현재 우리나라의 총리실은 그런 아픔에 연고를 바르는 역할을 하는 곳이라고 봅니다. 총리실이 그런 역할을 잘 수행해 나가다 보면, 앞서 언급했듯이 대통령제가 아닌 의원내각제라는 새로운 대안을 현실적으로 생각해 볼 날이 분명히 올 것 같습니다. 그때가 되면 지금과는 또 다른 총리실, 행정의 실권을 가진 총리실을 만나게 되겠지요. 그렇게 우리 사회가 더 성숙할 때까지 총리실이 청와대와 정부, 그리고 국회 사이에서 존재감을 가지고 그 역할을 잘 해 줬으면 하는 바람입니다.

갈등의 시대에
걸맞는
리더십을
고민하다

>>> 정기남 전 국무총리비서실 정무실장

2020~2021년 코로나 정국에서 국무총리비서실 정무실장으로 일했다. 2021년 봄, 정세균 전 총리와 함께 사퇴, 그의 대선 캠프에 들어갔다. 1996년 정동영 의원의 비서관으로 정치에 첫발을 디딘 뒤 2007년 정동영 의원이 대선 후보로 나섰을 때 캠프에서 공보특보로 일했다. 2012년에는 안철수 대선 캠프에 합류했다. 당시엔 정권 교체가 시대정신이라 믿었고, 그 과업을 안철수 의원과 함께 이룰 수 있다고 믿었다. 2016년 국회의원 선거에서 국민의당 소속으로 군포을에 출마했으나 낙선한 경험이 있다. 그에게 정치인에게 실패란 어떤 의미인지 물었다. 그리고 총리실이란 어떤 공간이었는지, 정무실장 경험은 어땠는지 소회를 들었다.

- 2020~2021년 코로나19가 유행하던 때 국무총리비서실에 계셨어요. 코로나 정국에서 총리실은 어떤 역할을 했다고 보시나요? 가장 어려웠던 부분은 무엇이었는지요?

○ 예측이 불가능하다는 점, 인력으로 안 되는 부분이 분명히 있다는 점이 너무 어려웠죠. 정치는 그래도 사람들끼리 서로 조율도 하고 절충점도 찾고 그러는 거잖아요? 그런데 바이러스는 말이 통하지도 않고, 협상 대상이 아니잖아요. (한숨) 총리실이야 당연히 서민들의 삶, 자영업자들의 사정을 살펴서 방역을 완화하고 싶죠. 코로나19 확산세가 사그라들기를 바라는 마음과 다르게 상황이 계속 나빠지고 방역을 강화해야 할 때, 말로 다 할 수 없이 안타까웠어요. 정세균 총리도 마찬가지 마음이었죠. 방역을 강화할수록 서민들의 삶이 더 팍팍해지니 얼마나 답답했겠습니까. 그런 상황에서 총리실이 할 수 있는 건 날마다 최선을 다하는 모습을 보여 주는 것, 그리고 국민을 위로하는 것. 이것밖에 없었던 것 같아요.

대구에서 1차 대유행이 발생했을 때 정 총리가 직접 몇 주 동안 머물면서 현장을 지휘한 것도 이런 이유 때문이었어요. 고령이라 본인이 충분히 위험할 수 있는 상황이었는데도 현장에 직접 갔잖아요. 감염병 확산으로 나라 상황이 도저히 걷잡을 수 없이 나빠진 때 중대본(중앙재난안전대책본부)의 수장인 국무총리가 직접 현장을 지휘하는 걸 본 것만으로도 국민들이 위로를 받고, 마음이 많이 누그러지셨을 거라고 생각해요.

- 총리실 정무실장이셨어요. 총리실 정무실장은 어떤 역할을 하는 사람인가요?

○ 한마디로 총리의 정무적인 활동을 보좌하는 사람이죠. 정무적인 활동이란 뭐냐, 당과 정부와 청와대를 조율하는 거죠. 총리실은 정부잖아요. 같은 사안이어도 정부 입장, 청와대 입장, 국회 입장이 다 다르거든요. 그걸 총리에게 알려 파악하게 하고, 사안마다 합리적인 활동을 하도록 돕는 겁니다.

● 정무실장의 수많은 업무 가운데 가장 중요한 역할을 꼽는다면 무엇이 있을까요?

○ 무엇보다 국회 대응 업무를 준비하는 거죠. 총리는 행정부의 대표로서 국회 대정부질문에 나가서 국회의원의 온갖 질문에 답해야 합니다. 그럴 때 요즘 어떤 사안이 가장 큰 이슈인지, 국회의원들이, 특히 야당이 어떤 질문과 압박을 할지를 사력을 다해서 파악하는 겁니다. 야당이 잘 주겠어요? 잘 안 주죠. 그러면 읍소, 회유 등등 온갖 수단을 동원해서라도 정보를 파악해야죠. 그렇게 보고서를 쓰고 가다듬어서 총리께 보고하면 총리는 그걸 참고해서 대응하는 거죠.

● 꽤 흥겹게 이야기하시는데요, 그 활동이 재미있으셨어요?

○ 진짜 재밌었습니다. 정치권이 어떻게 돌아가는지 파악하고, 여론을 수렴하고, 소통을 돕고, 내 나름대로 어떤 제안도 하고. 그렇게 열심히 정리해서 요즘 돌아가는 상황이 이러이러하다고 의견을 제시하면, 그걸 총리가 귀담아듣고, 참고하고, 실제로 반영해서 일을 하세요. 윗사람이 내 말에 반응하니까 나는 또 일하는 게 신나고. 정치권에 오래 있었지만 총리실 정무실에서 보낸 1년이 제일 재밌고 신났던 것 같아요. 정무 업무는 정말 보람 있고 흥미로운 일입니다. 그래

서 제 인생의 꿈이 청와대 정무수석이에요.

- 오랫동안 정치권에 계셨습니다. 총리실은 어떤 곳이라고 정의할 수 있을까요? 청와대, 국회, 행정부의 중간쯤에 있는 것 같아요.

○ 대통령제에서 총리실의 역할은 정말 애매해요. 정리가 꼭 필요하다고 봅니다. 지금 우리나라는 사실 '청와대 정부'라고 해도 과언이 아니거든요. 물론 대통령에겐 힘이 있어야죠. 하지만 청와대가 권력기관화되는 건 문제라고 봅니다. 청와대 조직의 역할은 대통령을 보좌하고 정책 수립과 집행 과정의 큰 그림을 그리는 거잖아요. 그런데 청와대가 공무원 위에 군림하고 부처 장차관의 자율성을 저해하고 심지어 당의 의견도 위축되도록 하는 것은 문제라고 봐요. 청와대가 너무 강하게 작동하면 정책에 민심이 제대로 반영이 안 되고 모든 것이 대통령의 관점에서 움직이게 될 위험이 있잖아요.

총리는 행정 각부를 통할하고, 중앙행정기관의 장을 지휘하고 감독하게 되어 있어요. 탁 까놓고 말해서 정부 부처를 총괄하는 역할은 총리가 해야 하는 겁니다. 그런데 가장 중요한 인사권이 없네! 국무조정실장, 국무1, 2차장은 총리실 실무자들인데 이들조차 대통령이 임명하니까요. 책임총리 하라고 세워 놔 봐야 실권이 없는 경우가 대부분인 거죠. 그러니 행정 각부가 계속 청와대 눈치만 보고 갈수록 청와대는 권력기관화되어 가는 악순환이 생기는 겁니다.

- 의원내각제를 지지하는 건가요?
○ 아니, 그건 아니에요. 우리나라 현실에는 대통령제가 맞는데 다만 청와대 권력이 지나치게 비대해지는 것은 경계해야 한다, 그건 민주주

의의 기본 원리에 맞지 않다, 이게 제 생각입니다. 청와대는 대통령의 국내외 업무를 보좌하고 나라 정책의 전반적인 향방을 잡는 쪽으로 정리하고, 나머지 복지, 문화, 행정 등등 정책 실무는 총리실이 총괄해야 하지 않나 싶습니다.

● 정동영 전 의원과 안철수 전 의원을 도운 경험이 있습니다. 각각의 경험은 본인 인생에 어떤 의미인가요?

○ 정동영이라는 정치인은 저의 정치적 사부죠. 그와 함께한 시간이 저의 정치 인생을 규정했습니다. 그는 굉장히 압축적으로 정치인이 경험해 봐야 할 것을 단시간에 모두 경험해 본 사람입니다. 당 대변인이었고, 상임고문이었고, 최고위원도 했고, 당대표도 했고. 그러다 10년 만에 대선 후보까지 된 거잖아요. 저는 곁에서 그 경험을 함께했고요. 한 정치인이 성장하고 절정에 이르다가 다시 내려오는 길을 같이 걸어 본 경험, 제겐 정말 큰 경험이죠.

● 정동영 전 의원에 대해 실패했다고 말하는 사람도 있습니다.

○ 맞아요. 어떤 면에서는 실패했다고 볼 수 있죠. 정 전 의원은 '약자와 서민의 눈물을 닦아 주는 것이 정치의 본령'이라고 말해 왔거든요. 그런데 그 가치를 본인의 삶에서 실천해 왔느냐? 거기에 대해서 대중들이 보시기엔 여러 의문이 있는 것 같아요. 예를 들자면 이런 거죠. 본인이 정치를 더 하고 싶다고 자신을 대통령 후보까지 시켜 준 당을 탈당하는 게 이치에 맞느냐? 정치에서는 일관성이 중요한데, 그런 게 부족해 보이죠. 정치적인 비전보다 권력 의지가 먼저 보이면 대중들은 진정성을 의심할 수밖에 없습니다.

- 안철수 의원을 도왔던 경험은 어떤 의미인가요?

○ 글쎄요. 좋은 기억은 아닙니다. 2012년 당시 저는 정권 교체가 시대정신이라고 봤어요. 무조건 해야 한다. 그 시대정신을 구현할 사람이 안철수라고 믿었죠. 그런데 여러 면에서 많이 실망했어요. 기성 정치와 다르지 않은 모습, 유권자를 존중하기보다는 본인의 의지와 판단만을 신뢰하는 것 같은 모습에 매우 실망했고, 결국 정권 교체도 못 했습니다. 저는 그 시절 안 후보가 사회의 어려움, 서민들의 어려움에 큰 관심 없이 대기업의 오너같이 행동했다고 평가합니다.

- 대중들은 어떤 정치인을 원하는 걸까요? 지금 우리 사회에 필요한 정치인은 어떤 사람일까요? 윤석열 전 검찰총장이나 이재명 경기도지사와 같이 개인의 캐릭터나 인생 여정이 매우 강하게 각인되는 사람들이 인기가 있어요. 소위 드라마를 원하는 것 같기도 하고요.

○ 드라마, 원하죠. 역경을 이겨 내고 개천에서 용 난 스토리, 중요하죠. 그런데 그게 다는 아닌 것 같아요. 비록 인생에서 극한 어려움을 겪지는 않았으나 어려운 사람들에게 공감하는 능력이 뛰어난 사람도 있잖아요. 그런 진정성이 있다면 반드시 삶의 역경을 이겨 낸 극한의 스토리가 필요하지는 않다고 봐요. 물론 정치인에게 고난을 겪은 경험은 큰 자산이라고 봅니다. 아픔을 겪어 본 사람과 겪어 보지 않은 사람은 세상을 보는 눈 자체가 다르거든요.
그러나 엄청난 고생을 하고, 그걸 이겨 냈다고 해서 다 좋은 정치인이 되느냐? 천만에요. 정치인에게는 첫째, 진정성이 있어야 해요. 진정성이란 뭐냐. 자기 철학이죠. 왔다 갔다 하고 시류에 따라서 변하는 건 철학이 아니죠. 기회주의지. 자기 철학을 가지고 원칙을 갖고 세상을 바라보는 눈이 반드시 있어야 해요. 둘째, 그걸 이뤄 낼 추진력과 유능함이 필요해요. 무언가 하고자 하는데 우유부단하게 질질 끌려다니면 그건 정치를 할 자질이 없는 거죠. 셋째, 거기에 삶의 고난을 겪어 본 깊이가 있으면 매우 휼륭하죠. 밑바닥 삶에 대한 절절한 공감과 고민이 있는 정치인은 그렇지 않은 정치인과 질적으로 다르거든요. 거기에 도덕성과 지도자로서 품위도 있어야 하고요. 일국의 대통령이 막말을 한다거나 도덕적인 흠결, 인격적 결함이 너무 크면 곤란하다고 봐요.

● 정치 왜 하시는지요? 어떤 정치가 좋은 정치라고 생각하는지요? 정치를 한 단어로 규정하자면?

○ 앞서 얘기했듯이 자기 철학과 원칙이 있는 정치, 그리고 더불어 살 줄 아는 정치가 좋은 정치라고 생각해요. 서민과 약자들을 위한 정치, 그들을 지향하는 철학. 제가 지향하는 철학은 진보예요. 그러니까 제가 좀 왔다 갔다 한다고 해도 저쪽, 그러니까 국민의힘 쪽으로는 절대 못 가는 거지요.

● 나중에 어떤 사람으로 기억되고 싶은지요? 국회의원에 도전할 의향은 없으신가요?

○ '아, 저 친구 의리 있었다.' 이렇게 기억되고 싶습니다. 국회의원, 매우 하고 싶죠. 저도 금배지 달고 국회 입성하고 싶습니다. 하지만 그게 제 정치 인생의 최종 목표는 아니에요. 정치권에서 산 세월이 얼만데요. 그동안 만난 사람들에게 신뢰할 만한 사람, 나름의 철학과

의리를 보여 준 사람으로 기억된다면 그것만으로도 정말 행복할 것
같습니다.

"사람"

정치권에 그토록 오래 있어도 정치를 한 단어로
규정하기 어렵다 했다. 하지만 20여 년 동안 여의
도와 총리실을 오가고, 다시 한 후보의 캠프에 들어
와 보니 이제 정치가 뭔지 조금은 알겠다고 한다.
정치도 삶도 결국 다 사람과 사람 사이의 일이다.
아픔도 괴로움도 희망도 기쁨도 결국 사람으로 기
억된다. 그래서 그의 인생의 한 단어는 '사람'이다.

상처와 아픔을 남긴 코로나 정국, 정부는 무엇을 했나

방역 단계를 둘러싼 긴 논의

코로나19 유행 상황 동안 총리는 중앙재난안전대책본부의 본부장으로 아침마다 발병 현황 및 정부 대책을 시민들에게 전달하고 방역 상황을 점검하는 회의를 주재했습니다. 원래 행안부 장관이 본부장을 맡지만, 코로나 상황은 전례를 찾을 수 없이 심각한 만큼 총리가 본부장을 맡아 방역 상황을 지휘하게 됐습니다.

코로나 19에 대응하기 위해 우리나라는 네 개의 컨트롤 타워를 운영 중입니다. 앞서 설명한 국무총리를 본부장으로 하여 보건복지부 및 행정안전부 장관과 광역지방자치단체장이 참여하는 중앙재난안전대책본부(중대본), 질병관리청이 중심이 되는 중앙방역대책본부(방대본), 보건복지부가 중심이 되는 중앙사고수습본부(중수본), 청와대 방역기획관 등입니다. 오전 11시에는 중대본의 브리핑이, 오후 2시에는 방대본의 브리핑이 날마다 이어졌습니다. 방대본의 브리핑은 주로 코로나19 확산 상황에 대한 것을 알리는 경우가 많았고, 중대본의 브리핑은 정부가 어떻게 대응하고 있는지에 집중했습니다. 비록 코로나19 유행 상황은 국민 모두에게 견디기 어려울 만큼 고통스러운 시간이지만, 이 기간 동안 정부가 최선을 다해 비교적 투명하게 정보를 공개한 것은 좋게 평가받을 만하다고 봅니다. 우리나라만큼 행정부가 빠르고 정확하게 관련 정보를 국민 모두와 공유한 나라도 드물었던 것 같습니다.

아침 8시 반, 총리실 출입기자들은 바빠집니다. 총리가 주재하는 중대본 회의의 모두 발언이 언론에 공개되는 시점이기 때문입니다. 매일 공개되는 총리의 메시지에는 코로나19 확산에 대한 정부의 대응이 담겨 있습니다. 때로는 악전고투가, 때로는 다소간의 안도감이 느껴지곤 했습니다. 방역 정책의 고삐를 조이면 자영업자들은 힘들어집니다. 반면 방역 조치를 유연하게 풀면 당장은 자유롭지만 확산세가 거세집니다. 총리가 내놓는 모두 발언을 바탕으로 기사를 작성할 때마다 방역과 자율 사이에서 날마다 아슬아슬하게 줄타기하는 정부의 고충이 느껴졌습니다.

특히 백신 도입을 앞두고 우리나라의 백신 확보가 늦어지고 있다는 비판이 곳곳에서 터져 나왔습니다. 그렇지만 가까이에서 지켜본 청와대와 총리실은 모두가 극도의 긴장감 속에 숨 가쁘게 움직이고 있었습니다. 거리두기 단계 조정을 앞두고 있을 때마다

코로나19 방역 관련 기관	
청와대	**중앙방역대책본부(방대본)**
사회정책비서관, 방역기획관	본부장: 질병관리청장
방역 정책 및 방역 조치 전담	역학조사, 격리 및 격리 해제, 진단검사, 입국 시 검역, 환자 치료 등 방역 전반
중앙재난안전대책본부(중대본)	**중앙사고수습본부(중수본)**
본부장: 국무총리 제1차장: 보건복지부 장관 제2차장: 행정안전부 장관 광역지방자치단체장 참석	본부장: 보건복지부 장관
사회 각 부문 인력 자원 동원, 출입국 관리, 외교적 대응, 사회적 거리 두기 등 종합적 지원 논의 및 시행	방대본 보조 역할

저는 사회조정실, 국무2차장실의 문을 두드리며 앞으로 정부의 방역 방침이 어떻게 변할지 거듭 취재했습니다. 방역 단계는 국민들에게 발표되기 직전까지 내부에서 격한 토론을 거쳐 조정되곤 했습니다. 정부는 각계각층의 구성원을 모아 방역 회의를 꾸렸고, 이 회의에서 나온 의견을 참고해 단계를 조정했습니다. 방역 회의에는 시민 대표도 들어와 있고 방역 전문가도 참여하고 있었습니다. 시민 대표는 방역 단계를 낮추자고 주장하는 경우가 많았고, 방역 전문가는 장기적으로 고통의 시간을 줄이려면 강한 방역 조치가 필요하며 단계를 낮추는 것은 시기상조라고 주장하는 경우가 많았습니다. 간혹 총리실 관계자들로부터 '자정까지

회의해도 결론이 안 나서 너무 고통스럽다.'라는 얘기를 전해 들을 때면 저조차 안타까웠습니다. 방역과 서민의 삶 가운데 어느 것이 중요하냐고 물으면 누가 선뜻 한쪽의 손을 들 수 있겠습니까? 결론이 없는데 결론을 내려야 하고, 정답이 없는데 정답을 내야 하는 이 모순을 어찌 해결해야 할까. 정치란 최선을 택하려 노력하는 과정이기도 하지만, 결국엔 최악을 피하기 위해 고통스럽게 몸부림치는 과정이라는 생각이 들었습니다.

코로나19가 던진 화두, 선별이냐 보편이냐

코로나19는 우리 사회에 수많은 생채기를 남긴 것을 넘어서 어떻게 이겨 낼 것인지 논의하는 과정에서 수많은 가치 논쟁까지 낳았습니다. 이 가운데 가장 대표적인 것은 손실보상법에 관한 것이었습니다. 2021년 초, 정세균 총리는 정부의 규제로 영업을 못한 사람들이 입은 손해를 정부가 보상해 주는 손실보상법을 제정하자고 제안했습니다. 정 총리는 이를 위해 기획재정부 등 관계 부처가 국회와 함께 지혜를 모아 법적 제도 개선에 나서 달라고 주문하기도 했습니다.

손실보상법의 취지는 이러했습니다. '정부의 방역 지침에 따르는 과정에서 일방적으로 생업을 침해당한 자영업자를 위한 보상이 반드시 필요하다. 이것은 국회를 통해 법제화해야 명확한 기준이 생긴다.' 자영업자들은 코로나19로 인해 영업을 제한당했습니다. 감염병으로 인해 나라가 이토록 오랫동안 시민의 자유를 제한한 것은 유례없는 일이었습니다. 이번에 정확한 지침을 세우고 나면 앞으로 비슷한 상황이 있을 때 문제를 해결할 근거가 생기는 것이니, 이참에 손실 보상을 위한 법을 마련해 보자는 것이 화두를 던진 총리실의 설명이었습니다.

국민의 재산권 보장은 헌법에도 명시되어 있습니다. 지금껏 방역이라는 공공의 필요에 의해 정부가 개인의 재산권을 제한해 왔지만, 우리나라 헌법에 따르면 이에 대해 정당한 보상이 이뤄져야 하는 것이 맞습니다. 통상 감염병으로 인한 피해는 감염병예방법에 따라서 보상하는데, 코로나19 유행은 매우 특수한 상황이라 따로 보상 규정이 없었습니다.

자영업자 입장에서는 나라가 장사를 못 하게 하면서 얼마간의 재난지원금만 주고 마는 것은 말도 안 된다며 불만이 커질 수밖에 없었죠. 정부 역시 당장의 재정 부담은 크더라도 코로나19 유행이 장기적으로 이어지는 상황 속에서 자영업자들의 손실을 보상하기 위한 최소한의 시스템은 있어야 하지 않겠느냐는 위기의식이 있었고요.

그런데 논의 과정에서 지원 방식을 두고 의견이 엇갈렸습니다. 긴급 자금이 되어야 할지, 저리 대출 형태가 되어야 할지에 대해서 의견이 갈린 것이죠. 책임 소재도 분분했습니다. 누구에게 얼마나 주느냐를 따지는 것은 기획재정부가 검토해야 하고, 지방세 관련 내용은 행정안전부가 확인해야 하고, 지자체가 같이 나서야 하는 부분도 있었습니다. 다행히 손실보상법은 정부와 총리실, 그리고 국회가 입법의 필요성에 공감하면서 코로나 정국 속에서 적극적으로 진행됐습니다.

2021년 초, 기자들은 총리실 관계자들을 만나기만 하면 손실보상법의 향방을 물었습니다. 당시 소급 적용 여부가 화두였던지라 총리실에 어떻게 할 것인지 물었습니다. 법이 만들어지기 전의 피해를 소급하여 적용하는 건 있을 수 없는 일이라는 정부의 확실한 입장이 있었고, 그러면 입법이 이뤄질 때까지의 공백을 어떻게 해결할 것인지에 대한 고민이 이어졌죠. 마침내 이 법은 2021년 상반기에 국회에서 통과됐습니다. 국회는 큰 논란거리였던 손실 보상 소급 적용은 현실적으로 어렵다는 결론을 내렸고, 대신 피해 지원의 형태로 이를 보완한다는 내용을 법에 담았습니다.

이와 함께 또 다른 화두로 등장한 것이 이익 공유제였습니다. 코로나19로 덕을 톡톡히 본 기업, 예를 들자면 배달을 기반으로 한 플랫폼 기업들은 위기 상황에서 더욱 크게 성장했는데 그들이 얻은 이익을 그렇지 못한 기업들과 나눠 보자는 것이 이익 공유제의 취지였습니다. 여당을 중심으로 해당 주장이 제시됐지만, 정부와 재계에서는 재산권을 침해하는 반시장적 행위라며 현실 적용이 어렵다는 주장이 힘을 얻었습니다. 또 기업의 자발적인 선의에 기대는 이런 정책이 시행될 수 있을지도 미지수였지요.

저는 현실 가능성이 없더라도 이런 화두를 던지는 것만으로도 의미가 있다는 생각이 들었습니다. 코로나19 유행은 우리 사회의 승자와 패자를 극명하게 드러내 보였고, 그것이 수많은 생채기를 남긴 것만은 분명해 보였으니까요. 시장에 어떻게 선의를 기대할 수 있으랴 종종 생각하지만, 그것이 그토록 불가능하기만 한 일인가 하는 생각도 들었습니다. '이윤을 최대한으로 추구하는 것이 인간의 본성'이라는 명제는 우리 스스로를 가두는 논리 아닐까요? 인간은 때로 비합리적으로 보일 정도로 선의에 차 있는 존재이기도 합니다. 코로나19로 인해 힘겨운 시기에 큰 성장을 이룬 기업이 그렇지 않은 기업에 이득을 나눠 주자는 생각, 그것은 논의 자체만으로도 분명 유의미했습니다. 제대로 논의되지 못하고 묻히기는 했지만요.

손실보상법과 이익 공유제 논의보다 훨씬 더 많은 관심을 끌고 논란이 되었던 사안은 바로 재난지원금과 관련된 논의였습니다. 선별이냐 보편이냐! 가난한 사람 또는 피해를 더 많이 입은 사람을 가려서 지원금을 주느냐, 아니면 일단 다 주고 나중에 세금으로 형평을 맞추느냐. 이것은 다른 어떤 때보다 깊은 가치 논쟁을 불러일으켰습니다. 보편 지원론자는 국민은 가난보다 불공정에 분노한다는 견해를 내세웠습니다. 선별 과정에 쓰이는 행정 비용도 낭비라고 주장했습니다. 소득이 많은 사람에게는 나중에 세금을 더 걷으면 되니까 줄 때는 다 똑같이 주자는 주장이었습니다. 반면 선별 지원을 주장하는 측에서는 보편 지원의 취지는 좋지만 그렇게 하면 없는 사람들에게 줄 수 있는 금액이 줄어들기 때문에 한정된 재원을 고려해 선택적으로 줘야 한다는 입장을 굽히지 않았습니다. 이 문제에 대해서는 청와대 내부 구성원도 총리실 구성원도 여당 관계자도 제각기 생각이 달랐습니다. 대체로 정통 관료들은 선별론에 강한 무게를 실었고, 정치권에 가까운 정무직 관료들은 보편론에 무게를 실었습니다.

숱한 논의 끝에 1차 재난지원금은 소득 및 재산과 관계없이 전 국민에게 지급됐습니다. 재난지원금을 지급하자 경기 회복 효과가 가시적으로 나타났는데, 특히 소상공인과 전통시장에 도움이 됐다는 평가를 받았습니다. 하지만 코로나19 유행 상황은 좀체 수그러들지 않았고 이후 네 차례나 더 논의 및 지급을 하게 되었습니다. 매번 지원금과 관련된 논의를 할 때마다 정부에서도, 국회에서도 선별과 보편을 두고 격렬한 논쟁이 벌어졌습니다. 이 과정에서 재원이 한정되어 있는데 전 국민에게 지원금을 주는 것은 무리라는 선별 지원의 논리가 일단 다 주고 나중에 세금으로 형평을 맞추는 것이 합리적이라는 보편 지원의 논리를 이겼습니다. 경기 부양을 위해서는 보편 지급이 알맞고, 피해를 지원하는 목적에 좀 더 초점을 맞춘다면 선별 지급이 적절한데, '재난지원금'은 경기 부양보다는 피해 지원에 방점을 둬야 한다는 주장이 우세했던 것입니다. 2차 지원금은 소상공인과 고용 취약 계층을 중심으로 지급됐고, 3차는 정부 방역 조치로 피해를 입은 소상공인과 특수형태근로자, 프리랜서 등을 중심으로 지급됐습니다. 4차에 들어서는 매출 감소가 심각한 여행, 공연, 체육 분야 등 경영 위기 업종을 일곱 개 유형으로 분류해서 자금을 지원했습니다. 5차의 경우 추석을 앞두고 경기 부양 등을 위해 전 국민에게 지급하자는 주장이 강하게 제기됐지만, 재정 건전성을 내세운 기재부 관료 등의 논리에 부딪혀 선별 지급으로 최종 결정됐습니다.

개인적으로는 선별 지원은 선별 과정에 드는 행정력과 역차별 논란을 피해갈 수 없는 만큼 소액이라도 보편 지원을 하는 것이 맞는다고 생각합니다. 정부는 피해 계층 지원이라는 목표를 이루려면 선별 지원이 더 효과적이라는 결론을 내린 듯합니다. 유동성 장세 속에 경기 회복을 위해 돈을 풀면서도, 어떻게 하면 정말 필요한 사람에게 이 돈이 돌아가게 할 수 있을까, 그것이 코로나 정국 속에서 정부의 가장 큰 고민이자 과제였습니다.

누구에게 얼마만큼의 지원을 어떤 방식으로 해 줘야 공정하고 합리적일까요? 공정과 불공정의 경계는 어디 즈음일까요? 정책을 둘러싼 논쟁, 입법을 둘러싼 논쟁을 보며 저는 혼란스러웠습니다. 그러면서도 이 논쟁이 소모적인 다툼으로 끝나지 않기를 바랐습니다. 선별이냐 보편이냐를 두고 이뤄진 논의가 향후 우리 사회가 소외 계층을 돕기 위한 제도적인 기틀을 마련하는 초석이 될 수도 있겠다 싶었습니다. 무상 급식 논쟁, 재난지원금 대상자를 둘러싼 논의 등 우리 사회에서 선별과 보편에 관한 의견 다툼이 한 번씩 격렬하게 일어날 때마다 공정이란 무엇이고, 사회적 약자들을 위해 국가가 무엇을 해야 하는가에 대한 논의 역시 더욱 깊게 이뤄졌기 때문입니다. 개인적으로는 1차를 제외한 나머지 지원금이 선별 지급으로 결론 난 것이 매우 아쉽지만, 이것을 결정하는 과정에서 우리 사회는 한층 성숙해졌으리라 믿습니다.

국무조정실은
행정부를
조율해 끌고 가는
운전사다

>>> 구윤철 국무조정실장

국무조정실장, 그러니까 국무조정실의 최고 책임자다. 1989년에 행정고시에 합격해 기획재정부 관료로 공직을 시작했다. 기재부에서는 예산총괄, 재정정책 등 다양한 부서를 거쳤다. 청와대 경험도 길다. 노무현 정부 청와대에서는 국정상황실과 인사수석실에 몸담았는데 인수위 시절부터 임기 끝까지 함께한 특이한 이력을 가지고 있다. 2020년, 코로나 사태 한중간에 국무조정실장으로 임명됐다. 행정 부처, 청와대, 총리실에서 모두 일했으니 공무원으로서 경험할 수 있는 최대치의 다양한 경험을 한 셈이다. 코로나19 유행 상황에서 중대본부장을 맡은 총리를 필두로 방역 상황을 책임져야 했던 국무조정실의 어려움에 대해 물었다. 그리고 30년 관료 생활에서 얻은 깨달음, 청와대와 총리실, 국회 사이의 이상적인 관계 설정에 대한 의견도 들어 봤다.

- 코로나 사태가 한창이던 때에 국무조정실장에 임명되셨습니다. 이제까지 국무조정실에서 코로나19 유행 상황에 대응하면서 가장 어려웠던 순간은 언제였는지요?

○ 지금이요! 4차 대유행의 한가운데를 지나고 있는 2021년 여름, 진짜 지금이 제일 힘듭니다. 사실 저는 이런 대유행이 올 거라는 걸 어느 정도는 불길한 마음으로 예측하고 있었거든요. 그래서 각 지자체와 행안부, 복지부 등에 끊임없이 경고해 왔습니다. 큰일 날 것 같다. 이대로 가면 안 된다. 하지만 현장에 가 보면 방역 수칙을 지키지 않는 사례가 많았어요. 조금만 더 적극적으로 동참하고 대비했더라면 지금의 절반 수준으로 확진자를 줄일 수 있지 않았을까 싶어요. 연일 확진자가 최대치를 기록하니까 진짜 너무 괴롭습니다. 지금 방역의 고삐를 바짝 조이기엔 국민들이 너무 지쳐 버렸고 확진자는 연일 늘고 있고, 정말 힘이 듭니다.

- 재난지원금을 두고 선별이냐 보편이냐 논쟁이 치열했어요. 어떻게 보시나요?

○ 저도 보편 복지 좋아합니다. 더 많은 분에게 더 많은 복지를 공평하게 드리는 데 찬성합니다. 하지만 이번 재난지원금은 달라요. 코로나19 유행에도 아무런 피해를 보지 않은 계층이 있고, 피해를 많이 입은 분들이 있어요. 어떤 형태로든 지원에 차등을 두는 게 맞죠. 정부 재정에 한계가 있거든요. 일단 줄 때 다 주고 나중에 세금 더 걷으면 되지 않느냐? 맞아요. 그런 논리도 맞습니다. 그러면 재난지원금이 아니라 재난위로금이라는 명목으로 지급되어야 맞아요. 재난지원금은 재난으로 피해를 본 국민들에게 조금이나마 피해를 극복하시라고 드리는 거

란 말이죠. 그런데 보편 지급을 하면 그건 이미 재난지원금이 아닌 거죠. 이걸 너무 정치적인 논리로만 접근하지 말았으면 좋겠어요.

- 우리나라의 코로나19 대응 정책 중 가장 잘한 것은 무엇이고, 가장 아쉬운 점은 무엇이라고 보시는지요?

○ '드라이브 스루' 검사요! 얼마나 좋습니까. 전 세계가 부러워합니다. 밖에서 서 있으면 힘든데 차 안에서 기다리면 일단 편안하잖아요. 그걸 우리나라가 했다는 거 아닙니까. 너무 훌륭한 시스템이죠. 가장 아쉬운 점은 방역 지침 위반 대상을 제대로 처분하지 못했다는 점. 원 스트라이크 아웃이니 뭐니 강한 메시지가 많이 나갔지만 실제로는 그렇게 강하게 처분하지 못했습니다. 지자체들이 눈치를 많이 봤거든요. 대부분의 시민들은 방역 수칙을 잘 지켰지만, 몇몇 고질적인 방역 위반 업체들이 있어요. 그렇게 모여서 술 마시지 못하게 하는데도 기어코 어디선가 몰래 모여서 술 마시고, 춤추고. 그런 업체에 강하게 철퇴를 내리지 못했어요. 그건 참 아쉬운 부분이라고 보고, 그런 방역 구멍들로 인해서 지금까지 이 고생을 하고 있지 않나 생각하면 정말 안타깝습니다.

- 국무조정실장은 총리 바로 아래에서 국정을 조정하는 역할을 하는 장관급 공무원인데, 어떤 역할을 하는지 모르는 사람이 많아요. 국무조정실장은 뭐 하는 사람인가요?

○ 우리나라는 대통령의 위임을 받아서 행정부를 총괄하는 총리가 있잖아요. 국무조정실은 말 그대로 총리를 도와 국정을 조정하는 역할을 하는 곳이에요. 첫째, 부처 간 업무 조정 역할을 합니다. 산업부는 산

업부대로 노동부는 노동부대로 복지부는 복지부대로 각 부처가 하는 일들이 저절로 잘 맞아 돌아가면 좋겠지만, 국정은 그렇게 안 돌아갑니다. 어디선가는 엇박자가 나지요. 그걸 제3자의 관점에서 적절하게 교통정리를 해 줘야 해요. 국무조정실은 행정부를 끌고 가는 운전사입니다. 각 부처가 어느 방향으로 가야 할지 알려 주고, 그들을 이끌고 가는 역할을 하니까요.

둘째, 국무조정실은 부처 조율을 하는 데서 더 나아가 나라를 움직이는 세 가지 축, 즉 정부와 청와대, 국회의 여당을 조율하는 역할을 합니다. 당정청 고위 공직자들이 모여서 회의를 하는데 저도 거기 들어가거든요. 청와대와 정부, 여당이 무슨 생각을 하는지 잘 파악하고, 총리실 차원에서 의견을 냅니다. 당정청이 불협화음을 내지 않도록 모더레이팅하는 거죠.

저는 국무조정실장이니까 국조실(국무조정실)의 최고 책임자죠. 외국 나가서 제 명함 보여 주면 오히려 국내보다 더 대우해 줍니다. (웃음) 다른 나라들은 총리가 넘버원인 경우가 많으니까 국무조정실 최고 책임자인 제가 매우 높은 급으로 대우받는 거죠. 국내에서는 국조실의 위상이 그 정도까지는 안 되지만…. 제가 이 업무를 해 보니까 정말 매력이 많습니다. 경제, 복지, 노동, 문화, 행정, 안전 등등 국정의 모든 분야에서 제 아이디어를 내고 실현할 수 있거든요. 국정 전반을 끊임없이 살펴야 하니까 어떻게 보면 피곤할 수도 있는 자리지만, 제 나름대로는 무척 재미있게 일하고 있습니다.

● 기재부 관료로 오래 일하셨고, 노무현 정부 청와대에서도 일하셨어요. 당시엔 어떤 일을 하셨는지요? 기재부에서 일하다가 청와대 구성

원으로 일해 보니 어떤 점이 다르던가요?

○ 참여정부 인수위원회 때 들어가서 5년을 채우고 나왔어요. 정권 시작부터 끝날 때까지. 진짜 드문 경우죠. 관료가 청와대로 파견 나갔는데 5년을 하게 되는 경우는. 참여정부 전반기에는 국정상황실에서 행정관으로 일했고 나중엔 인사비서관으로 일했습니다. 정권 말에는 국정상황실장으로 일했고요. 국정상황실은 우리나라 행정의 흐름을 파악하고, 각 기관이 어떻게 움직이는지 면밀하게 파악해서 대통령에게 보고하는 역할을 합니다.

기재부 공무원으로 있을 때는 매 시기마다 반드시 해야 하는 업무가 있었죠. 세금 매기고, 채권 발행하고, 경제 상황 관리하고. 루틴하게 진행하는 일이 있었는데 청와대는 다르더라고요. 청와대는 나라 전체의 테마, 국정의 주제를 정하는 기관이에요. 그러니까 부처의 좁은 시각에서 벗어나서 나라 전체를 보게 됩니다. 그리고 청와대의 파워가 얼마나 막강한지, 거기서는 마음만 먹으면 다 할 수 있겠더라고요. 그러다가 인사수석실로 갔죠. 거기서 인사비서관으로 국가 주요 직책들의 인사 문제에 관여했습니다.

● 관료로서 인사 업무를 해 본 건 큰 자산일 것 같아요.

○ 맞습니다. 나라에 중요한 사람을 앉힐 때 어떻게 하는지, 그 과정을 면밀히 살필 수 있었거든요. 나라의 중요한 자리에 사람을 어떻게 앉히느냐 하면, 일단 될 만한 사람을 뽑아서 쫙 펼쳐 놓습니다. 그리고 해당 기관이 어떤 과제에 당면해 있는지 분석해 봅니다. 예를 들자면 이런 겁니다. KBS 사장을 뽑아야 한다면 지금 KBS가 당면한 가장 절실한 과제부터 분석합니다. '경영 위기'라고 생각되면 경영 능력에 특

화된 사장을 추천합니다. '아니다, 경영은 어느 정도 안정됐는데 보도의 공정성, 전문화가 가장 큰 과제다.' 싶으면 보도에 달란트를 가진 사람을 추천합니다. '경영도 괜찮고 보도도 괜찮은데 사내의 화합이 절실하다.' 싶으면 갈등 조정 능력이 뛰어난 사람을 추천합니다. 그러면 대통령이 참모들과 논의해서 고르는 거죠.

그런데 노무현 대통령은 어떤 사람이냐. 그분을 참 존경하는 게 그런 면모인데, 사람을 사심으로 쓰는 분이 아니었어요. 인사수석실에서 후보군을 올릴 때 예측을 해 보거든요. '이 사람은 대통령하고 이렇게 길고 끈끈한 인연이 있으니 아마 이 사람을 뽑지 않을까?' 하고 올려 보면, 그 사람을 안 뽑아요. 그 자리에 제일 알맞고, 제일 전문화된 사람을 뽑더라고요. 그 업무에 딱 맞는 사람을 발견했다 싶으면 때로 정치적 성향이 달라도, 본인과 아무 인연이 없어도 그를 불러다 쓰곤 했어요.

- 청와대와 총리실을 모두 경험해 본 입장에서 이상적인 청와대와 총리실의 관계는 어떤 모습이라고 보시는지요?

○ 사실 우리나라는 대통령제와 의원내각제가 섞인 묘한 구조잖아요. 저는 대통령제가 낫다, 의원내각제가 더 좋다 잘라서 말할 수는 없다고 봅니다. 우리나라 국민 성향상 국부로 상징되는 대통령이 명확하게 있는 대통령제를 선호하지만, 또 한편으로는 총리의 존재도 갈망하는 것 같거든요. 대통령을 보좌하면서 엄마처럼 행정부 살림을 세세하게 챙기고 잡음 나는 거 보듬어 주는.

우리나라는 대통령제 국가인데 부통령이 아니라 총리를 두고, 총리가 행정부 대표로서 국회에 가서 국정을 세세히 설명하고 그러잖아요. 애매한 것 같아도 이 구조가 우리나라 특성상 맞는 면이 분명히 있다는 겁니다. 그래서 이 체제가 제대로 작동하려면 청와대와 총리실의 역할이 분명히 구분되어야 해요. 살림살이를 잘하도록 청와대가 총리실에 권한을 부여해 줘야 합니다. 청와대가 일일이 간섭하면 될 것도 안 됩니다. 청와대는 큰 그림을 그려야죠! 국가의 주제, 우리가 나아갈 방향을 정해 주는 게 청와대의 일입니다. 그런 역할 분담만 잘 되면 지금의 체제도 충분히 좋은 시너지 효과를 낼 수 있는 구조라고 봅니다.

- 경제 전문가의 입장에서 봤을 때 이번 정부에서 가장 잘한 경제 정책은 무엇이고, 가장 아쉬운 경제 정책은 무엇이라고 보세요?

○ 단언컨대 반도체, 배터리, 바이오! 너무 잘했다고 봅니다. 미국이 우리한테 자꾸 '백신 허브' 하자고 친한 척하는 이유가 뭔데요. 다 이 세 가지 때문입니다. 반도체랑 배터리가 너무 중요하거든요. 한국이 이 세 가지를 꽉 잡고 있으니까 계속 친하게 지내고 싶은 겁니다.

제일 아쉬운 정책은 아무래도 부동산 정책이죠. 부동산은 처음부터 공급 확대로 방향을 잡았어야 했는데…. 부동산, 즉 주택이라는 재화가 공급되는 데 최소한 4, 5년은 걸리는 특성이 있잖아요. 전 세계적인 유동성 과잉이라는 물결에 대비하려면 공급 확보에 초점을 맞췄어야 한다고 봐요. 그리고 기계적인 1가구 1주택만을 강조하는 정책도 너무 큰 부작용을 낳았다고 봅니다. 가뜩이나 수도권 집중이 심한 우리 사회에서 지방 집을 버리고 수도권 집만 남기게 해서 지방을 더 무너뜨리는 부작용을 일으킨 점도 있어요. 기계적인 1주택 강요는 잘못됐다고 봅니다. 고쳐야 할 것 같아요.

● 30년 넘게 관료로 사셨어요. 어떤 점이 가장 어려우셨나요?

○ 사적인 생활에서나 경제적인 측면에서나 높은 도덕성을 요구받는다는 점! 어렵죠, 저도 사람인데. 사명감 없이는 버티기 어려운 직업이라고 봅니다. 저 지금 주 6일 근무하거든요. 청와대 근무 시절, 긴긴 기재부 공무원 기간, 지금 총리실 구성원으로서의 나. 돌아보면 재밌는 점도 많았지만 체력적으로나 정신적으로 힘든 점도 많았어요. 공무원이라는 게 돈만 보고 하기 어려운 일이라고 봅니다. 그런데 지금 들어오는 행정관들 보면 공직을 월급 받는 회사 그 이상도 이하도 아닌 걸로 생각하는 마인드가 꽤 있어요. 그러면 이 월급 받으며 정책 만드느라 밥 먹듯이 야근하고 높은 수준의 도덕성을 요구받는 게 억울하고 답답할 수 있어요. 그러니까 요즘엔 어느 정도 직급 올라가면 나가 버려요. 너무 안타깝습니다. 그래도 모름지기 대한민국 공무원이라면, 내가 공무원이 된 이상 이 나라를 위해서 뭔가 하나라도 더 의미 있는 일을 하겠다, 이런 사명이 있어야죠. 요즘 변해 가는 세태가 때로 참 안타깝고 맘 아프고 그렇습니다.

● 좋은 정치란 어떤 정치라고 보시나요? 정치를 한 단어로 규정하자면?

○ 국민을 편안하게 해 주는 것, 그게 좋은 정치라고 봅니다. 국민들이 불편함이 없도록 해 주는 거죠. 학교도 편히 잘 다니고, 코로나19 같은 전염병이 돌더라도 검사 잘 받고 치료도 잘 받고, 직장도 잘 다니고, 도로도 말끔하고, 거리 청소도 잘 되어 있고, 태풍이든 지진이든 어떤 재난 재해가 와도 정부가 잘 처리해 주고…. 국민들이 크게 신경 쓰고 짜증낼 일 없도록 편안하게 해 주는 게 좋은 정치라고 봅니다. 그래서 경지정리론을 주장하곤 합니다. 특히 대통령은 '온 나라에

잡음이 없도록 행정부, 국회, 청와대, 총리실, 사법부, 기업 등등 모든 주체의 역할을 잘 구분해 주고 갈등도 명확하게 정리해 드리겠다.' 이런 비전을 제시해야 한다고 생각합니다. 저도 그렇게 사회에 큰 잡음이 없고, 마음이 편안하고, 정치에 무심해도 별다른 탈 없이 살 수 있는 사회, 그런 무탈한 사회를 첫손으로 꼽으며 살아왔거든요.

● 나중에 어떤 사람으로 기억되고 싶은지요?

○ 당신이 있어서 조금은 바뀌었다! 네가 있어서 진짜 조금은 더 나아졌다! 이런 말을 들을 수 있는 사람으로 기억되고 싶어요. 저는 보신주의를 싫어합니다. 직분을 받았으니 적당히 욕먹지 않을 정도로 일하다가 나가자? 이런 건 제 인생에 용납이 안 됩니다. 내가 어떤 자리에 올랐으면 뭐라도 해야 합니다. 그 조직이 좀 더 좋아지고, 한 걸음이라도 나아가는 데 기여를 해야죠. "구윤철, 그래도 니가 여기 있어서 이곳이 이만큼은 좋아졌다." 이런 기억으로 사람들 마음속에 남고 싶어요.

"꿈"

긴긴 공무원 생활, 사람들은 그에게 지치지 않느냐고 묻는다. 그는 힘들 때도 있지만, 기본적으로 사는 게 재미있고 흥미롭다고 생각한다. 다 '꿈'을 찾아가는 과정이기 때문이란다. 청와대, 총리실, 기재부… 그의 다음 꿈이 무엇인지 물었지만, 사람 좋은 표정으로 함박웃음만 짓고 알려 주지 않았다. '꿈은 찾아서 날아가는 것'이기 때문에 미음 자 받침은 하늘로 올려서 끝맺었다고 한다.

답이 없는데
답을 찾아야 하는
숙명에 관하여

>>> 장상윤 국무조정실 사회조정실장

28년 차 공무원. 총리실에서만 23년을 일했다. 사회복지정책관, 기획총괄
정책관 등을 역임하며 다양한 부서를 거쳤고, 코로나19가 기승을 부리던
2020년 5월 사회조정실장으로 부임했다. 청와대, 총리실 출입기자들은 거
리두기 단계 조정에서부터 총리가 다음 날 낼 메시지, 백신 계약과 접종 상
황까지, 이 모든 방역 관련 정보를 얻기 위해 끝없이 사회조정실의 문을 두
드렸다. 격무에 간혹 화가 날 법도 한데, 장 실장은 어지간해서는 화를 내
지 않았다. 설명하고 설명하고 또다시 설명했다. 매일 아침 총리가 중대본
회의에서 전하는 모두 발언은 그의 최종 수정을 거치고 나서 국민들에게
전달됐다. 그에게 코로나19 유행의 한가운데에서 분투한 지난 2년의 의미
를 물었다. 그리고 관료란 어떤 존재인가, 총리실은 어떤 기관인가, 그리고
앞으로 어떻게 살고 싶은가를 들어 봤다.

- 총리실에서 20년 넘게 근무하셨어요. 처음에 어떻게 오게 되셨나요? 오랜 공무원 생활 가운데 지난 2020년, 2021년은 사회조정실장님에게 어떤 의미인가요?

○ 제가 공무원 생활을 1993년에 시작했거든요. 당시 내무부, 그러니까 지금의 행정안전부에 배치받았고 거기서 5년을 근무하다가 총리실로 파견을 왔어요. 그런데 저하고 총리실 업무가 잘 맞더라고요. 1998년에 국무조정실이 생겼는데, 그때 딱 제가 온 거예요. 그렇게 시작된 총리실과의 인연이 지금까지, 그러니까 23년 동안 이어지고 있네요.

그 사이 정말 여러 일을 겪었지만 지난해와 올해는 코로나19로 시작해서 아직도 코로나19로 이어지고 있는 해라고 할 수 있네요…. 이전에 경험하지 못한, 전혀 새로운 상황이에요. 전염병이 사회, 경제, 정치 모든 분야에 영향을 끼치고 있고, 이게 방역만으로는 한계가 있고, 사람이 예측하기 어려운 측면도 있고. 지난해와 올해는 제게 공무원으로 사는 동안 경험하지 못했던 새로운 과제를 마주한 도전의 시기였다, 이렇게 평가할 수 있을 것 같습니다.

- 총리실(국무조정실) 사회조정실장이 어떤 일을 하는지 모르는 사람이 많을 것 같아요. 어떤 역할을 하는 직책인지요?

○ 국무조정실이란 뭐 하는 곳이냐 하면, 총리를 보좌하면서 국정을 조율하는 역할을 하는 곳입니다. 국조실 안에는 국무조정실장을 필두로 국무1차장, 2차장이 있죠. 1차장은 정부 업무 평가와 사회 관련 업무를 담당하고, 2차장은 경제 관련 업무, 청년 정책 관련 업무를 담당합니다. 저는 1차장 아래 사회조정실을 맡고 있어요.[*] 사회 업무와

관련된 정부 부처는 복지부, 교육부, 환경부, 문체부 등인데, 이 부처들의 업무가 정말 다양하거든요. 총리실 사회조정실장은 이런 부처들 간의 이견을 조율하고, 온갖 사회 갈등의 현장을 둘러보고 해결하는 역할을 합니다.

● 사회조정실장 업무의 가장 큰 매력은 뭘까요? 반대로 가장 어려운 점은 뭘까요?

○ 어려운 점 먼저 얘기할까요? 무슨 일을 해도 정답이 없다는 점! 경제 분야는 어느 정도의 객관적인 지표가 있고 인과 관계라는 게 있잖아요. 수출 지표, 성장 지표, 고용 지표, 금리 지표 등등 여러 지표가 있고, 거기에 따라서 어떤 문제에 대응하기 위한 나름의 처방을 내리면 됩니다.

하지만 사회 문제에는 그런 객관적 지표라는 게 없어요. 그러니 대응 방안도 가지각색이죠. '지금 우리 삶의 질이 좋아지고 있나?'라는 물음에 관한 지표는 수십, 수백 가지가 있을 수 있잖아요. 자살률, 합계출산율, 양극화 지수 등등. 그러니 특정 사안에 대해 어떻게 대응할 것인가도 너무 많은 답이 있을 수 있는 거죠. 게다가 문제의 해결책을 내놔도 결과가 나오는 시간이 너무 길어요. 예를 들어 저출산 문제를 보세요. 해법은 애매하고 아웃풋이 나오는 데도 시간이 오래 걸리죠. 사회조정실이 관할하는 업무의 특성이에요. 참 어렵습니다.

가장 큰 매력은 사회조정실 업무야말로 총리실이 총리실로서의 존재감을 가장 명확하게 드러내는 업무라는 점이 아닐까요? 우리 사회가 고민하고 갈등하는 수많은 업무의 정점에 있는 만큼 총리가 현장의 목소리를 듣고 부처 간 이견을 조율하는 과정에서 국무조정실의 존재감이 명확하게 드러나요. 잘만 하면 '이래서 국조실이 존재하는 거지!'라고 국민들이 느낄 수 있죠.

● 코로나 정국을 지나왔습니다. 방역부터 백신 수급까지, 사회조정실이 모두 관여해 왔어요. 가장 힘들었던 순간, 그리고 가장 보람 있었던 순간을 꼽자면요?

○ 가장 힘들었을 때는 지난해 말과 올해 초 3차 유행 때였어요. 그때 너무 괴로웠어요. 1차 때는 대구, 경북에 집중돼 있었고, 신천지라는 명확한 원인이 있었어요. 2차 때도 광복절 집회라는 명확한 원인이 보였어요. 그런데 3차는 원인을 모르는데 하루가 다르게 확산되었죠.

● 2021년 여름 4차 유행이 더 괴롭지 않으셨나요?

○ 아니요. 4차 대유행 때는 백신이라는 희망이 있잖아요. 백신이 예방 효과가 뚜렷하다는 게 이미 입증됐고, 국민이 다 맞으면 그래도 괜찮아질 것이라는 '출구'가 보이니까 버틸 수가 있는 거죠. 3차 때의 괴로움은 말로 다 하기 어렵습니다.

보람 있었던 순간은… 딱 한 순간 꼽기는 어렵고, 매일 총리가 중대본부장으로서 중대본 회의를 했다는 것, 그것 자체를 보람으로 꼽고 싶어요. 국가 재난 상황에서 국무총리가 중대본부장 역할을 한 게 이번이 처음이거든요. 세계에서도 유례가 없죠. 총리가 총대를 메고, 매일매일 어디서 누가 얼마나 확진됐는지, 앞으로 방역은 어떤 방향으로 갈지를 유관 부서 및 전국의 지자체장 모두와 공유하는 건데, 이 시스템이 있었기 때문에 그나마 우리나라가 다른 나라들에 비해 방역을 잘할 수 있었던 거라고 봅니다. 중국이나 베트남 등 사회주의 국가처럼 완전히 나라 출입을 막거나 특정 지역을 봉쇄하지 않았고 개인의 이동과 자유를 비교적 존중하면서도 방역의 성과를 거둔 거잖아요. 물론 국민이 보시기에는 부족함이 많이 있었겠지만, 이 시스템을 만들고 실천하는 과정에서 흘린 수많은 땀과 눈물을 국민들이 좀 봐 주셨으면 하는 마음이 있죠.

● 코로나19 유행은 손실 보상, 이익 공유제, 재난지원금 보편 지급과 선별 지급 등 수많은 논쟁점을 낳았습니다. 어떻게 보세요?

○ 저는 재난지원금은 선별 지급이 맞는다고 봐요. 보편 복지를 부정하는 건 아니에요. 하지만 재난지원금 지급은 그런 영속적인 복지의 영역이 아닌 지금 상황에 맞춘 일시적인 복지잖아요. 그런데 이것까지 보편의 잣대를 들이대는 건 과한 것 같아요. 무상 급식? 해야죠. 무상 공교육? 해야죠. 그런데 재난지원금은 그런 영역이 아니라고 봐요. 손실 보상도 마찬가지예요. 방역으로 국민이 피해를 보셨지만 그건 불가피한 상황이었지 정부가 어떤 잘못을 한 건 아니잖아요. 그런데 정부가 그 손해를 보상해 주겠다고 나서면, 오히려 역효과가 더 클 것 같습니다. 손실을 어떻게 정확하게 계산할 수 있겠습니까? 손실을 보상해 주는 게 아닌 어려운 상황을 극복하도록 지원하는 지원금 형태가 되어야죠. 이익 공유제도 그런 면에서 합리적인 논의는 아니라고 보고요.

● 이 논쟁은 앞으로 우리 사회에 어떤 영향을 미칠까요?

○ 사회 문제에 정부가 어디까지 개입할 것인가 하는 근본적인 가치 논쟁을 불러일으키겠죠. 저는 기본적으로 정부가 직접 시장의 플레이어가 되면 곤란하다고 생각합니다. 시장에 맡길 것은 맡기고, 다만 시장이 일으키는 여러 부작용을 보완하는 역할을 해야죠. 예를 들자면 치명적인 양극화, 도와 드리지 않으면 일어설 수 없는 분들을 위한 사회 안전망 구축. 그건 정부가 해야죠. 하지만 그 이상을 정부가 건드리기 시작하면 부작용이 더 커져요.

코로나19 유행 초기에 마스크 수급이 불안정하자 정부가 원자재 수급부터 판매까지 모두 관여했거든요. 그런데 그 후유증이 컸어요. 나중엔 남는 마스크를 제값에 못 파는 상황이 와 버린 거죠. 정부가 시장에 적극적으로 개입하면서 수요와 공급을 교란한 대가죠. 이건 부동산에도 적용됩니다. 정부는 시장을 잘 보고 있다가 적절하게 세금을 걷고, 재화를 재분배하는 역할을 하면 됩니다. 그런데 거기에 적극 개입해서 이 금액 이상은 대출을 해 주지 않겠다, 이 이상 임대료를 올리지 말아라, 이곳은 규제 지역이니 이렇게 사고 이렇게 팔아라, 이렇게 개입하기 시작하면 끝이 없어지고 부작용만 늘어나게 되는 겁니다.

부동산 문제를 진정 해결하려면 시장의 수급 상황을 존중해 주고, 세금 제대로 걷어서 제대로 분배하고, 공급이 절대적으로 필요한 소외 계층을 위해 공공주택을 더 짓는 데 집중해야 한다고 봅니다.

● 본인을 진보와 보수 가운데 위치 지움 한다면?

○ 저는 중도인데, 진보에 가깝다고 생각해 왔거든요. 그런데 요즘 제가 무슨 말을 하면 보수에 가까운 중도라고들 하는 것 같아요. 저는 보

수, 진보의 프레임 다툼을 벗어나야 한다고 봐요. 진보 혹은 보수로 누군가를 규정하는 게 중요한 게 아니라, 그 속에 어떤 철학이 있는지, 어떤 지향점이 있는지가 중요하다고 생각합니다. 사실 우리나라는 진보라고 하면서 보수의 말을 하고, 보수라고 하면서 진짜 보수의 철학을 갖지 못한 사람이 정말 많거든요. 그렇게 일관되지 않은 행보, 이해되지 않는 정책이 양쪽에서 나오는 건 본인들만의 철학, 가치 지향이 불분명하기 때문이라고 봐요. 지향하는 가치가 분명하고, 가고자 하는 방향이 분명하면 보수나 진보라는 프레임 싸움은 무의미해지죠.

● 국무조정실 구성원으로 여러 정부를 거치셨잖아요. 어떤 정부가 가장 기억에 남으세요?

○ 김대중 정부요. 그분이 대통령이었을 때도 국무조정실에서 일했는데 총리실은 청와대 바로 옆에 있잖아요. 그러니까 권력을 잡은 사람이 어떤 마음으로 일하는지 바로 느껴지거든요. 여러 일을 하면서 이분은 대통령이라는 권력을 끝이 아닌 어떤 시작점으로 여기는 사람이라는 느낌을 확실히 받았어요. 대통령은 권력의 정점입니다. 대통령이 되면 이 권한을 마음껏 이용하고 즐기려는 욕구가 생길 수도 있겠죠. 그런데 건전한 정치인은 권력을 쥔 그 자체에 의미를 부여하기보다 이것을 통해 내가 지향하고 꿈꾸는 세상을 한 걸음씩 이뤄 가는 데 더 큰 의미를 두겠죠. 그런 면에서 김대중 대통령은 그 권력을 즐기기보다 그걸 통해 본인이 평생 생각해 온 비전을 실현하기 위해 최선을 다한 분이라고 생각합니다. 노무현 대통령도 그런 분이었다고 볼 수 있지만, 그의 이상과 현실 사이에 간극이 컸

던 것 같고요.

● 긴 공무원 생활을 거쳐 오셨습니다. 관료로 사는 삶의 가장 큰 애로
점은 무엇인지요?

○ 너무 많은 걸 포기해야 한다는 점. 공복(公僕)이라고 하잖아요? 사회
가 어렵고 시끄러울 때 사실 일반 회사원은 어디 가서 술 한잔하고
노래 부른다고 큰일 나지 않잖아요? 그런데 공무원이 그러면 큰일
나죠. 저희도 한 명의 사람인데 굉장히 많은 걸 포기해야 하죠. 처음
엔 그게 너무 힘들었는데 이제 익숙해졌어요.

● 관료와 정치인, 그리고 언론의 관계는 참 복잡 미묘합니다. 관료와 정
치인의 관계는 어떠해야 할까요? 또 관료와 언론의 관계는 어떠해야
할까요?

○ 정치인은 자기 비전과 철학을 가지고 관료들에게 나라가 나아갈 방
향을 제시하는 사람이죠. 관료는 그 비전을 현실화하는 사람이고요.
이상을 사회에 실현할 수 있도록 돕고 비전과 현실에 간극이 있다면
그걸 좁히는 역할도 하고요. 그리고 언론은 정치인과 관료가 제대로
하는지 감시해야죠. 그들이 자기가 말한 대로 하고 있는지, 나라가
잘 돌아가는지. 그래서 관료와 정치인, 언론은 너무 멀지도 너무 가
깝지도 않은 관계여야 하는 것 같아요. 서로 선을 넘지 않도록 주의
해야죠.

● 만약 비현실적인 비전을 실현하려는 정치인이 온다면요?

○ 그럼 설득해야죠. '현실은 이렇습니다. 그건 이러이러해서 현실적이

지 못합니다.' 하고 설득해야죠. 정치인을 서포트하는 것도 관료의 역할이지만, 안 되는 건 안 된다고 설명하고 정치인이 현실을 직시할 수 있도록 가르쳐 주는 것도 관료의 역할이니까요.

● 그런데도 정치인이 본인의 비전을 강요한다면?

○ 일단 따라야죠. (웃음) 그렇지만 최대한 현실과 조화시킬 수 있도록 건전한 비전을 제시하도록 노력할 겁니다.

● 어떤 정치가 좋은 정치라고 생각하는지요? 어떤 정치인이 좋은 정치인이라고 생각하는지요? 정치를 한 단어로 규정하자면?

○ 앞서 말했듯 자기 비전, 자기 철학이 있는 정치인이 좋은 정치인이라고 봐요. 기본적으로 우리나라 국민들을 잘 먹고 잘살게, 안전하게 살 수 있도록 돕고 싶다는 진심, 하지만 국민 가운데 도저히 나라의 도움 없이는 일어설 수 없는 사람이 있다면 사회 시스템을 통해 돕겠다는 결심, 그게 올바른 비전 아닐까요? 일단 우리나라 사람들이 잘 먹고 잘살아야죠.

● 나중에 어떤 사람으로 기억되고 싶은지요?

○ '힘든 시간이었지만 그래도 저 사람이랑 일해서 덜 힘들고, 즐겁게 일했다.' 이렇게 기억되고 싶어요. 지금 코로나19 방역 때문에 일이 정말 많습니다. 그래도 되도록 아랫사람들에게 업무의 범위를 적절히 지정해 주고, 너무 힘들지 않게 하려고 노력해요. 누군가에게 괴로운 사람으로 기억되는 게 싫거든요. 사적인 삶에서는 재밌는 사람으로 기억되고 싶어요! "상윤이랑 얘기하면 웃을 일도 많고, 참 재밌

네." 이렇게 기억되면 더 바랄 게 없겠어요. 힘든 일 있으면 불러내서 술 한잔 같이하고 싶은 사람으로 기억되면 더 좋고요.

(＊2021년 6월, 국무조정실 내에서 소폭의 업무 조정이 있었습니다. 사회조정실은 당초 국무1차장 산하였으나 2021년 6월부터 국무2차장 산하로 조정됐습니다.)

"상식"

항상 모범적인 그는 내 인생의 한 단어를 들고 사진을 찍자는 미션도 모범적으로 준비해 왔다. 여러 날을 고민했다면서 정성스럽게 프린트된 종이 한 장을 꺼내어 펼쳐 들었다. 그의 인생의 한 단어는 '상식'. 삶의 수많은 선택의 기로 앞에서 그가 세운 기준은 상식이었단다. 좌로도 우로도 치우치지 않는 상식의 삶을 살다 보면 언젠가 '잘 살았다'라고 말할 날이 있을 거라고 굳게 믿는다고 한다.

3
—
민주주의의 꽃, 국회

국회는
숨 가쁘다

청와대와 총리실을 출입하기 전인 2020년 5월, 정치부에 배정되고 처음 배치받은 출입처는 국회였습니다. 출입처를 드나들던 당시엔 적응하느라 정신이 없어 미처 깨닫지 못했던 부분이 많았는데 돌아보니 국회와 청와대, 총리실의 역할이 좀 더 뚜렷하게 눈에 보이는 것 같습니다. 개별 의원들의 자율성이 보장되는 국회와, 엄격한 관료 조직 속에서 한 사람의 보스를 중심으로 권력이 강하게 집중되는 청와대를 짧은 기간에 모두 경험한 것은 정치부 기자로서는 큰 행운이었다는 생각이 듭니다.

국회에 출입하기 전에는 국회가 무슨 일을 하는지 비교적 잘 안다고 생각해 왔습니다. 학부에 이어 석사과정에서도 정치학을 공부해 왔으니 '정치에 대해 어느 정도는 안다'고 착각했던 것이죠. 하지만 막상 취재에 나서고 보니 국회가 뭐 하는 곳인지, 한국 정치권이 어떻게 돌아가는지 잘 모르고 있다는 것을 깨달았습니다.

당시 제가 속한 KBS 정치부는 국회팀을 둘로 나눠서 운영했습니다. 정치의 본령을 둘로 나눈다면 하나는 권력 투쟁이고 다른 하나는 정책 경쟁입니다. 이제까지 대다수 언론사의 정치부 보도는 누가 어떤 식으로 권력을 잡기 위해 움직이고 있는지를 보도하는 권력 투쟁 보도, 즉 정쟁 보도에 집중되어 왔습니다. KBS 정치부는 이런 관행을 탈피해서 정책 경쟁, 입법 활동이 어떻게 이루어지는지에 더 집중해 보자는 의지를 담아 국회팀을 정책팀(의제팀)과 정당팀으로 나누었고, 저는 정책팀에 속해 입법 활동 중심의 취재를 하게 되었습니다. 정책팀 구성원은 각자 본인의 선호와 관심에 따라 상임위원회를 나누어 담당했습니다. 저는 평소 관심 있던 국토교통위원회(국토위)와 보건복지위원회(복지위)를 중심으로 가능하면 환경노동위원회(환노위) 이슈도 함께 중점적으로 취재해 보기를 희망했습니다. 담당 분야가 어느 정도 정해진 뒤에는 국회에서 발생하는 수많은 이슈 가운데 어떤 입법에 어떻게 집중해야 유의미한 보도를 할 수 있을 것인가, 새로운 고민이 시작됐습니다.

걸어 다니는 헌법기관, 국회의원의 역할

먼저 국회와 국회의원이 어떤 권한을 가지고 있는지부터 살펴볼까요? 첫째, 국회는 법을 만드는 곳입니다. 물론 정부도 국무회의

심의를 거쳐서 법률안을 제출할 수 있지만, 법을 만드는 역할은 주로 국회가 담당합니다. 국회의원 열 명 이상의 동의를 받아 제안된 법률안은 국회의장이 본회의에 보고한 뒤 상임위원회에 회부해 심사하게 합니다. 상임위는 법률안을 심사, 의결하여 법제사법위원회(법사위)로 넘기고, 법사위에서는 다른 법률과 충돌하지 않는지 살피는 체계 심사와 법안에 적힌 문구가 적절한지 확인

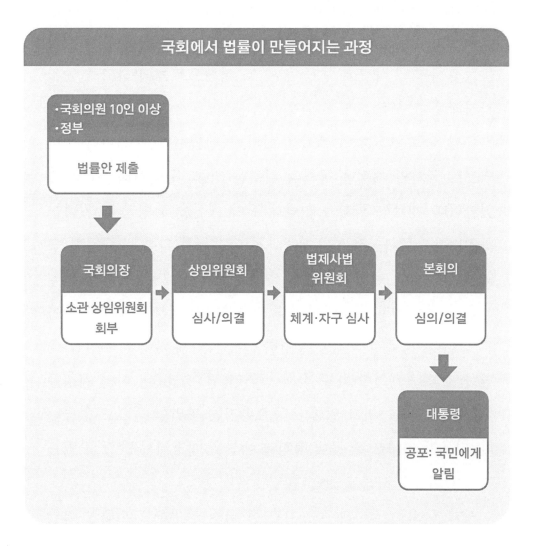

국회에서 법률이 만들어지는 과정

- 국회의원 10인 이상
- 정부

법률안 제출

국회의장 / 소관 상임위원회 회부

상임위원회 / 심사/의결

법제사법위원회 / 체계·자구 심사

본회의 / 심의/의결

대통령 / 공포: 국민에게 알림

하는 자구 심사를 진행합니다. 이 과정을 무사히 통과한 법안은 본회의에 상정되어 재적의원 과반수 이상이 출석하고 출석의원 과반수 이상이 찬성하면 통과됩니다. 국회에서 의결한 법률안은 대통령의 공포 절차를 거친 뒤 20일이 경과하면 효력을 발휘하게 됩니다.

국회의원은 우리의 삶을 규정하는 수많은 법을 심의하고 의결하는 사람입니다. 그런 면에서 국회의원 한 명 한 명이 국민의 대표이고, 그렇기 때문에 '걸어 다니는 헌법기관'이라고 칭합니다. 그러니 국회의원을 심사숙고하여 잘 뽑아야 하고, 뽑은 뒤에는 그들을 우리의 대표로 존중하고, 또 한편으로는 잘하고 있는지 감시해야 합니다.

둘째, 국회는 국가의 예산을 심의, 의결합니다. 우리나라는 헌법으로 국가의 재정을 국회의 의결을 거친 뒤 행사하도록 되어 있습니다. 정부는 국회가 허락해 줘야 예산을 집행할 수 있다는 뜻입니다. 국회는 정부가 제출한 예산안을 심의하고, 수정할 수 있습니다. 다만 예산을 삭감하거나 항목을 삭제할 수 있지만, 예산을 증액하거나 새로운 항목을 추가하려면 정부의 동의를 받아야 합니다. 정부가 국채를 발행하거나, 국가에 재정적 부담을 줄 만한 조약을 체결할 때도 국회 동의가 필요합니다. 나라 재정을 어떻게 운영하는지가 얼마나 중요한지는 두말할 필요도 없습니다. 정부가 제대로 된 곳에 적정한 예산을 배정해서 잘 쓰고 있는지를 국회가 감시하고 있습니다.

셋째, 국회는 정부와 공공기관 등 국정 전반을 감시하는 역할을 합니다. 대표적인 것이 국정감사입니다. 국회는 해마다 9월이 되면 상임위원회별로 정해진 공공기관 등을 감사합니다. 문제점을 세상에 드러내어 지적하고, 올바른 방향으로 나아가도록 압박합니다. 일정 기간을 정해 국무총리와 각 부처 장관을 국회로 불러서 여러 현안에 정부가 잘 대응하고 있는지, 나라가 제대로 돌아가고 있는지 따져 묻는 대정부질문도 합니다. 국무총리 및 국무위원의 해임을 건의할 수 있는 권한도 국회에 있습니다.

이에 더해 국회는 대통령의 선전포고와 국군의 해외 파견에 대한 동의권도 가지고 있습니다. 국회 재적의원의 절반이 동의하면 헌법 개정안을 발의할 수 있고 여기에 재적의원 3분의 2 이상이 동의한 뒤 국민투표에 붙이면 헌법을 바꾸는 것도 가능합니다. 우리나라가 전쟁을 할지 말지 결정하는 문제도, 헌법을 바꾸는 것도 국회가 결정하고 있는 겁니다.

국민에게서 위임받은 권한을 바탕으로 국회의원은 법을 만듭니다. 이 법을 바탕으로 행정부는 집행을 하고, 사법부는 집행이 잘됐는지 판단하는 역할을 합니다. 그래서 흔히들 "국회의원은 미래의 일을 담당하고, 행정부는 현재의 일을 담당하고, 사법부는 과거의 일을 담당한다."고 말합니다.[11] 시간순으로만 생각한다면 국회가 제1의 권력, 행정부가 제2의 권력, 사법부가 제3의 권력이 되는 셈이죠.

국회의원 한 명 한 명이 어떤 법을 만드느냐, 예산을 어떻게 쓸지 결정하느냐에 따라서 시민들의 삶은 크게 달라질 수밖에 없습니다. 흔히 정치는 "갈등을 사회화해서 조정하고, 해결하는 문명

대한민국 헌법에 명시된 국회의 권한

제40조 입법권은 국회에 속한다.

제52조 국회의원과 정부는 법률안을 제출할 수 있다.

제54조 ① 국회는 국가의 예산안을 심의·확정한다.

제60조 ① 국회는 상호원조 또는 안전보장에 관한 조약, 중요한 국제조직에 관한 조약, 우호통상항해조약, 주권의 제약에 관한 조약, 강화조약, 국가나 국민에게 중대한 재정적 부담을 지우는 조약 또는 입법사항에 관한 조약의 체결·비준에 대한 동의권을 가진다.

② 국회는 선전포고, 국군의 외국에의 파견 또는 외국 군대의 대한민국 영역 안에서의 주류에 대한 동의권을 가진다.

제61조 ① 국회는 국정을 감사하거나 특정한 국정 사안에 대하여 조사할 수 있으며, 이에 필요한 서류의 제출 또는 증인의 출석과 증언이나 의견의 진술을 요구할 수 있다.

제62조 ② 국회나 그 위원회의 요구가 있을 때에는 국무총리·국무위원 또는 정부위원은 출석·답변하여야 하며, 국무총리 또는 국무위원이 출석요구를 받은 때에는 국무위원 또는 정부위원으로 하여금 출석·답변하게 할 수 있다.

제63조 ① 국회는 국무총리 또는 국무위원의 해임을 대통령에게 건의할 수 있다.

제65조 ① 대통령·국무총리·국무위원·행정 각부의 장·헌법재판소 재판관·법관·중앙선거관리위원회 위원·감사원장·감사위원 기타 법률이 정한 공무원이 그 직무집행에 있어서 헌법이나 법률을 위배한 때에는 국회는 탄핵의 소추를 의결할 수 있다.

제128조 ① 헌법 개정은 국회 재적의원 과반수 또는 대통령의 발의로 제안된다.

제130조 ① 국회는 헌법 개정안이 공고된 날로부터 60일 이내에 의결하여야 하며, 국회의 의결은 재적의원 3분의 2 이상의 찬성을 얻어야 한다.

화한 시스템"이라고 말합니다. 정치가 사라지면 만인에 대한 만인의 투쟁만이 남게 되겠죠.[12] 사회에 존재하는 수많은 다툼이 압축돼서 국회라는 제도 안에서 처리되는 겁니다. 국회는 여러 사회 이슈를 두고 토론하고, 서로 다른 의견을 조율하면서 합의된 의견을 모아 제도화시켜 나갑니다. 때문에 국회가 선진화되고 정치가 성숙할수록 그 사회는 더 좋아질 가능성이 높아지겠죠. 시민 개개인이 서로 아귀다툼하지 않아도, 국회와 정당이 그러한 갈등과 고민 들을 제도적인 틀 안에서 처리해 준다면 사회가 편안해질 겁니다.

끝없이 이어지는 회의, 국회 24시

이렇게 많은 일을 하는 국회는 정말 바삐 돌아갑니다. 각 정당은 요일별로 수많은 회의를 이어 나갑니다. 처음 국회를 출입하게 됐을 땐, 무슨 회의가 이렇게 시도 때도 없이 많이 열리나 의아했습니다. 정치부 기자라면 정당별 회의에서 오가는 이슈를 파악하고 있어야 하기에 정신이 없었습니다. 각 언론사 정치부는 각 회의에 기자들을 들여보내 회의에서 오가는 발언을 일일이 받아 적어 정리합니다. 누가 어느 회의에서 무슨 말을 했는지 파악하고, 그 가운데 중요한 내용은 뉴스로 내보내야 하기 때문이지요. 물론 너무나 많은 회의가 열리고 너무나 많은 말이 오가는 정치권이기에 뉴스화되는 말보다는 버려지는 말들이 훨씬 더 많지요.

국회에서 열리는 수많은 회의, 정치판이 돌아가는 과정을 이해하려면, 국회 구성원, 더 넓게는 정치인들이 맡은 직책과 역할을 이해할 필요가 있습니다. 뉴스에 매일 나오는 저 정치인이 어떤 직책을 맡은 사람인지 알면 그의 말과 행동의 행간을 이해할 수 있고 정치를 훨씬 더 쉽게 이해할 수 있거든요.

당대표와 원내대표는 무얼 하는 사람일까요? '당대표나 최고위원은 국회에서 발언을 많이 하니 당연히 국회의원인 줄 알았는데, 국회의원이 아닌 경우도 있네?' 하는 의문을 품은 분도 있을 겁니다. 당대표는 말 그대로 정당을 대표하는 사람입니다. 전국에 있는 당원을 대표하고 선출직 당직자에 대한 인사권을 가지고 당의 재정도 관리합니다. 특히 당대표는 공천권을 가지고 각종 선거 관리를 주도하기 때문에 힘이 있습니다.

또 한 명의 대표인 원내대표는 정당에 소속된 국회의원을 대표하는 자리입니다. 국회에서 중요한 결정을 하려면 교섭단체가 필요합니다.[13] 교섭단체 간에는 서로 의견을 나눠야 할 일이 많은데 이때 다른 교섭단체와 협의하고 의사를 진행하는 일을 원내대표가 합니다. 당대표는 당원들이 모두 참여하는 전당대회에서 뽑고 국회의원이 아니어도 되지만, 원내대표는 국회의원들의 대표니까 본인도 국회의원이어야 하고 당 소속 의원들이 선출합니다.

당 최고위원은 정당의 의사 결정을 하는 사람들인데, 전당대회에서 선출되는 최고위원도 있고 당대표가 선임하는 지명직 최고위원도 있습니다. 그러니 최고위원도 꼭 국회의원만 할 수 있는 자리는 아닌 거죠.

이제 정당의 주요 회의를 살펴볼까요? 우선 각 정당은 당대표가 주재하는 최고위원회의를 합니다. 이 회의에는 당대표, 원내대표, 정책위원회 의장(정책위의장), 사무총장, 최고위원 등이 참석해서 당의 현안을 논의합니다. 국회 안에서 일어나는 일에 국한하지 않고 당 안팎에서 일어나는 여러 사안을 전반적으로 논의합니다. 원내대표는 원내대책회의를 주관합니다. 원내대표는 앞서 설명했듯이 원내(院內), 그러니까 국회 안에서 정당을 대표하는 사람입니다. 이 회의에는 현직 국회의원으로 구성된 원내대표단과 정책위의장, 사무총장 등이 참여합니다. 여기서는 당 전체의 의제보다는 국회 활동에 더 집중하고, 교섭단체에 관한 논의를 나눕니다.

이외에 정책조정회의가 있습니다. 이 회의는 원내대표가 주재하고 정책위의장과 사무총장이 참석하여 의원들이 내놓은 법안이나 정책을 논의합니다. 또 소속 정당 의원이 모두 모여서 여러 사람이 의견을 나눠야 할 정책적인 주요 사항을 결정하는 의원총회도 정기적으로 열립니다.

각 정당은 요일을 정해 이 회의들을 소화합니다. 일주일에 한두 번 최고위원회의를 열어서 당 전체 의제를 논의하고, 원내대책회의를 열어 국회 내에서의 이슈들을 해결합니다. 한 주에 한번은 정책조정회의를 열어서 여러 법안과 정책에 대한 의견을 나누지요. 또 적절히 의원총회를 열어서 소속 국회의원 모두가 머리를 맞대는 기회도 만들고요.

이 수많은 회의에서 수많은 사람이 제각기 많은 말을 쏟아 냅니다. 이 속에서 정치부 기자들은 정치권이 돌아가는 판을 읽어내기 위해 노력합니다. 매일매일 열리는 회의에서 원내대표와 당대표가 무슨 말을 하는지, 최고위원들은 무슨 말을 하는지 유심히 듣고, 쟁점이 되는 입법은 향후 어떻게 진행될는지, 요즘 정치판의 세력 싸움은 누구에게 유리하게 혹은 누구에게 불리하게 돌아가는지 판세를 읽어 봅니다. 그리고 공개된 발언 너머에 있는 실체적 진실에 접근하기 위해 노력합니다.

하지만 쉽지는 않았습니다. 풋내기 정치부 기자로서 국회와 정치를 이해하기 위해 제가 할 수 있는 일은 많은 말을 되도록 유심히 듣고, 모르는 것은 공부하여 습득하고, 최대한 직접 다가가서 물어보고, 진심으로 고민해 보는 것 이외에는 방법이 없었던 것 같습니다.

21대 국회 1호 법안은?

제가 국회에 배치받은 때는 2020년 5월 중순, 20대 국회가 막을 내리고 21대 국회를 준비하는 시점이었습니다. 이 어수선한 시기에 정치부에 와서 처음으로 진행한 보도는 20대 국회에서 통과된 법 가운데 가장 좋은 법안을 추려 보고, 20대에서 무산됐지만 21대 국회에서 통과될 것으로 예상되는 법안을 꼽아 보는 것이었습니다. 그 수많은 법 가운데 어떤 법이 가장 좋았는지, 그리고 폐기된 많은 법안 가운데 어떤 법이 다시 살아날지 어찌 예상할 수 있을까요? 나름의 기준을 잡아야 했기에 국회사무처와 참여연대의 자료를 뒤지고 뒤졌습니다.

20대 국회는 법률안 제출 건수만큼은 역대 국회 가운데 가장 많았습니다. 법안 2만 4141건이 제출되었고 이 가운데 3195건을 통과시켰습니다.[14] 국회사무처는 20대 국회를 마감하며 성과로 꼽을 만한 법안 32개를 선정했습니다. '국민 생활 개선에 기여했느냐'를 기준 삼아 다소 복잡한 선정 과정을 거쳤습니다. 우선 각

의원실을 대상으로 잘했다고 생각되는 법안을 두어 개씩 추리도록 했습니다. 해당 법안들을 모은 뒤 외부 전문가 10여 명으로 구성된 위원회에서 24개 법안을 추렸습니다. 이와 별도로 상임위원회별로 법안을 추천받아 70여 개를 추렸습니다. 그렇게 모은 법안 90여 개를 두고 국회 내부 구성원들이 투표해 법안 32개를 선정했습니다. 시민단체인 참여연대에서도 20대 국회 활동을 결산하며 좋은 법안 19개를 선정했습니다. 참여연대는 국민의 기본권 보장, 사회 불평등 개선을 선정 기준으로 삼았습니다.

이렇게 국회사무처와 참여연대에서 뽑은 법안 가운데 세 건이 겹쳤습니다. 이 법안들은 각각 다른 사안을 다루고 있지만 상대적으로 소외받아 온 사람들의 권리를 더 보장해 주는 방향성을 띤다는 공통점이 있었습니다.

첫째는 유치원 3법(유아교육법, 사립학교법, 학교급식법)이었습니다. 해당 법 개정이 추진되던 당시 유치원이 학교냐 아니냐, 사립 유치원의 재정을 사유 재산으로 인정하느냐 마느냐, 격렬한 논쟁이 벌어졌습니다. 지난한 논쟁을 뚫고 세 법률의 개정안이 통과됐습니다. 이제 유치원에서 보조금이나 지원금을 부당하게 사용하면 국가와 지자체에서 반환 명령을 내릴 수 있습니다. 특히 사립 유치원에서는 모든 회계를 에듀파인 시스템에 공개해야 하고, 교비 회계에 속하는 재산을 교육 목적 이외에 사용할 경우 2년 이하의 징역이나 2천만 원 이하의 벌금 처분을 받게 됐습니다. 그리고 사립 유치원 급식도 학교급식법의 적용을 받게 되었습니다. 유치원의 공적인 기능이 강화되고 회계는 더 투명해졌습니다.

둘째는 법정 근로 시간을 1주 최대 52시간으로 정한 근로기준법 개정안이었습니다. 1주일에 기준 노동 시간은 40시간으로, 연장 노동 시간을 주중, 휴일 관계없이 12시간으로 정함으로써 노동자의 휴식할 권리를 법적으로 보장했습니다. 장시간 노동을 당연하게 여겨 온 우리 사회 관행을 가히 혁명적으로 바꾼 것입니다. 노동 시간 단축으로 수입이 감소했다는 반발부터 자영업자들은 오히려 고용을 감축하게 됐다는 의견까지 논란은 여전하지만, 평범한 노동자들의 삶이 '주 52시간 근무제' 시행 전과 후로 나뉠 정도로 많이 바뀐 것만은 부인할 수 없는 현실인 것으로 보입니다.

셋째는 상가 건물 임차인이 계약 갱신을 요구할 수 있는 기간을 5년에서 10년으로 연장하고, 전통시장 상인의 권리금을 보호하는 내용을 담은 상가건물 임대차보호법 개정안이었습니다. 프랑스는 9년, 독일은 30년 동안 임차인의 계약 갱신(연장) 권리를 보호합니다. 일본은 아예 정당한 사유가 없는 한 임대인은 임차인의 갱신 요구를 거절할 수 없습니다. 이에 반해 한국의 5년은 자영업자의 안정적인 영업을 보장하기에는 너무 짧은 기간이라는 비판을 받아 왔습니다. 개정된 법을 통해 자기 건물 없이 장사하는 자영업자와 소상공인이 조금은 더 안정적으로 장사할 수 있게 됐습니다.

이렇게 좋은 법안을 뽑고 나니 폐기되어 아쉬운 법안도 꼽아보게 됐습니다. 20대 국회에서 폐기된 법안은 모두 1만 5천여 건. 논쟁 끝에 폐기된 법안도 있었고 논의조차 못 한 법안도 있었습니다. 기득권에 정면 도전했거나 사회적인 통념에 배치되는 법안이 상당수였습니다. 저는 주택임대차보호법과 중대재해처벌법 두 가지를 뽑아 기사를 냈습니다.

당시 여러 시민단체에서 20대 국회에서 통과하지 못해 가장 아쉬운 법안으로 무주택 세입자를 보호하기 위한 주택임대차보호법을 꼽았습니다. 20대 국회에서 계류된 법안만 41건이 있었는데, 전부 폐기됐습니다. 주로 세입자 계약 갱신을 최소 1회는 보장하고 보증금 인상률에도 상한선을 두자는 내용이 담겼습니다. 이 법안이 홀대받은 이유를 두고 여러 분석이 나왔습니다. '국회의원 상당수가 유주택자라서 국회에서 논의조차 안 된 것이다', '국민들이 자신은 계속 전셋집에서 살 리 없다는 강한 확신을 가지고 있기에 세입자 권리 강화에 무심해 왔다' 등 분석도 제각각이었습니다. 당시 시민단체들은 21대 국회에서는 해당 법안이 반드시 통과되어야 한다며 '주택임대차보호법 개정연대'까지 만들어 단체 행동에 나섰습니다. 놀랍게도 이 법은 21대 국회가 개원한 지 얼마 되지 않아 곧바로 통과됐습니다. 수많은 논란과 부작용에 대한 우려가 있지만, 세입자들에게는 가히 혁명과 같은 법이라 생각합니다.

중대재해처벌법도 오랫동안 국회가 풀지 못한 숙제로 꼽혔습니다. 2017년 노회찬 의원이 발의한 법안에는 중대 재해 발생 기업과 사업주, 관련 공무원의 처벌을 강화하는 내용이 담겨 있었습니다. 하지만 노 의원이 발의한 법안은 20대 국회 회기 중 법사위에서 단 한 차례 논의됐을 뿐이었습니다. 처벌의 하한선을 도입하자는 주장이 있었지만 기업에 과도한 부담을 준다는 이유로 무산됐습니다. 국회에 처음 배치받은 뒤 이 법을 '통과되지 못해서 아쉬운 법'으로 꼽을 때만 해도, 이 법이 21대 국회에서 통과되리라고는 상상도 하지 못했습니다. 하지만 사회는 때로 상상하지 못한 방향으로 흘러가기도 합니다. 정의당의 단식 투쟁, 여야의 긴긴 논쟁 끝에 결국 이 법도 21대 국회에서 통과됐습니다.

국회는 법을 만드는 곳입니다. 만들어진 법이 우리 사회를 진일보하게 했느냐 혹은 더 후퇴하게 했느냐에 대한 기준은 천차만별입니다. 하지만 상식선에서 합의할 수 있는 가치는 분명히 있다고 생각합니다. 정치적으로는 더 민주적으로, 경제적으로는 더 공정하게, 사회적으로는 가려지고 부정한 것을 투명하게, 이런 보편의 가치를 추구하는 입법 활동을 하는 것이 국민의 대표로 뽑힌 국회의원들이 해야 할 일이라고 생각합니다. 처음 국회에 와서 20대 국회가 논의했던 법안들을 쭉 살펴보면서 한 걸음씩이라도 앞으로 나아가는 국회, 그런 정치를 더욱 간절히 바라게 됐습니다.

아쉬움 가득한 대정부질문의 기억

국회의 중요한 역할 가운데 하나는 대정부질문입니다. 말 그대로 국회가 정부를 상대로 질문을 하는 겁니다. 국무총리와 국무위원, 그러니까 각 부처 장관을 국회로 불러 지금 정부가 제대로 하고 있는지 국회의원들이 날카롭게 물어보는 것이죠. 일반적으로 국정 분야는 정치, 경제, 외교·통일·안보, 교육·사회·문화 네 가지 의제로 구분합니다. 의원들은 대정부질문에서 질문하려면 미리 신청서와 질문 요지서를 국회사무처에 제출해야 합니다. 희망자의 신청을 받은 국회사무처는 정당 등을 고려해서 질의자와 시간, 순서 등을 지정해 줍니다. 대정부질문은 국회의원과 국무총리·국무위원 사이의 일문일답 형식으로 진행되는데 한 국회의원이 이용할 수 있는 시간은 20분 이내입니다.

대정부질문이 다가오면 기자들도 바빠집니다. 방송기자는 통상 중계차를 타고 대정부질문에서 어떤 내용이 다뤄질 것인지 소개하는 오프닝을 하고, 끝난 뒤에는 당일 오간 내용을 요약해서 전달하는 클로징을 합니다. 기자들이 천재도 아닌데, 어떻게 즉석에서 듣고 그 내용을 요약할 수 있겠습니까? 미리 의원실을 취재해서 질문을 파악해야 합니다. 이 기간 동안 국회의원들은 송곳처럼 날카로우면서도 핵심을 짚을 수 있는 질문을 준비하느라 바쁘고, 각 부처와 총리실은 이런 질문들에 해당 부처 장관과 총리가 잘 대답할 수 있도록 답변을 준비하느라 바쁩니다. 그리고 기자들도 대정부질문 순서가 정해지면 해당 의원실에 전화를 돌리며 어떤 내용을 질문할 것인지 파악하느라 덩달아 바빠집니다.

저도 국회에 출입하는 동안 여러 번의 대정부질문을 거쳤습니다. 질문자 명단을 옆에 붙여 두고 보좌진 혹은 국회의원에게 직접 전화를 돌리며 어떤 주제로 질문할 것인지 미리 취재했습니다. 의원실마다 준비의 정도나 정성이 천차만별입니다. 두루뭉술하게 준비하는 의원실도 있고, 특정 사안에 대해 전문가 수준 이상의 문제 의식을 가지고 진정성 있게 준비하는 의원실도 있습니다. 취재를 하다 보면 5분만 통화해도 그 정성과 진심이 어느 정도인지 느낌이 오는데, 이 준비 정도는 질의를 위해 본회의장에 해당 의원이 서는 순간 바로 티가 납니다. 어떤 의원은 귀한 20분의 시간을 사안의 본질과는 관계없는 질문만 하며 써 버리기도 합니다. 질문을 잘해야 답변도 잘 나올 텐데 엉뚱한 질문을 하여 오히려 답변자에게 면박을 당하는 경우도 생깁니다. 그런데 때로 사안의 핵심을 파악하지 못한 국회의원이 오히려 더 막말을 하고 호통을 치는 경우가 있습니다. 물론 국회의원의 막말은 유리할 때도 있습니다. 논리 정연하고 맞는 말보다 자극적인 말 한마디가 언론의 주목을 더 받는 경우가 많기 때문이죠.

이렇게 사안에 대한 깊이 있는 이해도 진정성도 없이 때마다 언론의 주목만 받으려는 얕은 정치인은 언젠가는 시민들의 심판을 받을 것이라는 생각이 들었습니다. 반면 짧은 방송 리포트에다 담지 못하는 게 아쉬울 만큼 깊이 있는 질문을 해내는 국회의원도 상당수 있었습니다. 행정부가 국정을 운영하면서 미처 생각 못 했던 부분, 혹은 정책을 한창 추진하고 있지만 잘못된 부분, 이런 부분들을 조목조목 지적하는 의원들을 보면, '이런 국회가 있으니 우리나라가 이렇게 잘 돌아가고 있는 거구나'라는 생각과 함께 응원하는 마음이 절로 들곤 했습니다. 예로 청와대와 정부가 전면에 내세우고 있는 한국판 뉴딜의 문제점과 개선책, 그리고 부동산 정책에 대한 무조건적인 비판이나 비난이 아닌 깊이

있는 식견과 대안 제시 등을 들을 때면 마음이 시원해지기까지
했습니다.

대정부질문을 여러 차례 취재하면서 가장 아쉬웠던 때는 2020
년 가을의 대정부질문이었습니다. 추미애 법무부 장관과 윤석열
검찰총장이 갈등을 빚던 가운데 추미애 장관 아들의 휴가 관련
의혹이 큰 관심을 끌던 때였습니다. 법무부 장관의 아들이 군 복
무를 하면서 특혜성 휴가를 사용했다면 그건 철저히 의혹을 밝혀
서 바로잡아야 할 일이기는 하지요. 하지만 그것이 온 국민이 바
라보고 있는 국회 대정부질문을 뒤덮을 정도의 사안인지는 잘 모
르겠다는 생각이 들었습니다.

당시 대정부질문의 80%는 추 장관과 국회의원들 사이의 입씨
름으로 채워졌습니다. 의혹을 제기하고, 반박하고, 야단치고, 고
성이 오가고. 행정부가 국정을 잘하고 있는지 국회가 감시하고,
그것을 국민이 보는 앞에서 시원하게 물어봐 달라는 것이 국회
대정부질문의 취지인데, 그런 취지는 온데간데없고 정쟁만이 넘
쳐났습니다. 그때 저는 경제 분야 대정부질문 핵심 내용을 뉴스
리포트로 만드는 역할을 맡았는데, 대정부질문이 다 끝나고도 주
제로 뽑을 내용이 마땅히 떠오르지 않을 정도였습니다. 오간 얘
기가 온통 추 장관 아들 특혜 의혹뿐이었으니까요. 정말 아쉬웠
습니다. 이 사안이 이 정도로 중요한 사안인가? 더 나아가 검찰개
혁, 공수처 설치와 같은 권력기관 개혁 사안이 대다수 서민들의
삶에 대체 얼마나 중요한 영향을 끼칠 것인가? 권력을 가진 세력
사이의 헤게모니 다툼, 권력기관 개혁을 둘러싼 갈등을 우리 국

민들이 얼마나 더 참고 바라보고 있어야 하는가? 여러 의문이 들었습니다. 코로나19로 당장의 생계가 위협받는 국민을 위해 정부가 무얼 해야 하는지, 우리나라는 어떤 방향으로 가야 하는지, 이런 진지한 고민이 대정부질문 기간 국회 본회의장을 채웠다면 우리의 역사는 그 시간만큼 더 진보할 수 있지 않았을까 하는 아쉬움이 남습니다.

반대편의 의견도
들을 수 있는
정치를 꿈꾼다

>>> 곽현준 국회사무처 국제국장

흔히들 국회를 생각하면 국회의원과 보좌진부터 떠올린다. 하지만 국회가 돌아가기 위해서는 입법 활동을 지원하고, 국감을 보조하고, 국회라는 공간이 돌아가도록 돕는 여러 행정 지원이 반드시 필요하다. 그 역할을 하는 곳이 국회사무처다.

곽현준 국회사무처 국제국장은 1996년 입법고시를 통과해 국회사무처에 첫발을 디뎠다. 국회사무처에 여성이 입사한 것은 1995년이 처음이니 국회사무처 여성 직원 1세대인 셈이다. 국회를 출입하게 되면서 당시 공보기획관으로 있던 곽현준 국장을 처음 만났다. 곽현준 국장에게 25년 국회사무처 생활을 하면서 봐 온 우리 국회의 모습과 나아갈 방향, 그리고 '좋은 정치'의 정의를 물었다.

- 20년 넘게 국회사무처에서 생활해 오셨습니다. 소회가 궁금합니다. 국회사무처 직원으로서 가장 어려웠던 순간, 가장 보람 있었던 순간을 꼽아 보신다면요?

○ 참 긴 시간을 국회사무처에서 보냈네요. 입법조사관에서부터 공보국, 인사과, 지금의 국제국장 자리까지 다양하게 거쳤지만, 2016년 행정안전위원회 입법조사관으로 일할 때가 가장 힘들었던 것 같아요. 그때 세종시 이전 관련해서 회의가 있었는데 일부 내용이 누락됐거든요. 정말 단순한 직원 실수였는데, 의원님은 받아들이지 않으셨어요. '분명히 저의가 있다, 일부러 내 발언을 빼뜨린 거다.'라며 아무리 해명을 해도 안 되고… 정말 힘들었어요. 작은 실수가 이렇게 큰 결과를 낳을 수도 있구나 싶었죠.
가장 보람 있던 순간은 15대 국회 때, 문화관광위원회 입법조사관으로 있을 때였어요. 당시 국립중앙박물관을 짓기 위한 여러 논의가 오갔거든요. 저도 건립지원소위원회에 들어가서 열심히 일했죠. 건물 안전에 관한 내용부터 관람객들의 시선을 끄는 방법, 전시 시스템과 내용까지. 세세한 내용 하나하나 고민하고 결정했는데, 어느 날 국회가 그렇게 열심히 고민한 모습의 국립중앙박물관이 완성되더라고요. 그걸 보는데 얼마나 뿌듯한지. 지금도 국립중앙박물관만 보면 너무 뿌듯해요. 국회가 이런 일을 하는 곳이구나. 그 성과를 눈으로 보는 것 같은 기분! 그때가 가장 보람 있었어요.

- 국회의 여러 기능과 업무 가운데 가장 핵심이 되는 업무는 뭐라고 생각하시는지요? 국감, 입법, 상임위 활동 등등 아주 많은 업무가 있잖아요.

○ 다른 무엇보다 입법이죠! 국회의원은 한 분 한 분이 모두 걸어 다니

는 헌법기관입니다. 입법은 다른 무엇보다 중요한 국회의 핵심 기능이죠.

● 우리나라는 행정부도 입법이 가능하잖아요? 그러다 보니 관료들의 전문성을 국회의원이 못 따라간다는 비판도 종종 나옵니다. 어떻게 생각하세요?

○ 그렇죠. 행정부 입법도 가능하고, 관료들은 해당 분야에서 수십 년 일한 잔뼈가 굵은 전문가들인 데 비해, 국회의원은 그렇지 않은 경우도 있죠. 그럼에도 불구하고 국회의원은 국민의 손으로 뽑힌 사람이잖아요. 간혹 국회의원의 전문성이 부족해 보인다 할지라도 각자 소속된 상임위 활동을 하는 과정에서 이런 부분은 충분히 극복 가능하다고 봐요. 또 국민에 의해 선출된 권력이 시험을 통해서 뽑힌 사람보다 정책을 입안하는 과정에서 우위에 서는 것은 당연하다고 보고요.

● 막스 베버도 그러더라고요. 정치인이 관료를 지배할 수 있다, 의회에서 성장하는 과정이 관료 조직에서의 성장에 비해 못하지 않다!

○ 맞아요. 저도 그렇게 생각합니다. 관료의 입법과 국회의원의 입법은 결이 달라요. 의원들은 입법을 하고 나면 거기에 책임을 져야 해요. 본인을 뽑아 준 사람에게 표로 심판을 받아야 하니까요. 의원의 입법은 그런 면에서 민주주의의 꽃이에요. 하지만 이게 정량적으로 평가받는 것은 문제라고 봅니다. 우리나라 의원들은 다른 나라에 비해 양적으로 어마어마하게 많은 법 개정안을 내거든요. 입법 개수로 얼마나 열심히 일했느냐를 평가받으니까 이런 현상이 일어나는 건데, 사실 얼마나 깊이 있게 법을 내느냐도 중요한 일이잖아요. 그래서 입법

을 남발하지 못하도록 쿼터제를 도입해야 한다는 목소리도 나와요. 한 회기 안에 낼 수 있는 법안 개수가 정해져 있으면 더욱 신중하게 법을 내지 않을까 싶어요.

● 국회사무처의 역할이 굉장히 중요한데 사람들이 잘 모르는 경우가 많습니다. 섭섭하지 않으세요?

○ 왜 안 섭섭하겠어요. 섭섭하죠. 하지만 당연하다고 받아들이고 있어요. 눈에 보이고, 뉴스에 나오는 사람은 국회의원이잖아요. 국회사무처는 국회의 소프트웨어적인 측면을 넘어 하드웨어적인 측면도 담당해요. 법률안을 접수, 처리하는 과정을 지원하고, 법안 심사, 예산 및 결산 심사도 돕고, 국정감사 지원도 하고, 국회의원들의 외교 활동도 지원하고, 의사 중계도 하고, 홍보도 합니다. 이게 소프트웨어적인 측면이라면 국회 청사 관리, 경비 같은 건 하드웨어적인 측면이고요. 국회가 돌아가기 위해 사무처 소속 공무원들이 발버둥 치고 애쓰고 있다는 걸 일반 국민들도 좀 더 많이 알아줬으면 싶어요.

● 입사 전에 국회사무처에 대해 잘 아셨어요? 어떻게 국회사무처에서 일하게 되셨는지 궁금합니다.

○ 사실 국회사무처만을 바라보고 시험을 준비했다고 하면 거짓말이고요, 행정고시와 입법고시를 함께 준비했어요. 그런데 입법고시에 붙은 거예요. 간혹 생각해 보긴 해요. 만약 내가 행정부에 갔다면 어땠을까. 행정부에서 일하면 법의 집행권을 갖는 거잖아요? 그런 면에서 매력적이었을 것 같기는 해요. 하지만 국회사무처만의 독특한 매력이 있어요. 행정 부처는 한 분야 업무만 하지만 여기서는 사회의 다

양한 면을 볼 수 있거든요. 저만 해도 문광위, 행안위, 복지위, 정보위 등 다양한 상임위원회에서 일했고, 기자를 상대하는 공보국을 거쳐, 지금은 또 국제국에 있잖아요. 다양한 경험을 해 볼 수 있다는 측면에서 국회사무처도 참 매력적인 것 같아요.

● 우리나라 국회는 여타 선진국 국회와 비교해서 어느 정도라고 보세요? 더 나은 점, 부족하다고 보이는 점을 꼽아 주신다면요?

○ 우리 국회… 국민들은 박한 점수를 줄는지 몰라도, 제가 보기에는 OECD 국가 가운데 중상 정도는 된다고 봐요. 정말 역동적으로 일하거든요. 특히 우리 국회는 변화에 매우 기민하게 대응해요. 이번 코로나 정국에서도 손실보상법, 재난지원금, 여러 방역 대책들이 매우 빠르고 역동적으로 입법이 됐어요. 다른 나라 국회는 이러기 정말 쉽지 않거든요. 시스템적으로 잘 돌아가는 국회라고 평하고 싶습니다. 다만 지금보다 더 의회 권력이 세져야 한다고 봐요. 너무 국회사무처 직원 마인드인가? (웃음) 물론 모든 것을 법으로만 해결하려고 하는 것은 문제지요. 하지만 건전한 입법이 이뤄지고, 국민의 손으로 뽑은 사람이 행정기관을 감시하는 과정에 더 힘이 실리면 좋겠습니다. 그게 민주주의에 가깝다고 봐요.

● 다른 나라 국회 가운데 롤 모델로 삼는 국회의 모습이 있나요?

○ 글쎄요. 우리는 우리만의 독특한 국회 시스템이 있는 것 같아요. 한번은 스웨덴 국회 직원과 얘기할 기회가 있었는데요. 우리나라에서 스웨덴 국회의원의 청렴함과 권위의식 없음이 화제가 된 적이 있었잖아요. 그 얘기를 했더니 웃으면서 얘기하더라고요. "우리도 별거 없다. 우리

도 똑같이 국회의원의 자질 시비가 나오고, 시스템이 잘 돌아가는지 고민한다." 사실 국회의원 1인당 국민 수로 보면 다른 나라에 비해 우리나라 국회의원 수가 그렇게 많은 편이 아니거든요. 예우나 보수 측면에서도 국회의원이 장관급이라고 하는데, 보수도 장관에 비해 훨씬 적고요. 특활비 같은 것도 대폭 삭감됐고 연금도 없어요. 명색이 우리의 대표인데 처우를 낮추자고만 주장할 일은 아니라고 봐요.

● 저도 거기엔 적극 공감해요. 합당한 처우를 보장하고 그만큼의 자질과 의무를 요구하는 게 맞는 것 같습니다.

○ 맞아요. 특활비든 입법조사비든 그것을 허투루 쓰는 게 문제지 그 돈을 주는 것 자체가 문제는 아니거든요. 대한민국 국민의 대표로서 대우를 보장해 주고, 입법 활동에 필요한 환경도 충분하게 지원해 주고, 이후에 거기에 대한 책임을 지도록 하는 게 더 맞는다고 봐요.

● 국회에 대한 언론과 국민의 관심이 입법이나 정책보다는 정쟁 그 자체에 집중될 때가 많잖아요. 이런 모습을 볼 때 답답하지는 않으세요?

○ 답답하죠. 정치가 그게 다가 아닌데, 막말 한마디 안 하고 묵묵히 입법에 집중하는 분들도 많은데. 언론이 정쟁보다 정책을 중심으로 보도해 주기를 바랐어요. 상임위 회의록 등을 실시간으로 기자들이 볼 수 있으면 정책 보도가 더 많이 나오려나? 이런 기대 속에 AI 속기사 도입을 적극 추진하고 있어요. 국회를 바라볼 때 권력 다툼보다 정책이 태어나는 과정에 더 집중해서 봐 주시길 정말 바라요. 물론 어렵겠지만요.

● 지난 25년간 수많은 정치인을 봐 오셨을 텐데요. 존경하는 정치인이

있나요?

○ 이거 이런 민감한 시기에 솔직하게 말해도 되나? 가장 존경하는 정치인은 정세균 전 의원님이에요. 2016년 제가 행안위 입법조사관으로 있을 때 그분은 국회의장이었어요. 그 무렵 대구 서문시장에서 큰 화재가 났었거든요. 정치인이 그런 현장에 가면 보통 '내가 나서서 최대한 지원해 주겠다.' 이런 톤으로 접근하거든요. 그런데 정 의원님이 현장에서 상인들에게 그러셨어요. '피해 보상을 위한 협의에는 시간이 많이 걸린다. 상인들이 조금 양보하셔라. 양보를 좀 하더라도 협의를 빨리하는 게 중요하다.' 그게 쉬운 말이 아니거든요. 표가 떨어지는 말이잖아요. 그런데 그렇게 하시더라고요. 소신이 참 뚜렷하다는 생각을 했어요. 이후 제가 인사과장으로 자리를 옮겼는데, 인사 관련 업무를 하며 그분의 여러 면모를 보게 되었어요. 인사에 나름의 원칙이 있고 그 기준도 합리적이더라고요. 그때부터 좋아하고 존경하게 됐어요.

● 정치는 소명과 순수도 있어야 하지만 계략과 야수성도 필요해 보입니다. 이 둘이 조화가 되어야 할 것 같은데, 몇 대 몇으로 조화하는 게 지혜롭다고 보시나요?

○ 하하. 이 질문 진짜 어렵네요. 맞아요. 너무 순수하고 진심만 앞서도 안 되고, 그렇다고 정치적인 계산에만 몰두해도 곤란하고. 저는 7:3이라고 답하겠습니다. 순수가 7, 야수가 3! 그래도 70%는 순수함과 소명이 있어야 좋은 정치를 할 수 있지 않을까요?

● 어떤 정치가 좋은 정치라고 생각하세요? 정치를 한 단어로 규정하자면?

○ 두루 보는 정치! 반대편의 의견도 들을 수 있는 정치. 그런 정치가 좋은

정치인 것 같아요. 저 너무 정치적으로 답하고 있는 거 아니죠? (웃음) 내 생각만 옳은 게 아니다. 당신 생각도 맞을 수 있다. 내 편도 있지만 당신 편도 있겠구나. 당신들은 그런 생각을 하는구나. 이렇게 상대의 의견을 들을 수 있는 정치가 좋은 정치인 것 같아요. 그런 면에서 생각해보면 정치는 한 단어로 '조율'이다. 이렇게 규정할 수 있을 것 같네요.

● 나중에 국장님은 어떤 사람으로 기억되고 싶은지요?

○ 정말 고민 많이 했는데. 진정성 있는 사람으로 기억되고 싶어요.

● 조금 식상한데요?

○ 그런가요? (웃음) 그래도 정말인데. '저 사람이 무슨 말을 하면, 그 말은 참 들을 만했다. 어느 한쪽 편의 말만 한 것도 아니고, 가식으로 본인을 숨기려 한 사람도 아니고, 진실되게 얘기하고 진실되게 자기 길을 가더라.' 이런 사람으로 남고 싶어요.

"지금"

긴 시간 국회사무처 공무원으로 일하며 다양한 정치인을 만났고, 수많은 정치 풍파를 직접 보고 들었다. 그 끝에 내린 결론은 언제나 과거와 미래보다는 지금이 가장 중요하더라는 것! 지금, 바로 이 순간 충실하지 못하면 더 나은 미래는 없다. 그래서 그녀 인생의 한 단어는 '지금'이다.

법 하나 태어나기가
얼마나 어려운지!

국회의 가장 중요한 역할은 법을 만드는 것입니다. 그러니까 입법부죠. 국회의원들은 어떤 법을 만들어야 시민들의 삶이 더 행복해질지 고민합니다. 사람마다 가장 의미 있는 법을 꼽는 기준은 모두 다를 것입니다. 제게 그 기준은 '가장 억울하고, 가장 많이 빼앗긴 사람에게 조금이나마 제 몫을 찾아 줄 수 있도록 돕는 법'이었습니다.

국회의 입법 활동을 살펴보기 전에 우선 법이란 무엇인지부터 생각해 볼까요? "법은 행위에 대한 사후적 처벌, 이를 회피하기 위한 자발적 복종에 머무르지 않는다. 법은 권력을 통제하고, 폭력을 억제하고, 기본권을 보호하고, 갈등을 해결하는 가장 합리적이고 공정한 방법이다."[15] 이 정의를 보고 고개를 끄덕였습니다. 맞습니다. 법은 권력을 통제하는 수단입니다. 법이 있어야 폭력을 막아 내고, 갈등을 해결해 나갈 수 있지요. 저는 법이 권력

통제의 수단을 넘어서 약자를 위한 방패막이가 되어야 한다고 생각합니다. 그런 면에서 법치 국가에 대한 다음의 정의에 크게 공감했습니다. "법치 국가에서 법은 힘이 약한 사람과 목소리를 내기 어려운 집단을 위해 기능해야 한다. 힘이 센 사람과 목소리가 큰 집단은 굳이 법이 아니더라도 다양한 방법으로 이익을 추구하고, 스스로 충분히 보호할 수 있기 때문이다."[16]

경제부를 거쳐 정치부에 오기까지, 기자 생활을 하며 힘과 권력, 돈이 있는 사람들을 많이 만났습니다. 그들은 본인이 원하는 것과 자신에게 필요한 바를 사회에 얘기할 통로가 많습니다. 기자를 만나서 사정을 얘기하는 것은 물론이고, 자금이 있으니 본인들이 원하는 사람이 정치 권력을 잡는 데 여러 방법으로 도움을 줄 수도 있습니다. 그렇게 그들과 끈끈한 네트워킹으로 밀착된 사람들이 국회에 들어가면, 국회의원도 사람인지라 자신에게 도움을 준 사람을 위해 일하게 될 가능성이 크지요. 이처럼 돈과 권력이 있는 사람들은 굳이 입법이라는 장치를 통하지 않아도 이미 충분히 사회로부터 보호받을 기회를 많이 가지고 있습니다. 그런데 사회적 약자들, 돈이 없는 사람들은 사정이 다릅니다. 입법을 통해 제도적인 보장을 받지 않으면 본인의 권리를 찾기 어려워집니다. 그렇기 때문에 국민의 대표로 뽑힌 국회의원은 힘들고 어렵더라도 입법이 아니면 제 몫을 챙기기 어려운 사람들을 위해 고민하고, 그들에게 진정 필요한 것이 무엇인지 살피고 민감하게 반응하기 위해 노력해야 합니다.

2020년, 수많은 법이 국회에서 논의되었습니다. 그 가운데 중대재해처벌법(중대재해 처벌 등에 관한 법률)만큼 치열한 논쟁을 거친 법도 드물었습니다. 국회 의제팀에 있는 동안 노동 문제에 집중해서 취재를 해 온 만큼, 중대재해처벌법은 제가 반드시 다뤄야만 하고, 소신을 가지고 취재해야 하는 법이라고 생각했습니다. 중대재해처벌법 제정으로 뜨거웠던 2020년 겨울의 일을 소개합니다.

일하다 죽지 않을 권리, 중대재해처벌법

우리나라는 명실상부 '산재공화국'입니다. 2020년 산업 현장에서 사고로 사망한 노동자의 숫자는 모두 882명으로 하루 평균 2.4명입니다. 산업재해와 관련한 통계는 매우 다양한데, 어떤 통계치를 봐도 우리나라가 OECD 회원국 가운데 산재 사망률 최상위권인 것은 확실해 보입니다. 사고 사망자 수만 따지면 OECD 회원국 가운데 다섯 번째로 많은 것으로 집계됐고, 건설 산업의 사고 사망자 수는 OECD 회원국 가운데 두 번째로 많습니다.[17]

21대 국회에서 부활할 것으로 예상한 법안 두 가지 가운데 하나가 바로 중대재해처벌법이었습니다. 2020년 가을, 이 법안을 통과시키겠다는 의원들의 움직임이 더욱 활발해졌습니다. 특히 정의당의 의지가 강했는데, 중대재해기업처벌법을 당의 1호 법안으로 내세우며 전력을 가다듬고 있었습니다.

그해 환노위(환경노동위원회) 국정감사를 유심히 들여다보니 그 필요성이 더욱 확연해 보였습니다. 환노위 국감에서 드러난 산재 은폐 관련 자료를 살펴보니 지난 2016년부터 5년 동안 산업재해가 발생했는데도 보고되지 않은 사례가 모두 4600여 건이었고, 사업장에 부과된 과태료는 약 160억 원이었습니다.

산재를 은폐할 경우 처벌하는 법안은 이미 있었습니다. 지난 2017년 산업안전보건법(산안법)이 개정되면서 산재 은폐 처벌도 강화됐습니다. 하지만 해당 법은 경영주에게 책임을 묻는 것에는 소극적입니다. 사고가 나도 하청 업체 노동자가 책임을 지는 경우가 많았습니다. 사고를 당하는 것도 노동자고, 책임도 노동자에게 떠넘겨진 구조였던 겁니다.

환노위 국감에서 이 문제가 지적된 날 정의당 강은미 의원을 만나 중대재해처벌법의 의의를 물었습니다. 엄연히 산업안전보건법이 있는데 왜 별도의 법이 있어야 하느냐고 물어봤습니다. 강 의원은 새로 제정하려는 중대재해기업처벌법은 산재의 책임 범위를 대폭 넓혀 원청 업체나 최고 경영자가 책임을 피하기 어렵도록 만드는 법이라고 했습니다. 그러면서 법의 취지를 크게 세 가지로 설명했습니다. 기업에서 일어난 중대 재해와 질병을 막고, 공공기관에서의 사고도 함께 막고, 기업이 만든 유해물질로 인한 시민들의 위험, 예를 들자면 가습기 살균제 사고 같은 것에 대해서도 기업의 책임을 묻겠다는 것이었습니다. 그러면서 기존의 산업안전보건법으로는 일반 기업에서의 재해는 처벌할 수 있어도 공공기관에서의 사고나 기업이 만든 유해물질로 인한 재해는 제재할 수 없기 때문에, 산안법을 개정하는 것만으로 한계가 있다고 말했습니다.

덧붙여 정의당이 내놓은 법안의 양형 기준이 너무 과하다는 비판에 대해서는 너무 안타깝다고 해명했습니다. 우리나라에서는 3년 이하 징역은 거의 집행유예가 나오기 때문에 사실상 아무런 구속력이 없다면서 산업재해 책임자에 대한 3년 이상 징역 조항이 반드시 있어야 중대 재해를 실질적으로 막을 수 있다는 설명이었습니다. 여기에 더해 시민에게 직접적인 손해를 입힌 제품을 만든 기업에는 지난해 매출의 10%를 벌금으로 내게 하는 조항도 넣어야 한다고 이야기했습니다. 이런 내용을 담으려면 기존의 산안법 개정이 아닌, 중대재해기업처벌법이라는 새로운 법을 탄생시켜야 한다는 게 강 의원의 설명이었습니다. 하지만 이 법이 과연 국회의 문턱을 넘을 수 있을지는 의문이었습니다. 기업의 자율을 과하게 침해한다는 비판을 과연 뛰어넘을 수 있을까? 과연 이 법이 태어날 수 있을까? 저도 쉬이 답하지 못했습니다.

사망 등 중대 재해가 발생한 기업을 처벌하는 법을 제정해야 한다는 움직임은 이전에도 있었습니다. 노회찬 의원은 20대 국회 임기 중이던 2017년 4월 세월호 유가족, 가습기 살균제 피해자, 중대재해기업처벌법 제정연대, 민주노총과 함께 법안을 준비해서 세월호 참사 3주년을 맞아 '재해에 대한 기업 및 정부 책임자 처벌에 관한 특별법', 약칭 '중대재해기업처벌법'을 발의하며 기자회견을 열었습니다. 당시 노회찬 의원은 "현대 사회에서 재해 사고는 성과를 위해 사람의 안전을 소홀히 하는 기업의 조직 문화와 제도가 낳은 결과"이고, "안전 의무를 소홀히 해 얻는 이익보다 재해를 일으켰을 때 받는 불이익이 적다면, 기업의 철저한 안전 관리는 사실상 기대하기 어렵다."라며 입법 취지를 밝혔습니다.[18] 산업재해를 일으킨 기업 경영주의 책임과 사고 발생 시 처벌을 대폭 강화하는 방안을 담은 이 법은 당시 국회의 주목을 받지 못하고 폐기됐습니다.

그 이전에도 산업재해를 줄이기 위한 여러 입법적인 노력들은 계속되어 왔습니다. 19대 국회에서는 산업안전보건범죄의 단속 및 가중처벌 등에 관한 법률안(대표 발의자 정의당 심상정 의원), 기업살인처벌법안(대표 발의자 통합진보당 김선동 의원), 산업안전보건법 일부 개정안(대표 발의자 새정치민주연합 한정애 의원) 등이 발의됐지만 모두 제대로 논의되지 못한 채 19대 국회가 끝나면서 폐기됐습니다.

이처럼 산업재해를 막기 위해 강력한 처벌과 예방 조항을 담은 법을 제정하려는 시도는 번번이 실패해 왔습니다. 21대 국회가 열린 뒤, 2020년 6월 11일 정의당은 1호 법안으로 중대재해기업처벌법을 다시 발의하며 다음과 같이 입법 취지를 밝혔습니다. "21대 국회는 죽음의 행렬을 막아 달라는 국민의 절박한 목소리에 바로 응답해야 합니다. 정의당은 시민의 생명과 노동자의 안전을 지키기 위한 중대재해기업처벌법 발의안을 국민 앞에 제출합니다."

법의 제정 과정은 움직이는 생물과도 같습니다. 진정성을 가지고 시작하더라도 법의 세부사항을 결정하는 과정이 모두 순수하게 진행되는 것은 아닙니다. 수많은 이해관계가 얽히고설키고,

정파적인 계산도 섞이게 됩니다. 중대재해처벌법도 마찬가지였습니다. 그해 11월, 의외로 국민의힘에서 법 통과에 힘을 보태겠다고 나섰습니다. 중대재해처벌법 간담회에서 김종인 당시 국민의힘 비대위원장은 '산업재해는 당의 입장을 떠나서 해결해야 하는 문제'라고 이야기했습니다. 이런 가운데 더불어민주당 박주민 의원의 절충안이 나왔습니다. 박주민 의원의 법안에는 경영주 처벌을 하되 징역 기준을 낮추고 벌금을 강화하는 방안이 담겼습니다. 50인 미만 사업장에 법 적용을 4년 동안 유예하는 방안도 담았습니다. 하지만 정의당은 하청이나 재도급 형태로 50인 미만 사업장에서 대부분의 사고가 발생한다며 박 의원 안에 강력하게 반대했습니다. 또 더불어민주당 안에서는 굳이 중대재해처벌법을 만드는 것보다는 기존의 산업안전보건법을 보완하면 된다는 입장을 가진 의원도 꽤 많았습니다.

이 문제를 한참 취재하던 중 청와대로 출입처가 바뀌었습니다. 국회에서 이렇게 논의가 활발한데, 청와대 구성원은 어떤 생각을 하고 있는지 정말 궁금했습니다. 일자리수석실, 경사노위(경제사회노동위원회) 구성원을 만날 때마다 두루 생각을 물어봤습니다. 놀란 점은 예상보다 법 시행 이후의 부작용을 우려하는 사람이 더 많았다는 점입니다. 작은 기업들이 이 법으로 인해 더 큰 어려움에 처하지 않을지, 기업의 활동이 위축되지 않을지 걱정했습니다. 영국 기업과실치사법의 경우 사망 사고에 한해서만 법인을 처벌하고 미국과 독일에서는 벌금형만 부과하고 있다는 점을 들어 논의 중인 중대재해처벌법이 과하다고 주장했습니다. 산재공화국이라는 오명을 벗으려면 누군가가 책임을 확실하게 지도록 해야 하지 않겠느냐고 물으면, 취지에는 동의하지만 이것이 세부적으로 적용되는 과정에서 부작용이 있을 수 있다고 걱정하는 사람이 많았습니다.

무엇이 옳다 그르다 얘기하기 어려운 사안이었고, 그렇게 시간은 흘러만 갔습니다. 그러던 중에 강은미 정의당 원내대표가 법 제정을 촉구하는 단식에 돌입했습니다. 그가 단식에 들어가던 2020년 12월 10일, 여의도에서 강 대표와 점심 식사를 함께했습니다. 국회에서 이 법안을 취재하면서 여러 차례 만났던 그였기에, 청와대로 출입처를 옮긴 뒤 밥 한 끼 하자고 약속했던 터였습니다. 그의 바쁜 일정 탓에 여러 차례 미룬 뒤 겨우 만났는데 실은 그날이 강은미 대표가 단식을 선언하는 날인 줄도 몰랐습니다. 그는 식사 중에도 얼마나 정신이 없는지 밥을 뜨는 둥 마는 둥 하면서 이번에는 반드시 이 법을 통과시켜야 할 것 같은데 동료 의원들을 설득할 방법이 별로 없다고 말했습니다. 그러면서 자신과 유가족이 단식을 할 것이고 바로 오늘 단식 선언을 할 것 같다고 얘기했습니다. 저는 깜짝 놀랐습니다. 그러면서 '길어야 열흘 정도 하려나.' 하는 순진한 생각도 했습니다. 하지만 제 예상은 완전히 빗나갔습니다. 단식 농성은 해가 넘도록 이어졌고, 23일째가 되던 날 의료진의 권고로 중단했습니다. 간간이 메시지로 안부를 물었는데 꼬박꼬박 답신이 와서 놀랐습니다. 나중에 들으니 굶는 건 참겠는데 굶으면서 회의도 하고, 뭔가 판단도 하고, 다른 일도 해야 하는 것이 괴롭더라고 했습니다. 제가 굶는 사람에게 또 다른 노동을 안겼구나 싶어 미안한 마음이 들었습니다.

이런 우여곡절 끝에 중대재해처벌법이 통과됐습니다. 5인 미만 사업장을 법 적용에서 제외하고 50인 미만 사업장은 3년 동안 적용이 유예됐습니다. 중대 재해가 발생한 경우 안전 조치를 미흡하게 한 사업주나 경영 책임자는 1년 이상의 징역이나 10억 원이하 벌금으로 처벌하고, 법인이나 기관에도 50억 원 이하의 벌금을 부과할 수 있도록 했습니다.

하지만 노동계는 반쪽짜리 법안이라고 비판했고, 경영계는 너무 과하다고 비판했습니다. 전체 사업장의 80%가 5인 미만 사업장이고 전체 사업장의 90% 이상이 50인 미만 사업장인데, 이런 사업장에 법 적용을 면제해 주거나 유예하면 법이 대체 왜 있는거냐고 비판하는 쪽과, 사고 발생에 처벌을 하면 이제 무서워서 기업 활동을 어떻게 하겠냐는 쪽. 어느 쪽이 맞을까요? 역사는 어느 편의 손을 들어 줄까요?

법안 통과 이후 사석에서 만난 강은미 의원에게 슬쩍 물어봤습니다. 그렇게 길게 단식까지 했는데 법이 당초와 다른 내용으로 통과되어 아쉽지 않냐고 말입니다. 그랬더니 강 대표는 이 과정을 통해서 산업재해에 대한 논의가 우리 사회에서 치열하게 이뤄졌다는 것 자체만으로도 소기의 성과를 거둔 것이라며, 아쉽지 않다고 답했습니다.

중대재해처벌법 제정 과정을 취재하며 참 많은 생각을 했습니다. 법 하나 태어나기가 얼마나 어려운지, 하나의 사안을 두고도 많은 사람이 어찌나 다른 생각을 하는지 고민하게 된 시간이었습니다. 부디 한 명의 노동자라도 덜 숨지는 세상이 빨리 올 수 있기를, 기업이 이윤보다 사람을 우선하는 경영을 하고 그런 기업이 오히려 더 잘되는 세상이 빨리 오길 바랄 뿐입니다.

부동산 관련 입법의 딜레마

중대재해처벌법과 함께 국회를 출입하는 동안 가장 관심을 둔 주제는 부동산 정책이었습니다. 잡히지 않는 부동산 가격은 문재인 정부 국정 전반에 걸쳐 늘 화두였습니다. 부동산 가격 급등 원인에 대한 분석도, 해법 제시도 정말 다양했습니다. 21대 국회도 마찬가지였습니다. 세입자 보호를 위한 '임대차 3법' 논의가 활발했고, 종부세(종합부동산세), 양도세(양도소득세), 취득세를 모두 올리는 세제 개편안이 추진됐습니다. 그리고 그동안 당연하게 여겨져 왔던 임대사업자 제도에 대해서는 근원적인 문제 제기가 시작됐습니다.

2020년 여름, 국회는 부동산 이슈로 뜨거웠습니다. 정부의 다양한 금융 규제와 발맞추어 종부세와 양도세, 취득세를 모두 올리는 내용을 담은 '부동산 3법'이 통과되었고, 동시에 세입자 보호를 위한 '임대차 3법'이 통과되었습니다. 솔직히 저는 이 모든 법안이 상임위의 문턱을 넘어 본회의까지 빠르게 통과할 수 있으리라고는 예상하지 못했습니다. 당시 여당은 부동산 문제 해결을 위해 거대 여당으로서의 힘을 발휘하겠다는 뜻을 분명히 했고, 야당은 이에 대해 의회 독재라고 비난했습니다. 어떻게 해야 폭등하는 부동산 가격을 잡을 수 있을까요? 취재를 하면서 기자인 저도 함께 고민해 보았지만, 고성이 오가고 파행을 거듭하는 상임위를 보며 가치 판단은 점점 어려워졌습니다. 수많은 부동산 대책 가운데 임대사업자 제도와 임대차 3법을 중심으로 뜨거웠던 그 여름을 들여다보고자 합니다.

무능한 진보와 탐욕스러운 보수의 합작, 임대사업자 제도

주택 임대사업자 제도는 저도 이해하기 어려운 정책 가운데 하나였기에, 21대 국회에서 해당 정책과 관련해 변화는 없는지 계속 주시했습니다. 문재인 정부는 임대사업자 제도를 부동산 문제 해결을 위해 적극 이용했는데, 이를 두고 '암 덩어리는 두고 항생제 처방만 한다'며 일갈하는 전문가까지 등장했습니다.[19]

주택 임대사업자 제도는 박근혜 정부가 2014년 주택 임대차 시장을 선진화한다며 도입한 정책입니다. 문재인 정부는 2017년 8월 2일 다주택자 양도소득세 중과세를 골자로 한 '8.2 대책'을 내놓았습니다. 그런데 임대사업자로 등록하면 양도소득세 비과세와 취득세 및 보유세 감면 등 혜택이 있었죠. 당시 김현미 국토교통부 장관은 '임대사업자로 등록하면 세제·금융 혜택을 다 드리니 다주택자는 임대사업자로 등록하시면 좋겠다'라며 등록을 독려했고, 2017년 말 26만 명 규모였던 등록 임대사업자는 1년 만에 40만 명 이상으로 급격히 늘어났습니다.

집을 많이 소유하면 그만큼 세금을 많이 내도록 한다는 것이 문재인 정부 부동산 정책의 기조입니다. 그런데 주택 임대사업자로 등록하면 집을 많이 소유하고도 각종 세제 혜택을 받을 수 있었습니다. 2020년 우리나라 주택 임대사업자는 51만 명, 등록한 임대주택 수는 157만 채에 달했습니다. 2019년 국토교통부 조사에 따르면 임대사업자 상위 30명이 주택 1만 1000여 채를 보유하고 있는 것으로 나타났습니다. 1명당 평균 367채의 집을 소유한 겁니다. 무려 594채를 등록한 사람도 있었습니다. 이렇게 임대사업자들이 소유한 주택은 의무 임대 기간인 최소 4년에서 8년까지는 시장에 매물로 나오지 않습니다. 임대주택으로 등록한 채 8년을 임대하면 다주택자 양도세 중과를 받지 않고 집을 팔 수 있기 때문이지요. 취득세, 재산세도 최대 85% 감면받거나 면제받았습니다. 다주택자가 주택 임대사업자로 등록하면 투기 세력이 아니라고 보고 취득세와 재산세를 감면해 주는 것은 물론 양도세도 한시적으로 면제하는 등 각종 혜택을 준 겁니다. 결과적으로 이들은 부동산값 폭등의 최대 수혜자가 됐습니다.

그런데 전월세 시장이 안정되는 효과보다, 오히려 주택 공급이 감소하며 집값 상승으로 이어지는 등 부작용이 잇따랐습니다. 그러자 정부는 2018년 9월 13일 임대사업자에 대한 혜택을 조정했습니다. 조정 대상 지역에서 신규로 주택을 취득하는 것에 대해서는 양도세를 중과하고 종부세를 매기도록 한 겁니다. 하지만 이미 임대사업자로 등록한 다주택자가 보유한 임대주택 120만 채에 대한 혜택은 그대로 유지됐습니다. 이후 2020년 6월 17일 발표한 대책에서도 임대사업자가 새롭게 주택 담보 대출을 받지 못하게 하겠다고 했지만, 여전히 그들이 받는 세제 혜택은 건드리지 않았습니다.

이 문제를 취재하면서 박주현 의원을 만났습니다. 박 전 의원은 20대 국회 당시 주택 임대사업자 제도의 문제점을 인식하고 혜택을 대폭 축소하는 법안을 발의한 바 있습니다. 박 전 의원은 '이 제도를 입안한 사람은 이것이 임차인을 보호해 줄 것이라고 진정으로 믿었다. 순진한 착각이었다.'라고 말했습니다. 부동산 정책 입안자들은 민간 임대 사업을 양성화하면 임차인의 권리가 강화될 것이라 기대했을 겁니다. 부동산 가격이 훨씬 더 빠른 속도로, 이렇게 '엄청나게' 오를 것이라는 예상을 못 한 것이죠. 관련 정책을 입안할 때 보수 야당은 환영했습니다. 다주택자에게 혜택을 주는 것이니 반대할 이유가 없었겠지요. 그러니 이 제도는 '무능한 진보와 탐욕스러운 보수의 합작품'이라고 불릴 만했습니다.

20대 국회 국감 때마다 이 제도가 장기적으로는 다주택자를 늘려 결국 아파트 가격의 거품을 부풀릴 것이라는 지적이 여러 차례 나왔다는 것을 알게 됐습니다. 하지만 정작 이를 해결하기 위한 법안은 상임위 문턱을 넘지 못했습니다. 20대 국회에서 박주현 의원이 냈던 조세특례제한법 개정안을 들여다봤습니다. 임대사업자에 대한 양도소득세 감면 폐지를 골자로 기존에 유지되고 있는 세금 혜택을 아예 없애는 방안들을 담고 있었습니다. 당시 박주현 의원은 해당 법안 취지에 '정부는 다주택자에게 중과세를 함으로써 주택 가격을 안정시키겠다고 표방하면서, 한편으로 다주택 임대업자에게 1주택자보다도 더한 혜택을 주는 자기분열적 정책을 펴고 있다.'라고 적었습니다. 하지만 해당 법안은 여당에서도 야당에서도 환영받지 못했습니다. 박 의원은 기존의 등록 임대주택 150만 채에 대한 혜택도 없애야 한다고 강하게 주장했습니다. 형사 처벌은 불소급이 원칙이지만 조세는 소급 적용이 원칙이라는 겁니다. 이제라도 제도의 모순점을 알았으니 적절한 출구 전략을 펼쳐야 한다는 주장을 하며 2, 3년에 걸쳐서 혜택을 축소한다든지 하는 방식으로 제도 변화에 따른 부작용을 최소화하면 된다고 설명했습니다.

21대 국회 들어 해당 정책의 문제점을 바로잡겠다는 움직임이 다시 일었습니다. 더불어민주당 강병원 의원은 등록 임대주택도 종부세 합산 과세에 포함하는 내용의 종부세법 개정안을 발의했습니다. 주택 임대사업자가 4년 혹은 8년의 의무 임대 기간을 유지하도록 하고 임대료 상승률도 5%로 제한하되, 종부세 등 세제 혜택을 폐지하는 내용이었습니다. 20대 국회에서 임대인의 보증금 반환 의무를 강화하는 방안을 담은 민간임대주택에 대한 특별법 등을 발의했던 더불어민주당 박홍근 의원은 21대 국회에서도 민간 임대사업자의 양도세, 취득세 혜택을 대폭 줄이고 의무는 강화하는 법안을 내놨습니다.

2020년 여름 임대사업자 제도의 역효과가 언론의 집중포화를 맞으면서 임대사업자 혜택을 대폭 축소하는 법안이 국회를 통과하게 됐습니다. 소급 적용은 하지 못하지만 앞으로의 세제 혜택은 대폭 줄어들었습니다. 임대사업자 제도 관련 입법 활동을 취재하면서 '국회의원, 청와대, 정부 관료 들이 진정으로 부동산 가격 안정을 원하고 있는 것인가?' 하는 생각이 들었습니다. 그들의 진정성이 의심스러웠습니다. 어쩌면 그들이 부동산 가격 상승의 가장 큰 수혜자가 아닐까 싶었기 때문입니다. 현재 국회의원의 30%는 다주택자입니다. 그들이 이런 세제 혜택이 어떤 부작용을 일으켜 왔는지 몰랐다고 말할 수 있을까요? 주택 한 채조차 갖기 힘든 서민들에게 다주택자를 위한 혜택이 얼마나 박탈감을 일으키고 있는지, 이런 정책이 임대 시장 안정에 기여하기보다 투기꾼에게 세금 선물만 준 것은 아니었는지…. 그 현실을 몰랐다면 국민의 대표가 될 자격이 없는 것이고, 알고도 모른척했다면 더욱 나쁜 사람일 것이라는 생각을 했습니다.

임대차 3법, 주거 안정과 사유 재산 보호 사이에서

부동산 문제를 해결하기 위한 국회의 움직임은 여기서 끝나지 않았습니다. 2020년 여름의 가장 뜨거운 화두 가운데 하나는 임대차 3법이었습니다. '임대차 3법'은 전세 및 월세 계약을 갱신할 때 보증금 인상 한도를 5% 이내로 정한 전월세상한제와 임차인이 1회에 한해 계약 갱신을 요구할 수 있는 계약갱신청구권, 주택 임대차 계약을 체결하면 나라에 신고하게 하는 전월세신고제를 아울러 일컫는 말입니다.[20] 당시 많은 의원이 세입자의 권리 보호를 담은 법안 발의를 준비하고 있었습니다. 더불어민주당 전용기, 윤후덕, 박주민 의원 등이 연이어 관련 법률 개정안을 발의했습니다. 법안 취지는 명확했습니다. 무주택 세입자의 권리를 강화함으로써 서민들의 주거 안정을 이루고 나아가 집값도 안정시키겠다는 것이었습니다.

하지만 무리한 법 개정이 오히려 전·월세 시장에 부작용을 가져올 수도 있다는 우려도 컸습니다. 제도 도입 전에 집주인들이 한꺼번에 금액을 올릴 수도 있고, 주택 임대의 의지를 꺾어 장기적으로는 주택 임대 매물을 대폭 감소시키는 역효과를 가져올 수도 있다는 우려였습니다.

더불어민주당 박주민 의원은 20대 국회에 이어 21대 국회에서도 주택임대차보호법 개정안을 발의했는데, 그 내용이 사뭇 논쟁적이어서 큰 주목을 받았습니다. 박 의원이 낸 법안에는 세입자가 계약 갱신을 사실상 제한 없이 주장할 수 있도록 하는 내용이 담겨 있었습니다. 집주인은 정당한 사유가 없으면 세입자의 계약 갱신 요구를 거절할 수 없도록 했고, 임대료 인상 폭은 그전 임대료의 5%를 넘지 못하도록 하는 등 세입자의 권리를 강화했습니다. 당시까지 발의된 개정안들은 주로 2년 전세 계약 기간을 한 차례 더 보장하여 4년간 안정적으로 거주할 수 있도록 하는 내용을 담고 있었는데 이보다 좀 더 나아간 내용이었습니다.

이 개정안이 나온 날, 놀라서 박주민 의원에게 전화를 걸어 법안 내용이 너무 급진적이지 않냐고 물었습니다. 박 의원은 "임대의 목적은 임대 수익을 얻는 것인데, 집주인이 실제 들어와서 사는 경우가 아니라면 기존 세입자를 계속 살 수 있도록 한다는 게 왜 급진적이죠?"라며 되물었습니다. 어차피 세입자가 나가면 다른 사람에게 다시 임대할 것이고, 집주인이 들어와 살겠다는 이유 외에 정당치 않은 이유로 세입자를 내보내는 것을 막아야 한다고 이야기했습니다. 이 법은 소위 '전세무한연장법'으로 불리며 논란을 불러일으켰습니다. 이후 박 의원은 전월세상한제 시행 직전에 본인이 세를 놓은 아파트의 보증금을 9%가량 올려 받은 것으로 드러나 또 논란이 되기도 했습니다.

　수많은 논란 끝에 임대차 3법은 결국 모두 통과됐습니다. 그런데 법 시행을 앞두고 실제로 많은 집주인이 인상분을 미리 받는 식으로 가격을 올려 단기적으로는 전셋값이 크게 상승했습니다. 서민 주거 안정을 위해서는 이런 규제보다는 임대주택 공급을 늘리는 편이 더 도움이 된다는 주장이 나왔지만 그에 대한 논의는 상대적으로 덜 이루어졌고, 임대차 3법은 빠르게 통과되어 시행에 들어갔습니다.

　인간의 욕망은 서로 충돌하기 마련입니다. 세입자들이 주거 안정을 바라는 욕구가 강한 만큼 집주인들이 임대 소득을 지키려는 마음 역시 강합니다. 임대차 3법이 역사 속에서 어떤 의미를 가질지는 조금 더 시간이 지난 후에 평가가 가능할 것 같습니다. 사유재산을 지나치게 침해하고 전세 시장의 혼란을 불러일으킨 법으로 기억될지, 아니면 단기적인 전셋값 상승을 일으키기는 하였으나 세입자에게 4년씩 안정적인 주거를 보장해 준 고마운 법으로 기억될지는 좀 더 시간이 흐른 후에 판단 가능할 것 같습니다.

입법이란 무엇인가

가치 판단은 어렵습니다. 특히나 부동산 가격은 다른 무엇보다 삶의 기반과 직결된 것이니 만큼 너무나 어려운 문제입니다. 너무 올라서도 곤란하고 그렇다고 너무 떨어져서도 안 되는, 국가적인 입장에서 보면 가장 관리하기 어려운 경제 분야 가운데 하나임이 분명합니다. 하지만 부동산과 관련된 입법 과정을 지켜보며 규제가 규제를 낳고, 또 그 규제가 규제의 변종을 낳는다는 생각이 들었습니다. 부동산 가격을 잡기는 해야 하지만, 그것이 인간의 근본적인 욕망을 무시하고 시장의 원리를 무시해서는 곤란합니다. 세금 규제를 강화하겠다는 방향을 잡았으면 대출 규제는 완화해야 무주택 서민들이 내 집 마련의 꿈을 꿀 수 있을 터인데 그 길이 막혀 가고 있음이 정말 안타까웠습니다. '안온한 자기 집을 가지고 싶어 하는 것'이 인간의 기본 욕망인 만큼 그것을 충족할 수 있는 공급을 늘리는 데 정책 역량을 집중해야 할 것 같은데, 그것보다는 수요를 억제하는 부분에 더 방점을 찍는 것처럼 느껴져 안타까웠습니다. 이 모든 정책 가운데 가장 이해하기 어려웠던 것은 이토록 다주택자를 죄악시하는 정부가 다주택자에게 합법적으로 세금 혜택을 주는 임대사업자 제도가 버젓이 운영되고 있다는 점이었습니다.

국회가 법을 만드는 과정을 보면서 고민이 깊어졌습니다. '인간사 모든 복잡한 이해관계를 법으로 규제하는 것이 과연 바람직한가? 사회를 더 좋게 만드는 입법이란 무엇인가? 법이 촘촘할

수록 사회는 더 좋아지는 것이 맞나?' 하고 자문하게 되었습니다. 모든 것을 법으로 규제해야만 돌아가는 사회는 건전한 사회라고 보기 어렵습니다. 인간에게는 최소한의 도덕률이 있습니다. 남에게 피해를 주어서는 안 되고, 어른을 공경하고 아이들을 보호하고 보살펴야 합니다. 쓰레기를 함부로 버리면 안 되고, 남에게 파는 음식물에 나쁜 물질을 넣으면 안 되며, 임대인과 세입자는 서로 존중하고 배려하며 살아가야 합니다. 일일이 나열할 수 없지만 상식선에서 합의하여 해결할 수 있는 삶의 규범이 분명히 있습니다. 그런데 이 모두를 처벌을 전제로 하는 법으로 규제하면 그 사회는 왜곡되는 것 같습니다.

"법으로 정한다는 것은 공권력에 자유를 의탁하는 것이다. 가능하면 법으로 통제하지 않는 것이 더 좋다. 법은 '마지못한 선택'이 되어야 한다."[21] 저는 이 말에 동의합니다. 모든 것을 촘촘히 입법으로 강제하기 시작하면 공권력의 감옥에 갇히게 되는 부작용이 생기기 마련입니다.

때문에 입법이라는 것은 최소한의 영역을 통제하되 반드시 필요한 영역을 제대로 짚어 내고 규제해 나가는 것이어야 한다고 봅니다. 그러니 국회의원들이 법안 발의를 많이 한다고 해서 반드시 그것이 훌륭하다고 볼 수만은 없습니다. 국회가 법을 많이 통과시킨다고 해서 그 국회가 일을 잘했다고 평가할 수는 없습니다. 사회가 필요로 하는 법을 제때에 통과시켜야 그것이 제대로 일하는 국회겠지요.

중대재해처벌법과 부동산 관련 입법을 두고 고민하고 또 고민하는 의원들을 만났습니다. 그들이 얼마나 치열하게 논쟁하는지도 보았습니다. 법으로 규제하지 않아도 사업주가 노동자를 존중하고, 그들의 죽음에 통렬하게 반성하며 대응하는 사회가 올 수는 없을까? 부동산 관련 입법은 꼭 이렇게 진행해야 하는가? 이토록 시장을 옥죄는 것이 맞는가? 이 방법밖에 없는 것인가? 안타깝고 고민스러웠습니다. 그렇다고 소극적인 입법, 서민들의 삶에 반응하지 않는 국회를 바라는 것은 아닙니다. 하지만 공권력에 의해 통제받는 삶보다 시민의 자율이 우선되는 삶이 더 바람직하다는 생각에는 변함이 없습니다.

입법이란 움직이는 생물처럼 그 시대 시민들의 의식과 그때그때의 사회 상황에 반응하며 끊임없이 가치 판단을 조율해 나가고 고치는 과정인 것 같습니다. 취재 과정에서 많은 이들을 만났습니다. 그들 모두 자신이 옳다고 생각하는 바를 법으로 만들기 위해 분투하고 있었습니다. 다만, 그들의 신념과 시민들이 지향하는 삶 사이에는 때로 꽤나 큰 차이가 있어 보였습니다. 그 간극이 좁혀질 때 이 사회는 한 걸음 더 나아갈 수 있으리라 생각합니다. 모든 것을 법으로 규정할 수는 없겠지만 국회가 '가장 억울하고, 가장 많이 빼앗긴 사람에게 조금이나마 제 몫을 찾아 주는 법'을 만들기 위해 국민의 목소리에 더 귀 기울이길 바랍니다.

함께
비 맞아 주는
정치인이 되고 싶다

>>> 강은미 정의당 원내대표

지난 겨울, 중대재해처벌법 통과를 주장하며 20일 넘게 단식했다. 이 법이 건전한 기업을 더 빛나게 해 주는 법이 될 거라고 이야기한다. 대학 졸업 후 노동 운동에 투신했고, 광주광역시에서 구의원과 시의원으로 활동했다. 지자체 살림살이를 챙기고 입법을 해 보며 시민들에게 정말 필요한 것이 무엇인지 눈을 크게 뜨고 배웠다. 용접 일을 하는 남편과 결혼한 것이 태어나 제일 잘한 일이라고 말한다. 땀 흘리는 사람이 존중받고, 돈 없는 부모 밑에 태어났다 해도 열심히 노력하고 재능 있는 사람이 공평한 기회를 얻길 바란다. 그런 그에게 지난 단식의 소회, 정치란 무엇인지를 물었다.

● 중대재해처벌법을 처리하면서 가장 어려웠던 점이 뭔가요?

○ 무조건적인 이윤 논리에 부딪힐 때 너무 마음이 아팠어요. 이 법이 기업의 활동을 제약하고, 이윤을 늘리는 데 방해가 된다는 논리. 그러면 묻고 싶어져요. "기업이 자신의 호주머니를 좀 더 채우기 위해 우리 가족이 죽어도 되는 건가요?" 산업 현장에서 죽는 사람이 바로 내자녀이고, 내 배우자일 수도 있는 거잖아요. 실제로 영국 등 여타 나라들에서 비슷한 법이 시행된 후 중소기업이 큰 고통을 받았느냐? 기업들이 무너졌느냐? 그렇지 않아요. 영국의 산재 사고 사망률은 우리나라의 10분의 1에 불과하거든요. 마치 이 법을 적용하면 기업이 너무나 큰 고통을 받을 것처럼 확대해서 공포를 조장하는 것도 문제고, 설령 기업의 이윤과 편의가 이 법으로 조금 줄어든다고 한들 그것이 사람 목숨보다 더 중요한 거냐고 되묻고 싶어집니다.

● 당시 단식을 오래 하셨어요. 뭐가 제일 힘드셨어요?

○ 제가 밥을 정말 좋아해요. 밥이랑 김치가 너무 먹고 싶어서 힘들었어요. 또 비위가 약해서 단식할 때 먹는 물 냄새, 효소 냄새가 나중에는 너무 역해서 진짜 힘들었어요. 그보다 더 힘든 건 옆 사람들이 굶는 걸 보는 거예요. 산재 사고 유가족들이 같이 단식에 들어갔잖아요. 국회의원인 제가 뭔가 이룰 수 있을 것처럼 말해서 여럿이 함께 단식에 돌입하게 됐는데, 시간이 아무리 지나도 해결이 안 돼…. 그런데 옆에선 계속 굶고 있어요. 너무 미안하고, 면목 없고. 단식이라는 게 어느 시점을 지나서까지 계속하면 나중에 건강이 돌아오는 데 시간이 정말 오래 걸리거든요. 유가족들 건강이 나빠지는 게 내 눈에도 보일 때, 정말 미안했어요.

- 그러면 그 힘든 걸 어떻게 버티셨어요?

○ 아이러니하게 버티는 것도 그분들 덕분에 버텼어요. 저분들도 하는데, 자식 잃은 저분들도 굶고 있는데 내가 여기서 쓰러질 수 있겠나. 그런 마음. 그분들을 보면 미안하고, 그분들 때문에 버티고. 둘 다였죠.

- 법은 통과됐지만 제외 대상이 많아요. 아쉽진 않으신가요?

○ 너무 아쉽죠. 법을 논의하는 과정에서 대상을 계속 제외하는 작업을 했으니까. 5인 미만 사업장은 제외, 50인 미만 사업장은 3년 유예. 그러면 실제로는 5인 이상 사업장인데도 마치 5인 미만 사업장인 것처럼 꾸며 내고 싶은 기업들이 많아지겠죠. 지난해 산업재해자가 몇 명인 줄 아세요? 10만 8천 명가량이에요. 사고재해자가 9만 2천여 명, 질병재해자가 1만 5천여 명. 그러면 그 가운데 사망자가 몇 명이냐, 2천 명이 넘어요. 하루에 300명이 다치고, 여섯 명이 죽어요. 안 믿기죠? 실제로 그래요. 요즘에야 언론이 관심을 가지고 현장에서 누가 돌아가시면 보도해 주지만 공사판에서 누가 죽어도 거들떠도 안 보던 시절이 있었어요. 그걸 정말 막고 싶었는데….

- 그래도 여전히 이 법이 기업의 활동을 어렵게 할 것이라는 우려가 많아요.

○ 그 우려에 이렇게 답하고 싶어요. 제가 봐도 노동자 안전에 귀 기울이고 열심히 노력하는 기업들이 있거든요. 그런데 그런 기업들은 이제까지 손해를 보는 느낌이 들었을 거예요. 안전 장치를 마련하고 인력을 확충하는 데 비용이 드니까. 그런 기업들, 그러니까 이 법을 잘 지키고 산재 예방에 힘쓰는 기업이 국민에게 더욱 사랑받고 경쟁력

이 있어지기를 바라요. 이 법을 안 지키고 당장 몇 푼 아끼려다 노동자 산재라는 결과를 낸 기업은 경쟁력이 없어지고 어려워지길 바라고요. 그게 우리나라 경제에도 장기적으로는 도움이 되는 일이라고 봅니다. 이 법을 기업의 활동을 위축시키려는 법이 아니라 기업 활동을 정상화하고 인간을 인간답게 사는 걸 돕는 법으로 봐 주시면 좋겠어요.

- 입법 과정이라는 것이 꽤 길고 지난해요. 중대재해처벌법을 제정하며 우리나라 국회 입법 과정의 문제점을 느끼셨을 것 같아요.

○ 맞아요. 너무나 중요한 법도 논의가 안 되는 경우가 많아요. 이 법도 2017년에 노회찬 의원이 발의한 법인데 국회에서 논의가 안 되어 왔어요. 답답하죠. 논의가 활발하게 이루어지는 법은 뭐냐? 지역 예산 관련 법안들이죠. 우리 지역구에 길 하나 더 닦아 주는 예산, 우리 지역구에 건물 하나 더 세워 주는 예산! 그런 건 의원들의 표와 직결되고 재선과 직결되는 이슈니까요. 우리나라는 소선거구제잖아요. 지역 이슈에 의원들이 민감하게 반응할 수밖에 없죠. 그래서 상대적으로 거시적인 이슈, 사회 전체의 이익에 도움이 되는 이슈에는 국회의원들이 비교적 소극적으로 반응해요.

- 그러면 어떤 문제가 생길까요?

○ 사회 자원이 낭비되고 더 많은 소외계층이 생겨요. 예를 들자면 이런 거예요. 어떤 친구가 참 똑똑하고 자질도 있어요. 그런데 집이 너무 가난해서 등록금이 비싸 대학 가는 걸 포기했어요. 그건 우리 사회의 큰 손실이죠. 그걸 막기 위해서 대학 무상 교육을 하자는 논의가 오

간다고 가정해 봅니다. 그런데 이 이슈와 함께 지역구 경로당 예산을 확보하는 문제가 맞붙었다면 지역구 국회의원들은 후자에 더 민감하게 반응할 거예요. 물론 지역구 시민들의 이익도 중요하죠. 하지만 더 보편적이고 더 중요한 복지 이슈들, 우리 사회 전체를 더 풍요롭게 만드는 이슈가 있잖아요. 그게 자꾸 뒷전으로 밀리는 거예요. 그러니까 중대재해처벌법 같은 법, 너무 중요하지만 우리 사회 전체를 아우르는 법은 계속 밀려 온 거죠. 무상 급식, 무상 보육 이런 이슈가 주목받지 못했던 이유도 여기에 있다고 봐요. 국회가 법을 통과시키려면 기재부의 벽도 넘어야 하지만 지역 이슈 이외에는 민감하게 반응하기 어려운 우리나라 국회 구조의 벽도 넘어야 하는 것 같습니다.

- 해결책은 뭐라고 보세요?
○ 대선거구제요. 비례대표를 늘리는 거죠.

- 그러면 국민들이 직접 뽑은 인물이 아니라 당이 정해 주는 인물이 국회에 더 많이 진입하는 것이고, 그러면 민주주의 정신이 훼손된다는 비판도 있어요.
○ 여러 보완 장치를 둬야죠. 각 당이 비례의원 명단을 미리 제출하도록 하고 국민들에게 검증을 받는 식으로요. 비례대표 명단을 작성할 때 국민의 뜻이 반영되도록 할 방법은 무수히 많다고 봅니다. 지금같이 국회의 절대다수가 지역구 출신인 구조에서는 국회 입법에 한계가 너무 많다고 봐요.

- 정의당에 대한 기대와 실망이 여러 사람들 사이에서 교차합니다. 사

람들은 정의당에 어떤 기대를 한다고 생각하세요? 그리고 왜 실망한다고 생각하세요?

○ 우리 사회엔 너무 많은 아픔과 모순이 있잖아요. 사람들은 정의당이 그 아픔 곳곳 최대한 가깝게 다가서고, 더 다양하게 목소리 내 주기를 바라는 것 같아요. 그런데 그게 한계가 있잖아요. 특히 특정 사안에 언론이 주목하면 그 부분만 부각되는데, 그러면 다른 건 소외시킨다고 실망하시는 것 같고…. 사실 정의당이 요즘 아젠다 세팅(의제 설정)을 못 하는 면도 있어요. 노회찬이 내세운 정의로운 복지 국가, 심상정이 내세운 노동이 당당한 나라. 이제 그 이후를 준비해야 하는데 참 어렵습니다. 우리도 고민이 정말 많아요.

● 어떻게 정치를 시작하게 됐나요?

○ 대학 때 학생 운동을 했어요. 대학 졸업 후에 취직을 했죠. 노동 운동을 하려고 취업한 것이죠. 1995년에 취업했는데 출산휴가, 육아휴직 썼다고 해고를 당했어요. 사측을 상대로 투쟁한 끝에 복직이 됐는데 당시에 시민단체에서 정말 많이 도와줬어요. 그때 어렴풋이 결심한 것 같아요. 나도 저런 일을 해야겠다, 문제가 있는 곳에 가서 직접 돕고 조율하는 역할을 해야겠다고 말이죠. 노조 활동을 하던 때, 조합과 조합원 사이에는 합의해야 할 일이 참 많거든요. 그럴 때 제가 나서서 여러 사람의 말을 듣고 문제를 해결하곤 했어요. 그 모습을 보고는 "너 정치해도 되겠다."라고 말해 주고 격려해 주는 분들이 많았어요. 그렇게 처음엔 구의원이 되고, 그다음엔 시의원이 되고, 국회에 들어와 자연스럽게 당의 중책을 맡게 됐네요.

● 운동권에 대한 생각은 어떤가요? 이제 진보 정치도 운동권을 벗어나 야 한다는 사람이 많아요.

○ 제가 운동권 출신이어서가 아니라 대한민국의 한 사람의 시민으로서 말하고 싶은 게 있어요. 운동권 출신 사람들의 오늘과 그들의 순수했 던 과거는 조금은 분리해서 생각했으면 좋겠어요. 그 시대에 민주화, 반독재, 노동 인권을 위해서 투신한 사람들의 면면은 매우 다양하죠. 하지만 그들 대부분 나름의 눈물과 진심, 그리고 본인 삶에 대한 희 생이 있었거든요. 우리 사회를 위한 진심과 눈물마저 부정당하는 게 저는 너무나 마음이 아파요. 그런 희생 덕분에 한국이 더 좋은 사회 가 된 측면이 분명히 있거든요. 좋은 대학 나와서 얼마든지 좋은 직 장 들어가서 잘살 수 있었는데 그걸 포기하고 노동 운동의 길을 걷고 평생 가난하게 살고 있는 분들도 많고요.

물론 변한 사람도 많죠. 그런 사람은 변한 그 모습 그대로 판단하고 비판하되, 과거의 순수한 모습까지 싸잡아 비난하지는 말았으면 해 요. 그리고 여전히 청빈하게 살고 있는 사람들까지 한 묶음으로 비판 하지는 말았으면 하고요. 정치인들도 마찬가지죠. 과거에 운동권이었 지만 지금은 이 시대가 요구하는 역할을 잘하고 있는 사람에게 '너는 운동권이었으니까 이제 나가 줘'라고 하는 건 모순 아닐까요?

● 앞으로 가장 이루고 싶은 게 뭔가요?

○ 누구나 자신의 능력에 따라 공정하게 평가받고 인간답게 살 수 있는 사회를 이뤄 보고 싶어요. 좀 더 쉽게 표현하자면 부모의 도움이 없 어도, 그러니까 잘난 부모 아래서 태어나지 못했더라도 내가 노력하 고 내가 뛰어나다면 그 능력을 발휘하고 인정받는 사회를 만들고 싶

어요. 결과는 다를 수 있어요. 하지만 기회는 공평해야죠. 돈 없는 부모 밑에 태어났다고 기회조차 주어지지 않는 건 너무하잖아요. 그런 의미에서 무상 교육, 무상 급식, 보편적 복지가 우리가 나아갈 방향이라고 봐요. 여기에 한 가지 더하자면 직업에 귀천이 없는 사회, 땀 흘려 일하는 것이 존중받는 사회를 만들고 싶어요. 육체노동이 존중받으면 사회가 더 좋아질 것 같거든요.

- 어떤 정치가 좋은 정치라고 생각하는지요? 정치를 한 단어로 규정하자면?

○ 정치는 밥이다. 정치는 어느 먼 나라 얘기가 아니라 우리 삶과 직결된 문제잖아요. 사회의 한정된 재화를 누구에게 어떻게 배분하느냐를 계속 고민하는 게 정치니까요. 정치는 누구에게 밥을 먼저 줄 것이냐를 결정하는 문제입니다. 그 대상은 장애인일 수도 있고 노동자일 수도 있고 빈곤 노인, 청년일 수도 있죠. 존 스튜어트 밀이 『자유론』에서 이런 얘기를 하더라고요. '자유란 누구의 눈치도 보지 않고 자유롭게 본인의 생각을 논의할 수 있는 것이다.' 좋은 정치란 이분법으로 세상을 바라보는 것이 아니라 여러 다양한 생각에 가능성을 모두 열어 두고 그것을 모아 가는 과정이라고 생각합니다.

- 나중에 어떤 사람으로 기억되고 싶은지요?

○ 함께 비 맞는 정치인이요. 그러니 내가 말하는 것과 나의 삶이 비슷해야 한다고 생각해요. 내가 말하는 대로 살지 않고 신자유주의가 시키는 대로 살면서 남한테 다른 삶을 살자고 말할 수는 없다고 생각해요. 옆에서 누가 비 맞고 있으면 같이 맞아야죠.

- 비 같이 맞는 대신 우산 받쳐 주는 정치인도 좋지 않을까요?

○ 그럼요. (웃음) 당연하죠. 같이 비도 맞고, 비 피하시라고 우산도 씌워 드리고. 제가 해양학과 나왔잖아요. 이과생으로서의 한계를 극복하고 더 쓸모 있는 정치인이 되고 싶어서 날마다 공부해요. 열심히 공부해서 방통대 법학과도 졸업했고요, 이제는 교육학을 공부하고 있어요. 더 열심히 해서 아파하는 분들의 비도 함께 맞고 우산도 씌워 드리는 정치인으로 남을 겁니다.

"양심"

"인생의 한 단어… 어떻게 고르지?" 그녀는 책상 앞에 앉아서 고민을 거듭했다. 장고 끝에 적은 단어는 '양심'. 중대재해처벌법 통과를 위해 단식을 할 때도, 노동 운동을 할 때도 양심의 소리에 귀 기울이기 위해 노력했단다. 앞으로 정치인으로서 어떤 길을 가게 될지는 모르지만, 양심의 소리를 1순위로 삼고 이 길을 걸어가고 싶다고 한다.

사회의 부정을
감시하는 국회

'비전문가' 정치인은 '전문가' 관료를 통제할 수 있을까?

가을, 국정감사(국감) 기간이 왔습니다. 의원실은 제각기 정신없이 바빠졌습니다. 국정감사는 국회의 가장 큰 권한 가운데 하나입니다. 국회 상임위원회별로 감시하는 기관이 있습니다. 예컨대 국토교통위원회는 국토교통부, LH 등을, 보건복지위원회는 보건복지부와 식약처(식품의약품안전처), 질병관리청 등을 피감 기관으로 두고 있죠. 국회의원은 국정감사를 통해 행정 부처와 지방자치단체 및 공기업 등 공공기관이 본연의 업무를 얼마나 잘 수행하고 있는지, 업무 수행 과정에서 불합리한 점은 없는지, 혹시 부정부패는 없는지 살핍니다. 국정감사 및 조사에 관한 법률에 따르면 "국회는 국정 전반에 관하여 소관 상임위원회별로 매년 정기회 집회일 이전에 국정감사 시작일부터 30일 이내의 기간을 정하여 감사를 실시한다. 다만, 본회의 의결로 정기회 기간 중에 감사를 실시할 수 있다."라고 되어 있습니다. 국회 정기회는 통상 9월 1일에 시작되고 국감은 정기회 기간에 함께 진행되는 경우가 많으니 국회의 가을은 '국감의 계절'인 셈입니다.

국감 기간 국회 주변에 왜 그렇게 버스가 많은지 궁금했는데, 국회를 출입하다 보니 자연스럽게 알게 됐습니다. 국감이 진행되는 동안 각 부처 공무원들은 국회 주변에서 상주하면서 대비합니다. 자기 부처의 수장이 적절히 답할 수 있도록 자료를 준비하는 등 최선을 다하는 것이죠. 기자들도 함께 바빠집니다. 국감은 평소 파헤치는 데 한계가 있었던 사회의 여러 부조리한 면모를 의원실의 아이디어와 힘을 빌려 보도할 기회이기도 합니다. 정치부 기자로 처음 국감을 맞은 저는 의욕적으로 의원실의 문을 두드렸습니다. 물론 국감을 앞두고 일이 산더미처럼 쌓여 있는 의원실을 찾아가서 얘기를 듣는 것이 만만치는 않았습니다. 그나마 평소에 인연이 있었다면 모르지만 일면식도 없는 의원실에 이런저런 점이 궁금하니 알려 달라고 하기는 여간 쑥스러운 일이 아니었기 때문입니다.

그럼에도 불구하고 발품을 판 만큼 더 나은 정보를 얻을 수 있기 때문에 제 관심 사안에 집중하고 있는 의원실 관계자를 적극적으로 찾아가 취재했습니다. 수십 개의 의원실을 돌면서 자연스럽게 알게 됐습니다. 보좌진의 역량과 의원의 관심에 따라 국정감사의 성과도 큰 차이가 난다는 것을요. 몇몇 의원실은 정말 장

기간에 걸쳐 몇몇 사안을 집중적으로 파고들어 어지간한 전문가보다 훨씬 더 깊이 있는 내공을 가지고 국감에 임합니다. 반면 몇몇 의원실은 해도 그만 안 해도 그만인 듯한 국감 자료를 가지고 국감장에 들어가서 대충 시간만 때우는 모습을 보이기도 합니다.

그런데 국회의원, 즉 정치인은 해당 분야의 전문가가 아닙니다. 국민의 표로 선출된 사람이기에 아무래도 전문성은 떨어질 수밖에 없죠. 때로는 노동계와는 전혀 인연이 없던 정치인이 환경노동위원회에, 과학 기술과 상관없는 삶을 살아온 의원이 과학기술위원회에 배치받기도 합니다. 저는 국감을 준비하는 여러 의원실을 보면서 약간은 조마조마한 마음이 들었습니다. 해당 분야의 전문가가 아닌 정치인이 그 분야에 정통한 관료를 제대로 상대하며 감시할 수 있을까? 막스 베버는 충분히 가능하다고 이야기합니다. 의회는 위원회 활동으로 행사되는 '조사권'을 통해 행정부를 통제합니다. 이 권한을 바탕으로 의회라는 공간 안에서 정치인은 다방면의 지식을 쌓으며 국가를 이끄는 정치 지도자로 성장해 나갑니다. 이 과정을 거친 정치인이 한 조직 속에서 교육받고 지식을 쌓아 온 관료에 비해 못할 것이 없다는 거죠. 베버는 '일하는 의회는 행정을 지속적으로 통제하는 의회'라고 말합니다. 국회가 행정부의 제안에 대해 불평만 하는 것이나, 수정하고 통과시키기만 하는 것이나 모두 소극적인 정치에 불과하다는 뜻입니다.[22] 의회는 행정부가 하는 일에 적극 개입하고 통제해야 합니다.

선출된 권력이 비선출직 권력을 통제하는 것이 민주주의의 기본 원리입니다. 선출직 권력은 '주권자의 의지'이고 비선출직 권력은 우리 사회를 운영해 가는 데 필요한 '전문가 조직'이기 때문입니다.[23] 현대 민주주의는 시민, 즉 주권자의 의지에 따라서 전문가 조직이 움직이도록 하는 과정입니다. 때문에 전문가 조직은 주권자가 뽑은 선출직 권력의 합의와 선택을 따라야 합니다. 관료나 사법기관 등은 선출된 권력이 아닌 전문가 조직입니다. 이들이 필요 이상의 권력을 가지고 선출된 권력을 무시하면 민주주의가 제대로 작동할 수 없습니다.

영국 내각을 들여다보면 2020년 5월 기준으로 총리 1명과 장관 21명, 차관과 차관보 98명으로 이뤄져 있습니다. 그런데 총리와 장관, 차관, 차관보는 모두 하원 및 상원 의원이라고 합니다. 영국 같은 의원내각제 국가에서는 의원들로 내각을 구성하고 의원이 아니면 내각의 수장이 될 수 없습니다. 그러니까 장차관이 되고 싶으면 먼저 의원이 되는 수순을 거쳐야 합니다. 국민의 손으로 선출한 정치인이 관료를 통제해야 한다는 기본적인 인식이 깔려 있는 셈인데, 의원들이 행정부의 장관이나 차관으로 일하면서 전문성을 쌓으면 자연스럽게 해당 의원이 소속된 정당의 전문성도 높아지게 됩니다. 역시 의원내각제 국가인 독일은 장차관급뿐만 아니라 실장급까지 임명직이어서 정권에 따라 교체된다고 합니다. 행정과 정치 권력 가운데, 정치 권력이 확실하게 우위를 점하고 있는 것입니다.[24]

우리나라는 어떨까요? 과연 정치인이 그 분야에서 잔뼈가 굵은 관료를 넘어설 수 있을지 고민이 됐습니다. 종종 국회의원이 행정 각부의 수장인 장관에 임명되기도 하는데, 이럴 경우 해당 분야 전문성을 잘 갖출 수 있을지 우려되기도 했습니다. 그러나 세계 각국의 흐름을 보면, 그런 부분에 대해 '걱정을 줄이라'고 조언하고 있는 듯 보입니다. 국민의 손으로 선출된 권력이 일정한 시험을 통과해서 그 자리에 오른 관료보다 못할 것이 없고, 민주주의의 관점에서 봤을 때 정치가 행정을 통제하는 것이 맞습니다. 그리고 그것이 충분히 가능하다는 것을 여러 선진적인 민주주의 국가들이 보여 주고 있습니다. 전문성을 띤 정치인과 국민과 교감하는 관료, 양자가 원만하게 조화를 이뤄 갈 때 나라가 더 좋아지는 것이라 생각합니다.

국감 취재, 사회 곳곳의 부조리를 찾아서

국감 기간이 되면 정치부를 비롯한 여러 부처 담당 기자들은 '우리 사회가 진실로 필요로 하는 국감 자료'를 준비하고 있는 의원실을 찾을 수밖에 없게 됩니다. 의원실에서도 '좋은 기자'를 찾기는 마찬가지입니다. 좋은 기자, 그러니까 자신들이 준비한 자료를 반짝이는 뉴스로 만들어 줄 기자를 열심히 찾습니다. 국감을 통해 피감 기관의 변화를 이뤄 내는 것도 물론 중요하지만, 준비한 국감의 성과가 언론에 크게 보도되어 의원의 이름이 널리 알려지는 것도 매우 중요하기 때문입니다. 이렇게 양쪽의 필요가 맞아떨어지는 기간이니 리포트 제작은 더욱 활발해집니다. 눈 밝은 시청자라면 가을만 되면 여러 굵직한 고발 뉴스와 함께 정치인의 인터뷰가 뉴스에 종종 등장하는 걸 보셨을 겁니다. 바로 국감 기간이라서 그렇습니다.

저도 국감이 진행되는 동안 좋은 보도, 의미 있는 보도를 하고 싶었습니다. 300명의 국회의원이 수백, 수천 개가 넘는 보도 자료를 쏟아 내는 시기, 그 속에서 속칭 '얘기되는(논리가 있고 기사감이 되는)' 보도 자료를 건져 올려야 했습니다. 의원실에 따라 다르지만 가장 성실하게 준비한 자료는 슬그머니 믿는 기자들에게만 주는 경우도 많습니다. 그런 자료를 얻기 위해서는 평소에 쌓은 신뢰 관계가 중요할 수밖에 없죠. 저는 당시 국회에 출입한 지 6개월, 아는 의원이 그리 많지는 않았습니다. 정치도, 기사 쓰기도 결국 사람과 사람 사이에 이뤄지는 일이니만큼 서로를 얼마나 잘 알고, 얼마나 신뢰할 수 있는가가 중요한데 제가 그 관계를 짧은 시간 안에 잘 쌓아 왔는지 잘 모르겠다는 생각을 했습니다.

결국 이런 결론을 내렸습니다. '국감 기간, 내가 리포트로 만들어 보도할 수 있는 주제가 얼마나 되겠는가? 너무 욕심부리지 말고, 시민의 한 사람으로서 우리 사회에서 가장 고쳐졌으면 좋겠다고 생각하는 것이 무엇인지부터 고민해 보자. 그리고 해당 사안을 다루는 의원실이 있으면 열심히 보도하자. 그렇게 서너 개의 리포트라도 잘 만들 수 있으면 이번 국감 취재는 성공이다.' 이렇게 욕심을 줄이고 마음을 내려놓으려는 노력부터 했습니다.

그렇게 여러 상임위 자료를 열심히 살펴보던 중 교육위원회 자료를 하나 발견했습니다. 불법 체류자의 자녀, 미등록 이주 아동의 교육권에 관한 것이었습니다. 우리나라에는 많은 미등록 이주 아동이 있지만, 학교에 다니고 있는 아이들은 적습니다. 출생 등록 자체가 불가능한 경우가 많기 때문입니다. 당시 더불어민주당 권인숙 의원이 이 문제를 국감에서 지적하고 공론화한 뒤, 출생 등록법 개정안을 준비하고 있었습니다. 저는 그렇게 미등록 이주 아동 취재에 발을 들여놓게 되었습니다.

한국에서 태어나 한국말을 하지만 한국인이 아닌 아이들

'태어났으나 태어난 것이 아니다.' 미등록 이주 아동은 불법 체류 외국인 가정에서 태어나 출생 등록을 하지 못한 미성년자를 가리 키는 말입니다. 우리나라는 불법 체류자의 경우 그들의 자녀 또 한 사실상 불법 체류자로 취급합니다. 이 아이들은 출생 신고를 할 수 없고 체류 자격을 신청할 법적인 통로도 아예 없습니다.

미등록 이주 아동은 본인의 의사에 따라 한국에서 살게 된 것 이 아닙니다. 태어나 보니, 자라다 보니 한국이었을 따름입니다. 본인도 자신이 한국인이라고 생각하지만 이 나라는 그들의 존재 를 인정하지 않습니다. 그런 미등록 이주 아동은 최소한의 기본 권도 제대로 누리지 못합니다. 제가 취재한 고등학교 1학년생 지 혜(가명)는 조선족 아버지와 한족 어머니 사이에서 태어났습니다. 아버지는 18년 전 한국에 일하러 왔는데 중국의 본인 호적이 말 소돼 버렸습니다. 중국 국적이 사라지면서 한국 비자를 신청하는 데 문제가 생겼고, 체류 자격을 얻지 못하여 불법 체류자가 됐습 니다. 그러는 사이 지혜와 동생이 한국에서 태어났습니다. 둘 다 불법 체류자의 아이들이라 출생 신고도 하지 못했습니다.

지혜는 출생 등록을 하지 못해 주민등록번호도 부여받지 못했습니다. 그러다 보니 불편한 점이 한둘이 아닌데 특히 학교 다니기가 쉽지 않았습니다. 지혜는 취학통지서를 발부받지 못해 이웃의 도움을 받아 초등학교에 입학할 수 있었습니다. 중학교도 마찬가지였습니다. 고등학교 진학도 학교장 재량에 달려 있는데, 다행히 학교에서 입학을 허용해 주었습니다. 하지만 지혜는 학생증을 발급받을 수도 없고 각종 어학 시험, 자격증 시험을 보는 것도, 심지어 수능 시험을 치는 것도 불가능했습니다.

취재를 하면서 지혜에게 한국에서의 삶이 어땠는지 물었습니다. 초등학생 때까지는 자신의 문제가 무엇인지 잘 인식하지 못했다고 합니다. 하지만 어느 순간부터 본인이 할 수 없는 일, 조심해야 할 것들이 생기기 시작했습니다. 가장 중요한 것은 아프면 안 된다는 것이었습니다. 건강보험이 없으니 감기에 걸려 병원에서 간단한 진료만 받아도 비용이 5만 원가량 나왔습니다. 본인이 아프면 부모님이 힘들어질 테니까 아프면 안 된다는 생각을 항상 해 왔다고 합니다. 그런데 지혜의 동생이 크게 아팠습니다. 열 살 어린 나이에 간경화 판정을 받았습니다. 수술을 하려 하니 억대의 병원비가 나왔습니다. 모금을 하며 주변의 도움을 받았지만 역부족이었습니다. 동생은 수술을 받았지만 투병 끝에 2년 전 세상을 떠났습니다. "우리가 불법 체류자만 아니었으면, 제때 치료를 잘 받았으면 동생이 지금 살아 있지 않을까, 계속 그 생각이 들어요." 이렇게 말하는 지혜의 눈엔 눈물이 가득 맺혔습니다.

취재를 하면서 코트디부아르에서 온 다른 외국인 가족을 만났습니다. 난민 신청을 했지만 받아들여지지 않았고, 난민 신청 과정을 진행하는 중에 한국에서 아이 셋이 태어났습니다. 모두 출생 신고도 하지 못했습니다. 첫째 아이는 열다섯 살, 외모는 흑인이었지만 한국말을 참 잘했습니다. 지혜의 사례처럼 신분을 증명하지 못하다 보니 초등학교 입학이 쉽지 않았습니다. 여러 차례 입학 거절을 당하기도 했습니다. 첫째는 인터뷰 중에 이렇게 말했습니다. "내가 할 줄 아는 말은 한국말이고 나는 한국인이다. 코트디부아르에 대해 아는 것이 하나도 없다."

그런데 더 큰 문제는 5년 뒤면 이 아이가 한국에 머무르는 일이 불법이 된다는 사실이었습니다. 우리나라는 미등록 이주 아동에게 체류 자격을 주는 방안 자체가 없습니다. 불법 체류 미성년자는 인도적 차원에서 강제 추방하지는 않지만, 우리 나이로 20세가 되면 법에 따라 강제 추방됩니다. 성인이 되어 한국에서 살고 싶으면 본국으로 돌아가서 그 나라 국적을 취득하고 정식으로 절차를 밟아 다시 입국해야 합니다. 강제 추방이 현실이 되면 코트디부아르에 대해 알지 못하는, 사실상 정체성이 한국인인 이 소년의 인생은 어떻게 될까요?

다른 나라의 사례를 살펴봤습니다. 유럽 몇몇 나라에서는 불법 체류자의 자녀라도 일정 기간 그 나라에 살면 임시 체류 자격을 주거나 적어도 체류 자격을 신청할 기회를 주고 있었습니다. 호주는 10년 넘게 자국에 거주한 아이에게는 자동으로 국적을 줍니다. 프랑스에서는 10세 이후 8년 이상 거주하거나 5년 이상 프랑스 교육을 받으면 임시 체류 자격을 신청할 수 있습니다. 독일은 4년 연속 독일에 살면 임시 체류 자격을 주고, 영국은 7년 연속 거주하면 체류 자격을 줍니다.

그런데 우리나라는 왜 이럴까요? 역대 국회에서 어떤 논의가 오갔는지 살펴봤습니다. 20대 국회에서는 원혜영, 윤후덕 의원 등이 한국에서 태어나면 최소한 출생 등록은 하게 해 주자는 가족관계등록법 개정안을 발의했습니다. 더 앞서 19대 국회에서는 이자스민 의원이 무조건적인 강제 추방을 막고 아이들에게 교육, 의료 등의 기본권은 보장해 주자는 이주아동권리보장법을 발의하기도 했습니다. 하지만 모두 불법 체류를 부추기는 것 아니냐는 반대에 부딪혀 국회 문턱을 넘지 못했습니다.

취재를 하면서 가장 어려웠던 점은 미등록 이주 아동 실태에 대한 정확한 통계가 없다는 것이었습니다. 해당 국감 자료를 준비한 권인숙 의원실과 머리를 맞대고 통계를 찾으려 애썼지만 쉽지 않았습니다. 법무부는 출입국 기록을 바탕으로 외국에서 들어와 국내에 불법 체류 중인 미성년자를 8466명으로 집계했습니다.[25] 하지만 이 수치엔 지혜처럼 국내에서 나고 자란 불법 체류자의 자녀는 빠져 있습니다. 국내에서 태어났기에 입국 기록이 존재하지 않기 때문입니다. 미등록 이주 아동은 정확한 규모조차 파악되지 않은 채로 최소한의 지원과 보호조차 받지 못하고 있었던 겁니다.

21대 국회 들어 해당 논의는 비교적 진일보하고 있습니다. 국감에서 이 문제가 제기된 뒤, 불법 체류자의 자녀일지라도 국내에서

나고 자랐다면 최소한 공교육은 의무적으로 받을 수 있도록 하거나 출생 신고만은 할 수 있게 하자는 목소리가 높아졌습니다. 체류 자격을 그냥 주자는 게 아니라 한국에서 오래 살아온 이들을 위한 법적 통로를 열어 보자는 논의였습니다. 취재를 위해 아이들을 만나 인터뷰를 하기까지, 수십 번 거절을 당했습니다. 대부분 기자를 절대로 만나고 싶어 하지 않았고, 더욱이 방송을 위해 촬영하는 것을 두려워하고 꺼렸기 때문입니다. 그럼에도 불구하고 두 가족이 인터뷰에 응한 것은 자신들의 목소리를 통해 이 문제를 조금이라도 풀 수 있다면 좋겠다는 간곡한 바람이 있었기 때문인 것 같습니다. 아이들은 자신들도 어떤 형식으로든 어디엔가 등록됐다는 서류 하나, 번호 하나를 꼭 가져 보고 싶다고 몇 번이나 말했습니다.

뉴스가 방송된 후 이례적으로 유관 단체로부터, 그리고 취재 대상 분들에게서 고맙다는 인사를 받았습니다. 함께 뉴스를 준비한 의원실도 법안 통과를 위해서 더욱 노력하겠다고 전해 왔습니다. 그리고 법무부가 '외국인 아동 출생등록제' 도입을 심의한다는 소식을 전해 들었습니다. 국내에서 외국인 자녀가 출생한 경우에는 출생 사실을 등록해 신분을 증명할 수 있도록 하자는 내용이었습니다. 그 소식을 들으면서 이 뉴스를 만들며 마음 졸였던 순간들이 생각났습니다. 그 당시의 수고로움이 전혀 고생으로 느껴지지 않을 정도로 보람 있게 느껴졌습니다. '어쩌면 세상이 진보한다는 건 이런 순간을 두고 하는 말이 아닐까?' 생각하게 됐습니다.

하자 낸 건설사는 다시 LH가 주는 일감을 맡는다?

정치부 의제팀 안에서 제가 집중한 상임위는 국토위와 복지위였습니다. 복지와 교육 분야에서 미등록 이주 아동 문제를 다뤘으니, 국토위에서도 의미 있는 리포트를 해야겠다는 조바심이 들었습니다. 이런 가운데 LH가 공급한 아파트에서 하자가 자주 발생하는 문제를 국감에서 공론화하기 위해 준비하고 있는 더불어민주당 허영 의원실을 만났습니다.

사실 아파트 하자 문제는 사회부 기자들이 자주 받는 제보의 단골손님 같은 것입니다. 너무 잦다 보니 아무리 언론사라고 해도 이런 문제를 일일이 보도하기는 쉽지 않습니다. 건설사도 나름대로 할 말이 있는 경우가 대부분이고 객관적인 통계 없이 단일 사례만으로 뉴스를 내보내기 애매한 경우도 많기 때문입니다. 하지만 이번 경우는 달랐습니다.

우선 지난 5년 동안 LH가 공급한 아파트에서 발생한 하자는 모두 3만 5천여 건에 달했습니다. LH가 건설한 아파트에 왜 이렇게 하자가 많은 것일까요? 여기에는 구조적인 이유가 있었습니다. LH는 통상 하자 보수에 나서지 않는 업체에 품질 미흡 통지서를 보내고 다음 입찰에서 벌점을 매깁니다. 그런데 LH가 만든 심사 평가 기준표를 살펴보니 100점 만점에 품질 미흡에 대한 벌점이 최대 1점에 불과했습니다. 이런 현실에 누가 하자에 신경을 쓰게 될까 싶었습니다. 지난 2015년부터 2020년까지 품질 미흡 통지서를 받은 업체는 모두 98곳. 이 가운데 4분의 1은 두 번 넘게 경고를 받았습니다. 심지어 다섯 번이나 반복적으로

하자를 내고도 계속 LH의 아파트를 지어 온 건설사도 두 곳이나 됐습니다.

LH가 지은 임대 아파트에 살면서 하자에 시달려 온 주민의 집을 직접 찾아가 취재했습니다. 천장과 벽에 물이 새고 곰팡이가 가득했습니다. 특히 천장에 구멍이 뚫려 있고 그 사이에서 물이 새는 것을 보고는 놀라움을 금치 못했습니다. 최소한의 건축법도 지키지 않고 건설했음이 너무도 분명해 보였기 때문입니다. LH로부터 아파트 공사를 수주한 건설사는 실효성 없는 LH 평가표 앞에서 자재 값 아끼는 데만 집중했던 것이 아닐까, 국민 세금으로 이 사업을 하는 LH 관계자는 본인이 살 집이 아니니 보아도 못 본 척 손을 놓고 있었던 것은 아닐까, 이를 넘어서서 이런 잘못을 눈감을 대가로 더 큰 이득을 취해 왔던 것은 아닐까, 진심으로 화가 났습니다.

관련 자료를 좀 더 살펴보니 심지어 LH는 보수를 하지 않는 업체를 대신해서 직접 보수를 해 주기도 했습니다. 국민 세금으로 하자를 낸 업체의 뒷감당을 해 준 셈입니다. 정말 무능해 보였습니다. 관리를 못 했으면 책임이라도 제대로 물어야 하는데, 공공기관이 그런 일을 못 하고 있다는 것이 답답했습니다. 취재 과정에서 저와 의원실은 재차 LH 측에 왜 이런 일을 했는지 이유를 물었습니다. LH는 업체에 구상권을 청구했다고 밝혔지만 보수 비용을 제대로 회수했는지는 끝까지 공개하지 않았습니다.

허영 의원은 국토위 국감에서 강력하게 이 문제를 지적했습니다. 기자가 되고 나서 제가 취재한 뉴스를 통해 세상이 아주 약간이라도 좋아지면 좋겠다고 생각했는데, 이 뉴스로 LH가 짓는 임대 아파트의 하자를 한 건이라도 줄일 수 있다면 정말 바랄 것이 없겠다고 생각했습니다. 저는 우리 사회가 다른 나라에 비해 비교적 투명성이 높다고 생각합니다. 공무원의 청렴함, 도덕성의 정도도 정말 존중받을 만한 수준이라고 생각해 왔습니다. 하지만 아직 더 나아가야 할 부분이 많다는 사실을 절감했던 순간이었습니다.

온누리상품권은 온누리에 뿌려지지 않는다

2020년 국감은 코로나19 유행 한중간에 열렸습니다. 당시 재난지원금과 정부에서 발행하는 상품권, 그리고 지자체에서 발행하는 지역화폐 등이 시중에 정말 많이 풀렸습니다. 추석을 앞두고 온누리상품권도 대거 풀렸습니다. 정부는 코로나19로 어려움을 겪고 있는 전통시장을 활성화하기 위해 당초 발행 목표의 두 배에 달하는 4조 원어치의 온누리상품권을 발행했습니다. 할인율도 기존 5%에서 10%로 조정했습니다. 그러다 보니 여기저기서 부작용이 발생했습니다. 국감 기간 이 문제를 지적한 의원실이 있었습니다. 시대전환 조정훈 의원실이었습니다.

정부는 온누리상품권을 시중 은행을 통해 판매했습니다. 당연히 경기를 부양하기 위한 정책이지만, 이 상품권은 엉뚱하게 쓰였습니다. 이른바 '상품권 깡'을 하는 사람이 늘어난 겁니다. 1만 원권 상품권을 9천원에 사고, 상품권 판매점에서 9200원에 되파는 겁니다. 이렇게 사람들은 200원을 손쉽게 법니다. 한시적으로

할인율을 높이다 보니 되팔기를 부추기게 된 것인데, 2019년과 2020년에 부정 유통을 하다가 적발된 가맹점은 28곳에 불과했습니다. 그마저도 행정 처분을 당한 곳은 한 곳도 없었습니다. 충분히 예상 가능한 부작용을 눈앞에 두고도 행정 당국은 손을 놓고 있었습니다.

또 다른 문제는 가맹점이 아닌 곳에서 상품권을 사용하는 사람들이 늘고 있다는 점이었습니다. 추석을 앞두고 대목을 맞은 전통시장 주변으로 찾아가 봤습니다. 식당을 운영하는 몇몇 분을 만나 이용 실태를 취재했습니다. 기자인 저를 잡고 대뜸 볼멘소리를 하는 분들이 있었는데, 상품권이 많이 풀리다 보니 가맹점이 아닌 곳에 와서도 상품권을 내민다는 것이었습니다. 불경기에 손님 한 명 한 명이 소중하니 안 받을 수도 없고 받자니 환전이 어려워 곤란하고 진퇴양난인 셈입니다. 가맹점이 아닌 업체는 상품권 환전이 금지돼 있습니다. 상인들은 일단 상품권을 받고, 그걸 생활비 삼아서 쓴다고 합니다. 근처 재래시장에 가서 물건도 사고 식자재도 산다는 겁니다.

온누리상품권의 흐름을 보면서 선의를 갖고 만든 정책일지라도 그 의도가 제대로 구현되지 않을 수 있다는 것을 알게 됐습니다. 경기 활성화를 의도했는데 결과는 상품권 부정 유통과 비가맹점의 피해로 돌아오고 있는 현실이 안타까웠습니다. 여러 대안이 제시됐는데, 상품권 취지를 살리기 위해 지류 상품권의 비중을 낮추고 유통기한도 줄이자는 지적이 나왔습니다. 유통기한이 5년이나 되다 보니 지류 상품권이 지하화되는 경우가 많다는 겁니다. 이와 함께 코로나 시국이라는 특수성을 고려해서 비가맹점도 한시적으로 온누리상품권을 취급하게 허용하자는 법안도 발의됐습니다. 이 기간만이라도 유연성을 발휘해서 비가맹점들도 정부 경기 부양책의 혜택을 좀 더 받게 해 주자는 것인데 수용되지는 않았습니다. 온누리상품권 본래의 취지를 해친다는 이유에서였습니다.

이 취재를 하면서 코로나 정국의 어려움을 극복하기 위해 정부가 힘을 쏟는 여러 경기 부양책이 얼마나 실효성이 있을지 고민해 보게 됐습니다. 선별 지원이냐 보편 지원이냐의 논의에서부터 손실보상법, 이익 공유제 논의에 이르기까지, 어느 한쪽이 맞고 어느 한쪽이 틀렸다고 보기 힘든 논의들이었기 때문입니다. 가치를 어디에 두느냐에 따라 결론이 다르게 나올 수 있고, 취지는 좋지만 적용 과정에서 예기치 못한 부작용이 생길 수 있는 정책들. 이런 정책을 만날 때마다 어떻게 해야 가장 바른 길을 찾을 수 있을지, 그 해법을 찾는 게 정말 어렵다는 생각을 많이 했습니다. 완벽한 정책도 흠결 없는 가치 판단도 있을 수 없기에 코로나19 유행이라는 국가적인 재난 상황 앞에서 우리는 더욱 치열하게 논쟁했던 것 같습니다.

'날 뽑아 준 사람'의 이야기를 하는 정치인을 만나고 싶다

>>> 한상필 보좌관 (국민의힘 김태흠 의원실)

한상필 보좌관을 처음 만난 것은 2019년 경제부에서 일할 때였다. 당시 농해수위(농림축산식품해양수산위원회)에서 태양광 발전 설비 설치를 둘러싼 문제가 이슈였다. 관련 입법 논의를 취재하다가 당시 농해수위 위원이었던 김태흠 의원실의 한상필 보좌관(당시엔 비서관)을 만났다. 한 보좌관은 해당 사안을 다룸에 있어 매우 진지했고, 입법 준비에도 진심이었다.

학부에서 정치외교학을 공부했고 국회에 들어와서 언론대학원을 다녔다. 석사를 끝내는 데 5년이 걸렸다고 한다. 2017년 정보대학원에서 박사과정을 시작했다. 일하랴, 공부하랴 아직도 수료를 못 하고 있다. 공부하기가 참 힘들단다. 그래도 계속 공부한다. 한 걸음씩 천천히 간다. 그에게 보좌진으로 사는 삶의 보람과 고충을 물었다. 그리고 좋은 정치에 대한 견해도 들어 봤다.

● 어떻게 국회의원 보좌진으로 일하게 되셨는지요? 계기가 있었나요?

○ 처음부터 보좌진을 목표로 한 건 아니었어요. 대학에서 정치외교학을 전공하고, 군대는 장교로 갔다 왔어요. 군대 전역할 때쯤 진로를 고민하던 차에 같은 과 선배가 국회의원 보좌관이라는 직업도 있다며 한번 지원해 보면 어떻겠냐고 권하더라고요. 실은 학과 선후배들이 국회에 많이 들어와 있거든요. 동문들이 일하는 걸 보니까 한번쯤 도전해 봐야겠다 싶었습니다.

● 통상 보좌진은 여러 의원실을 오가게 되잖아요. 어디서 일하셨나요?

○ 저는 비교적 경력이 단순한 편이에요. 전역 후 처음 국회에 들어온 때가 2005년 17대 국회 때였어요. 처음 일한 방은 한나라당 정문헌 의원실이었어요. 인턴 공고가 난 것을 보고 들어갔죠. 거기서 인턴으로 3년가량 일한 것 같아요.

● 인턴이었다면 급여도 적고 생활하기가 쉽지 않았을 것 같은데요.

○ 그랬죠. 인턴 생활이 녹록지는 않았는데 저는 나이도 어리고 경험을 쌓을 필요가 있다고 생각했기에 마음 조급해하지는 않았어요. 그러다 18대 국회 때는 한나라당 박순자 의원실에서 일했어요. 그곳에서 일하면서 6급 공무원인 비서가 되었다가 5급인 비서관이 되었죠.[26]

● 박순자 의원실은 보좌진들에게 좀 힘든 의원실로 소문이 난 것으로 알고 있는데요. 괜찮으셨나요?

○ 네, 솔직히 보좌진 생활이 쉬웠다고 말할 수는 없죠. 그런데 당시에 저희 보좌진끼리는 굉장히 끈끈했어요. 같은 방에 있던 사람들하고

일주일에 4일을 같이 술을 마실 정도였으니까요. (웃음) 서로 위로해 주고 다독여 주면서 함께했던 사람들 덕분에 힘들었던 그 시간도 제 겐 소중하게 기억되는 것 같아요.

이명박 정부가 들어선 뒤에 정문헌 의원께서 청와대 외교안보수석실 통일비서관으로 가셨는데 그때 절 부르셨어요. 청와대에 와서 같이 일하자고. 그래서 3년 정도는 청와대 행정관으로 일하며 이명박 정부 끝날 때까지 함께하다가, 다시 국회로 돌아와서 새누리당 김태흠 의원실에 들어왔어요. 그리고 지금까지 쭉 함께하고 있습니다. 얼마 전에는 4급 공무원인 보좌관이 됐어요. 국회 들어온 지 15년 만이니까 꽤 긴 시간 이 길을 걸어왔네요.

- 보좌진으로 생활하면서 가장 보람 있었던 순간은 언제였나요?

○ 아무래도 제가 낸 아이디어가 법으로 완성되는 것을 보는 순간이 가장 행복하죠. 보좌진은 철저하게 나의 자리가 국회의원 한 사람의 마음에 달려 있으니 고용도 불안정하고, 야근도 밥 먹듯이 하고, 휴일도 따로 없고, 여러 단점이 많은 직업이거든요. 그런데 국회의원실에 소속되어 있으니까 정부를 상대로 정당하게 자료를 요구하고 질의를 할 수 있는 권한이 있단 말이에요. 이게 평범한 국민은 가지기 어려운 엄청난 권한이잖아요. 이런 권한을 이용해서 열심히 입법 관련 자료를 모으고, 마땅히 지적해야 할 것을 지적하고, 내가 생각하는 바른 사회를 만드는 데 영향력을 행사할 수 있는 거죠. 제가 낸 아이디어를 바탕 삼은 법안이 통과될 때의 기쁨은 말로 표현할 수가 없어요. 그동안의 고생과 수고를 모두 보상받는 느낌? 이 직업의 단점들이 다 눈 녹듯이 사라져 버리는 느낌을 받아요.

● 이제까지 해 왔던 것 가운데 어떤 입법이 가장 기억에 남으세요?

○ 태양광 발전 설비 관련 입법이 가장 기억에 남아요. 친환경 에너지가 필요하다는 것을 누가 모르겠어요. 하지만 그것을 이뤄 가는 과정에서 속도 조절이 필요하겠다는 생각이 들었어요. 무분별하게 농촌 지역의 산을 깎아서 태양광 발전기를 설치하는 것, 그로 인해 주민들이 산사태를 비롯한 각종 재난에 무방비로 노출되는 것. 이런 건 정말 큰 모순이라고 보거든요. 그때 산림청과 함께 전수조사를 했어요. 사고 취약 지역도 조사하고, 너무 급속도로 숫자가 늘고 있다는 점도 함께 조사했죠. 그해 국감에서 이 문제를 김태흠 의원님이 강하게 지적한 뒤에 입법도 추진했습니다. 정부가 태양광 발전 시설 현황을 의무적으로 파악하게 하고 이 시설을 어떻게 관리할지 계획을 세우고 보고하도록 강제하는 내용을 담은 산지관리법을 발의했습니다. 이 법이 통과됐을 때 참 보람 있었어요. 내가 문제라고 생각한 것을 고칠 수 있는 법이 국회에서 통과됐구나, 내가 작은 일이라도 했구나. 그런 생각이 들었죠.

● 해마다 적확한 현안을 끄집어내서 국감에서 지적하기가 쉬운 일은 아닐 것 같아요. 국감, 어떻게 준비하시나요?

○ 그럼요. 국감은 국회 의정 활동의 꽃이에요. 이 기간 동안엔 정부도 국회의 힘을 느끼고 긴장합니다. 다른 어느 때보다 언론의 관심도 국회로 주목되고요. 그런데 갑자기 질의서 준비하려고 하면 잘 안 되죠. 그래서 평소에 의원실 안에서 처리하는 의제, 입법 과제를 새로운 마음으로 보려고 많이 노력해요. 이 의제는 나중에 국감에서 제대로 다뤄 봐야겠다, 이 이슈는 반드시 집요하게 한번 파 봐야겠다, 이렇게

마음에 저장을 해 두죠. 통상 국감을 7월부터 준비하니까 한 해 동안 그렇게 생각해 둔 의제를 그 기간에 더 집중적으로 조사하는 거죠. 매해 겪지만 해마다 어려워요. 국회에 들어오고 가을날을 즐겨 본 적이 없는 것 같아요. 가을은 국감의 계절이니까 거의 사무실에 있고, 추석에도 하루만 쉬고 계속 출근하고. 이번에 제가 모시는 김태흠 의원이 농해수위 위원장이 되셨거든요. 상임위원장은 국감에서 질의를 안 해도 돼요. 국감 준비 안 해도 되는 가을을 15년 만에 처음 맞는 거예요.

- 우와! 정말 축하드립니다.
- 지금 좀 설레요. (웃음) 올가을엔 단풍도 한번 보러 가겠구나. 추석도 진짜 추석처럼 보내겠구나.

- 보좌진으로 생활하면서 가장 힘들었던 순간을 꼽으라면요?
- 제가 17대 때 정문헌 의원을 모셨다고 했잖아요. 저희 보좌진은 18대 총선에서도 정 의원이 당연히 공천을 받을 것으로 생각하고 열심히 선거 준비를 하고 있었거든요. 지역에서의 인지도도 높고 기반도 잘 잡혀 있고…. 그래서 선거 팸플릿도 찍고 지역 사무실도 다녀오고 그러고 있는데, 의원님이 공천을 못 받은 거예요. 정치가 정말 냉혹하구나 싶었어요. 다른 방은 죄다 다음 선거 준비하는데 우리 방은 멍하니 있을 때의 그 괴로움과 공허함은 말로 다 할 수가 없더라고요. 그때 참 힘들었어요.

- 보좌진은 입법, 대정부질문, 국감 등등 수많은 업무를 하잖아요. 어떤

업무가 가장 어려우세요?

○ 그런 업무들은 하나도 어렵지 않아요. 그걸 하려고 보좌관이 된 거고, 그게 제가 월급 받는 이유니까요. 힘든 업무는… 모시는 의원이 보좌진 업무 이외의 사적인 업무까지 시킬 때가 참 힘들죠. 예전에 어떤 의원실 보좌진은 의원이 학업을 하면서 받은 과제물까지 대신 한 경우도 있었다고 들었어요. 그런 건 좀 아니잖아요. 그런 식으로 의원의 개인적인 일을 대신하는 상황이 오면 보좌진으로서 회의감을 느끼죠.

● 본인이 직접 정치를 해 보고 싶은 생각은 없으세요?

○ 아니요, 전혀요. 사실 보좌진 가운데 정치를 꿈꾸고 들어오는 사람이 많아요. 저는 정치에 꿈이 있다면 보좌진 경험을 해 보는 건 좋다고 봐요. 국회가 어떻게 돌아가는지 속속들이 이해할 수 있는 직업이니까요. 하지만 보좌진 가운데 정치인의 꿈을 이루는 사람은 아주 극소수입니다. 0.1%도 안 돼요.

그리고 저는 정치인이라는 자리를 감당하기에는 너무 좌고우면하고 신중한 편인 것 같아요. 따지고, 또 따지고, 옳고 그름을 계속 고민하고. 정치인은 빠른 행동력이 필요할 때가 많은 자리인데 저처럼 생각이 너무 많은 스타일은 곤란할 것 같아요. 또 정치를 하려면 기본적으로 '이건 내가 아니면 해결 못 할 것 같아. 이 사회엔 내가 꼭 필요해.' 이런 일종의 자신감, 그러니까 자뻑도 필요한 것 같거든요. 그런데 저는 그런 마음이 하나도 없는 사람이라 도저히 못 할 것 같아요.

● 국회 구성원 가운데 젊은 편입니다. 아무래도 진보적인 성향의 친구들이 더 많을 텐데요. 보수 정당에서 일하려는 선택을 했을 때는 나

름의 소신이 있었을 것 같아요.

○ 저는 분배와 성장 가운데 뭐가 더 중요하냐고 묻는다면 성장이라고 말하고 싶어요. 성장이 되어야 분배도 할 수 있는 거니까요. 복지도 중요하고 양극화 해결도 정말 중요하죠. 하지만 이걸 이루려면 일단 성장을 먼저 해야 하는 것 같거든요. 그런 면에서 진보 쪽 얘기보다 보수 쪽 얘기에 더 고개가 끄덕여졌어요. 그리고 저는 기본적으로 투쟁적인 방식의 의사 표출이 정말 안 맞거든요. 파업을 한다든가 집회를 한다든가. 통상 진보 세력이 이런 의사 전달 방식을 더 많이 쓰잖아요. 그런 방식이 참 불편하고 싫기 때문에 보수 정당에서 일하는 것이 맞다고 생각했어요. 제 가치관이 그렇고, 제가 삶의 문제를 해결해 가는 방식도 그렇고요. 물론 지금 보좌진으로 일하는 대학 동문 대부분이 여당 쪽이기 때문에 점점 멀어져 가는 건 좀 있죠. 안타까워요. 저는 편 가르지 않고 마음 열고 다 같이 잘 지내고 싶어요.

● 가장 존경하고 좋아하는 정치인을 꼽아 줄 수 있을까요?

○ 딱 특정한 사람을 꼽기는 어렵지만 가장 인상 깊었던 순간이 있어요. 2011년에 빈 라덴 작전 상황을 의논하는 백악관 회의 장면을 보고 정말 신선한 충격을 받았어요. 그때 사진을 보면 제일 상석에는 작전 실무를 담당하는 군인이 앉아 있고, 오바마 대통령은 구석에 작게 쭈그리고 앉아 있거든요. 일국의 대통령이지만 권위를 내세우지 않고 실무자에게 상석을 내주는 대통령의 모습이 굉장히 인상 깊었어요. 좋은 지도자는 자신을 내세우지 않고, 더 많이 듣고, 더 겸손하고, 때로는 실무자에게 전권을 주는 자신감까지 갖춘 사람이어야 할 것 같다. 이런 생각을 했습니다.

- 더 듣는 정치가 좋은 정치라고 보시는군요.

○ 네. 정치인이 되면 자신의 생각만 내세우며 자신의 얘기를 하려는 경향이 더 강해지는 것 같아요. 국회를 들여다보면 자기 얘기를 더 못해서 안달인 사람들이 많잖아요. 그런데 국회의원은 누군가의 표로 선출된 대리인이잖아요. 그러니까 본인 얘기가 아닌 나를 뽑아 준 사람들의 얘기를 해야 한다고 생각해요. 그러려면 그 사람들 얘기를 먼저 들어야죠. 보좌진으로 일하면서 이걸 정말 많이 느꼈습니다. 의원실로 많은 민원인이 오거든요. 그런데 국회의원실까지 오는 민원은 이미 해결 불가능한 상황인 경우가 많아요. 하다 하다 도저히 안 되니까 국회의원에게까지 찾아오는 거죠. 그런데 그분들 사정을 가만히 듣고 있으면, 딱히 이분들이 문제 해결을 바라는 건 아니라는 생각이 들 때도 자주 있어요. 국회의원이 혹은 공공기관이 이 문제 해결을 위해 관심을 좀 기울여 주고, 성의 있는 작은 움직임만이라도 보여 주길 바라시는 경우가 많더라고요. 누군가 들어 주는 것만으로도 위로를 받는 경우가 참 많고요. 그래서 좋은 정치란 귀 기울여 듣는 정치, 내 생각을 말하는 것보다는 뽑아 준 유권자가 원하는 바를 더 많이 말하는 정치. 그런 정치인 것 같아요.

- 다시 태어나도 보좌관이라는 직업을 택하실까요?

○ 아니요. 저는 일반 기업에 다녀 보고 싶어요. 큰 조직의 구성원이 되어서 살아 보고 싶어요.

- 한 사람의 뜻이 대부분의 결정을 좌지우지하는 공간이 아닌, 체계적으로 움직이는 큰 회사의 구성원이 되고 싶은 건가요?

○ 네. 맞아요! 가령 과자 회사에 들어간다면 과자 판매 기획을 할 수도 있고, 그 회사의 인사 업무를 할 수도 있고, 회계 업무를 할 수도 있겠죠. 그렇게 큰 조직에 속해서 일해도 참 재밌었을 것 같다는 생각을 종종 해요. 이번 인생은 이미 그렇게 하기에는 너무 멀리 왔으니 포기해야겠지만요.

● 어떤 사람으로 기억되고 싶으세요?

○ 잘 들어 주던 사람, 배려하는 사람. 그런 사람으로 기억되고 싶어요. 15년을 국회에서 일하면서 저도 제 주장이 생겼고, 때로는 후배들 일 하는 게 답답하고 그렇거든요. 그래도 되도록 독단적으로 일 처리하지 않고 좀 더디게 가더라도 다 함께, 배려하면서 가려고 해요. 잘 들어 주는 따뜻한 사람으로 기억되면 더 바랄 게 없을 것 같아요.

"회사원"

다시 태어나면 뭐가 되고 싶냐는 물음에 그는 회사원이라고 답했다. 그의 인생을 가장 많이 규정하는 공간은 국회이기에 처음엔 국회를 적으려다가 결국 맘을 바꿔 '회사원'을 적었다. 적어 놓고도 쑥스러운지 종이를 들고 사진기 앞에 서서 멋쩍게 웃었다. 국회 안에서 누구보다 성실하게 보좌진의 길을 걸어가지만, 맘속 깊은 곳엔 가 보지 못한 길에 대한 갈증이 있나 보다.

4

정당 정치,
진보와 보수를
넘어

국회와 청와대, 총리실을 출입하면서 정치 권력을 움직이는 주체인 정당의 역할이 정말 궁금해졌습니다. 우리 사회의 다양한 이해 관계와 가치는 정당을 통해서 응축되고 체계화됩니다. 각 개인이 제각기 따로 어떤 생각을 하고 있을 때는 힘을 발휘하기 어렵지만, 정당을 통해 파편적인 주장들이 체계화되면 힘을 가지게 됩니다. 때문에 정당의 본질을 이해하면 우리 정치권을 더욱 깊이 이해할 수 있게 되리라는 생각이 들었습니다.

미국의 정치학자 샤츠슈나이더는 '정당이야말로 다수의 동원에 적합한 특수한 형태의 정치조직이고, 갈등에 우선순위를 부여하고 위계화해 가장 큰 규모의 대중을 동원함으로써 선거에서 승리할 수 있는 유일한 조직'이라고 말합니다.[27] 저는 이 정의에 동의합니다. 정당은 사회에 있는 수많은 갈등 가운데 어떤 것이 우선해서 풀어야 할 과제인지 가치의 우선순위를 매깁니다. 그리고 대중을 동원하고 사회를 움직여 가지요.

그렇다면 대한민국 정당은 어떤 방식으로 움직이고 있을까요? 한국은 원칙상 복수 정당제 국가입니다. 원내에는 거대 양당 이외에 제3의 정당들이 항상 존재해 왔으니까요. 하지만 '87년 민주화' 이후 민주당계 정당과 보수 정당의 비중이 압도적으로 커졌기 때문에 사실상 양당제 국가로 봐야 한다는 의견도 있습니다. 우리나라 국회는 소선거구제를 채택하고 있고 비례대표의 비율이 낮습니다. 때문에 군소정당들이 원내에 진입하거나 정권을 잡는 것이 사실상 불가능한 구조입니다. 그래서 민주당계 정당과 보수 정당이 번갈아 가면서 정권을 잡아 왔죠.

21대 총선을 앞두고 상황이 달라졌습니다. 20대 국회는 21대 총선에 연동형 비례대표제를 도입했습니다. 양당제로 굳어진 우리나라 국회를 다당제로 나가게 하려는 시도였죠. 하지만 거대 양당이 사실상 본인들의 사람으로 채운 위성정당을 만들어 연동형 비례대표제의 취지가 퇴색했습니다. 더불어민주당과 더불어민주당의 위성정당인 더불어시민당, 그리고 미래통합당(현 국민의힘)과 미래통합당의 위성정당인 미래한국당이 대부분의 의석을 차지하면서 양당제 구도는 다시 굳어지고 말았습니다. 그외에 정의당이 6석, 국민의당과 열린민주당이 각각 3석을 얻었지만 양당제에 균열을 일으키기엔 다소 부족한 수이지요. 정당이 사회의 여러 이해관계를 다양하게 반영할수록 사회 약자들의 목소리가 더 크게 정치에 반영될 수 있을 것입니다. 그런 면에서 우리나라의 다당제 시도가 이렇게 사실상의 실패로 돌아갔다는 점은 많이 아쉽습니다. "정당 정치의 몰락은 약자들이 비빌 언덕이 무너져 내렸다는 것이고, 주권자가 주권을 박탈당했다는 의미"[28]이기 때문입니다.

국회를 출입하면서 더불어민주당과 국민의힘, 정의당 의원들을 두루 만나 보고자 애썼습니다. 비록 제 출입처가 여당으로 분류되어 있고, 개인적인 정치 성향상 더 선호하는 정당이 당연히 있지만 그런 선호를 일단 내려두고 좀 더 객관적이고 비판적인 시각으로 여당과 야당, 제3의 정당까지 다양하게 만나고 취재하려 시도했습니다. 나름대로는 최선을 다해 접촉면을 다양화하려 노력한 셈입니다.

이번 장에서는 기자로서 각 정당 정치인을 만나며 보고 들은 것을 나누고자 합니다. 각 정당이 지닌 가치와 나아갈 방향, 어떤 고민을 하고 있는지 함께 들여다보면 좋겠습니다. 물론 저의 경험만을 바탕으로 하고 있기에 동의하기 쉽지 않은 부분이 있을 것입니다. 그럼에도 불구하고 정치부 기자로서의 제 경험을 독자들과 나누는 것은, 이를 통해 현재 우리나라 정당의 분위기를 읽고 나아갈 방향을 예측하는 데 약간의 도움은 될 수 있겠다고 판단했기 때문입니다. 각 정당의 이야기를 살펴보며 더 나은 정치를 함께 고민해보면 좋겠습니다.

여당을 만나며,
진보인 듯 진보 아닌 사람들

21대 국회가 시작하는 시점, 더불어민주당은 큰 자신감에 차 있었습니다. 2020년 21대 총선에서 위성정당인 더불어시민당을 포함해서 180석을 확보하는 대승을 거뒀기 때문입니다. 전체 의석수의 60%에 해당하는 초거대 여당이 되어 개헌을 제외한 대부분의 입법 활동을 단독으로 진행할 수 있는 힘을 쥐었습니다. 패스트트랙 제도(신속처리안건 지정)를 이용할 수 있고 전체 의석수의 과반이 넘으면 단독으로 예산안을 통과시킬 수 있으니, 마음만 먹으면 예산도 야당의 동의 없이 통과시킬 수 있게 됐습니다. 임대차법 등이 통과된 이유도 이렇게 여당이 거대했기 때문에 가능한 일이었습니다.

물론 2021년 4월 치러진 서울시장과 부산시장 재보궐 선거에서 패배하면서 위기감이 커지긴 했습니다. 하지만 제가 출입한

21대 국회 초반 더불어민주당은 '우리가 마음만 먹으면 무엇이든 다 할 수 있다'는 자신감과 이번 국회 동안 많은 것을 바꿔야 한다는 의지가 가득해 보였습니다.

더불어민주당은 규모가 큰 만큼 여러 결의 의원이 있습니다. 일단 명확하게 '친문'으로 분류되는 세력이 있습니다. 노무현 대통령과 문재인 대통령을 계승하고자 하는 색채를 명확하게 띠는 의원들이죠. 상대적으로 특정 인물과의 관계가 덜한 세력도 물론 있습니다. 586으로 대변되는 전형적인 운동권 출신 인사들이 있고, 운동권으로 분류될 수 없는 새로운 외부 영입 인사들도 있습니다.

저는 이 안에서 본인을 굳이 어느 계파로 분류하지 않는 정치인들이 좋았습니다. 정치를 하는 데 있어 세력화는 반드시 필요하지만, 어느 쪽에도 줄 서지 않은 채 본인이 바라고 믿는 정치가 진심인지 아닌지 성찰하는 정치인이 더 매력적으로 보였습니다.

21대 국회는 시작부터 크게 삐걱거렸습니다. 2020년 4월 15일 총선에서 선출된 21대 국회의원은 그해 5월 30일 임기를 시작했습니다. 임기가 시작되면 의원들은 일단 국회법에 따라 국회의장단과 각 상임위원회 위원장을 선출하는 등 원 구성을 해야 합니다. 이 과정에서 여당인 더불어민주당과 제1야당인 미래통합당은 상임위원장, 특히 법사위원장(법제사법위원장) 자리를 놓고 크게 대립했습니다. 법사위원장만은 야당이 맡아야 한다는 주장과 이를 절대로 받아들일 수 없다는 여당의 입장이 맞붙었습니다. 법사위의 체계·자구 심사권을 두고도 여당은 해당 권한을 대폭 축소 혹은 폐지해야 한다는 의견을 내고 있었고, 야당은 유지해야 한다는 의견을 가지고 있었습니다. 결국 이견을 좁히지 못한 채 대립하다가 야당이 협상을 포기해 버리면서 모든 상임위원회 위원장을 여당이 차지하는 상황이 벌어졌습니다. 이렇듯 원 구성에서부터 여야의 감정이 상할 대로 상했으니, 야당은 이후 상임위 참석을 아예 보이콧하는 경우까지 생겼습니다.

때문에 상임위가 파행인 경우가 많았는데, 이 가운데 그나마 여야가 가장 화합한 모습을 보인 상임위가 복지위였습니다. 당시 보건복지위원장이던 한정애 의원은 적당히 선을 긋고 의원들을 존중해 가며 상임위를 이끌어 갔습니다. 여야가 회의장에 함께 모여 합리적으로 법안 합의도 하고, 예의를 갖춰 토론하는 모습이 신선하게 느껴지기까지 했습니다. 복지위가 정치적으로 덜 민감한 이슈를 다루는 측면이 있기 때문이기도 했지만, 위원장의 중재 능력도 상임위가 원만하게 진행되는 데 한몫을 하는 듯 보였습니다.

2020년 우리 사회의 가장 큰 이슈 가운데 하나는 공공의대 신설, 의대 정원 증원 등 공공의료 체계 개선과 관련된 내용이었습니다. 의사협회는 해당 내용에 반대하며 파업에 나섰고, 결국 긴 진통 끝에 정부와 의료진이 한 걸음씩 양보해 파업을 철회하는 과정이 있었습니다. 이 과정에서도 한정애 위원장의 중재가 빛을 발했다는 평가가 나왔습니다. 나중에 사석에서 만난 그에게 원만하게 화합과 협상을 이끌어 내는 비결이 뭐냐고 물었습니다. 그랬더니 '갈등 해결의 기본은 무조건 양측의 말을 듣는 것'이라는 답을 내놨습니다. 찬찬히 듣는 모습을 보여 주는 것만으로도 갈등의 반은 해결된다는 신념을 가지고 있다더군요. 그는 이후 환경부 장관으로 임명돼 국회에서 내각으로 자리를 옮겼습니다. 당시 인사청문회에서는 여야가 후보자를 공공연히 칭찬하고 별다른 이의 없이 장관직 임명에 찬성하는 보기 드문 장면이 연출됐습니다.

중대재해처벌법에 힘을 보탠 박주민 의원의 움직임도 퍽 인상 깊었습니다. 당시 당내에서는 중대재해처벌법 제정보다 산업안전보건법 개정에 더 무게를 싣고 있었습니다. 국회 의정팀에 몸담던 시절 이 사안을 사력을 다해 취재할 때, 이 의제가 정의당만의 의제로 끝나지 않기를 바랐습니다. 거대 여당이 함께 이 문제를 깊이 있게 고민해 주길 바랐는데 그 역할을 박 의원이 하고 있었습니다. 박주민 의원은 기본적으로 기존 법을 개정하는 데 그치는 것이 아닌 새로이 법을 제정해야 한다고 생각하고 있었습니다. 그리고 되도록 정의당 안을 받아들이되 여당을 설득해서 법을 통과시킬 수 있게 하는 방안을 고민하고 또 고민하고 있었습니다. 물론 그가 제시한 5인 미만 사업장 제외 및 50인 미만 사업장 적용 유예 방안이 법의 의미를 퇴색시킨다는 비판도 있지만, 저는 이렇게 해서라도 법을 통과시키는 것이 법 자체가 사장되는 것보다는 훨씬 나은 것 같아 보였습니다. 그런 면에서 어떻게든 자기 당 소속 의원들을 설득해 보려는 그의 움직임이 참 소중하다는 생각이 들었습니다.

그의 소탈함과 겸손함도 종종 마음을 울렸습니다. 제가 본 바로 그는 손에 꼽을 정도로 열심히 의정 활동을 하는 의원이었습니다. 인지도나 당내 입지 면에서 상당한 중량감이 있는 의원인데도 매우 겸손하고 진지했습니다. KBS 의정팀에서는 21대 국회 초반, 법사위의 체계·자구 심사권에 대한 논란을 두고 심층 취재를 진행했습니다. 당시 박주민 의원은 반드시 이 기능을 폐지해야 한다는 입장이었습니다. 체계·자구 심사를 둘러싼 갈등의 의미를 정확하게 몰랐던 저는 그의 방을 직접 찾아가 모르는 점을 물어보았습니다. 그는 법사위가 상임위에서 결정한 사안을 뒤집는 것, 다시 말해 법사위가 상임위 위에 군림하는 건 민주주의의 원칙에 어긋난다고 역설했습니다.[29] 그는 야당을 향해 법사위원장 자리를 드릴 테니 법사위의 체계·자구 심사권을 폐지하는 데 찬성해 달라고 요구했습니다.

국회 원 구성과 법사위 체계·자구 심사권을 두고 여야가 대립 중일 때, 이후 그가 발의한 임대차법이 논란이 되었을 때 그를 찾았습니다. 중대재해처벌법이 이슈일 때도 또 그를 상대로 취재했습니다. 그때마다 그는 한 번도 귀찮아하거나 성의 없이 대답하는 법이 없었습니다. 통상 정치부 기자들은 국회의원이 얼마나 바쁜지 잘 알기 때문에 사안의 경중을 염두에 두고 취재합니다. 대부분의 질문은 보좌진에게 하고, 의원의 코멘트나 설명이 꼭 필요하다 싶은 부분만 직접 취재하곤 합니다. 국회에 처음 출입하며 국회 시스템 모든 것이 낯설던 제게, 비록 항상 피곤에 찌든 모습이긴 했지만 늘 성심껏 답해 주는 그의 모습은 참 신선했습니다. 아마 세월호 유가족과 그의 지역구 주민들도 이런 모습에 호감을 느끼지 않았을까 생각했습니다.

하지만 이런 취재 과정에서 느낀 개별 의원에 대한 호감이 당 전체로 이어진 것은 아닙니다. 집권 세력이 된 더불어민주당이 우리 시대의 과제에 적극적으로 반응하고 있는가? 권력 그 자체를 수성하는 것을 넘어서서 주권자들의 요구에 합리적으로 대응하기 위해 노력하고 있는가? 두 질문을 통해 살폈을 때 좋은 평가를 내리기 어려운 순간이 정말 많았습니다.

오늘 우리 사회의 당면 과제는 무엇일까요? 저는 무엇보다 양극화 해결이라고 생각합니다. 명품백과 외제차가 넘쳐 나는 동시에 당장의 생계를 걱정하는 사람들도 늘어나는 사회. 잘사는 부모를 둔 아이들이 좋은 대학에 가서 안정된 직업을 갖는 동안 못사는 부모를 둔 아이들은 등록금 때문에 대학 가는 걸 포기하는 사회. 이런 사회가 정상적인 사회는 아니니까요. 우리나라 정치권이 집중해야 하는 과제는 가장 보통의 사람들에게, 가장 약자인 사람들에게 기회의 평등을 제공하는 것이라는 생각을 했습니다. 진실로 노력하는 사람이 제대로 보상받을 수 있는 구조, 공정한 분배가 이뤄지는 사회를 만드는 것. 정치권이 진보와 보수를 뛰어넘어 이런 문제에 집중해 주기를 바랐습니다. 공정의 가치를 바로 세우고, 그 합의를 바탕으로 우리 사회가 앞으로 나아갈 미래 비전을 제시해 줬으면 싶었습니다.

하지만 집권 세력이 된 더불어민주당은 이런 과제 해결에 적극적으로 반응하지 않았습니다. 선거 압승에 따른 지나친 자신감이 때로는 독선을 부르기도 한 것 같습니다. 부동산 세제 개편, 여기에 더한 대출 규제 등 부동산 관련 입법을 할 때 좀 더 야당 의견을 듣고, 더 많은 여론을 수렴했다면 어땠을까 의문이 남습니다. 또한 소속 지자체장의 연이은 성 비위 문제에 대한 사과와 보완 입법이 상대적으로 부족한 모습은 너무나 큰 아쉬움으로 남습니다. 그리고 코로나19 유행 상황에서 연이어 과로사하는 등 어려움을 겪는 택배 노동자를 위한 생활물류법 제정, 산재보험 보장 범위 확대와 같은 꼭 필요한 입법이 제대로 속도를 내지 못하는 것도 정말 아쉬웠습니다.

그에 반해 상대적으로 오랜 시간 국회의 이슈를 점령하다시피 했던 검찰 개혁, 공수처 설치 논란은 매우 소모적으로 느껴졌습니다. 이 사안들이 다른 민생 현안보다 중요한 절체절명의 과제인지 도저히 이해할 수 없었습니다. 추미애 법무부 장관과 윤석열 검찰총장 사이의 기 싸움을 계속 봐야 했을 때, 그리고 추미애 장관 아들 휴가 논란을 두고 그토록 소중한 국회 대정부질문 시간이 모두 쓰일 때, 야당에는 물론 집권 여당에도 크게 실망했습니다. 이 사람들은 국민에게 무엇이 정말 중요한지 생각하지 않는구나 싶은 마음이 들곤 했습니다.

더불어민주당은 현재 우리나라의 여당이자 가장 오랜 역사를 자랑하는 정당이며 스스로 '진보'를 표방하는 정당인데, 진보적인 입법을 하는 데는 더딘 걸음을 보였습니다. 대신 당 내부 이합집산과 세력 다툼에 집중하는 모습이나 다음 대선 후보를 내기 위한 물밑 작업에 더 충실한 듯 보이는 때도 있었습니다.

우리나라는 당분간 양당 체제가 지속될 수밖에 없어 보입니다.

이 속에서 양당의 한 축인 더불어민주당이 좀 더 적극적으로 사회 약자층의 목소리에 입법으로 신속하게 반응해 주면 얼마나 좋을까요. 진보의 이념을 현실로 적극 구현해 준다면 우리 정치가 얼마나 발전할 수 있을지, 생각할수록 안타까운 마음은 커져 갔습니다.

진보는 오늘보다 내일의 삶이 더 나아질 수 있다고 믿는 것!

>>> 민형배 더불어민주당 국회의원

전남일보 기자로 사회생활을 시작했다. 노무현 정부 청와대 사회조정비서관, 광주광역시 광산구청장으로 일했다. 문재인 정부 청와대 자치발전비서관을 거쳐 광주광산구을 선거구에서 21대 국회의원에 당선됐다. 더불어민주당이 엄밀한 의미의 진보 정당은 아니라고 생각한다. 자치분권, 대북, 외교 등에서는 진보적이지만, 노동이나 국민 경제 등 사회 정책 분야에서는 타협적이었다고 본다. 다만, 더불어민주당에 속한 민형배 본인은 진보의 실현을 최우선 가치로 삼아 왔다고 자부한다. 정치인으로서 여러 분야에 관심이 많지만, 특히 분단과 식민이 남긴 한국 사회의 뿌리 깊은 모순에 분노하곤 한다. 그에게 진보란 무엇인지, 보수란 무엇인지 물었다. 그리고 시대가 바라는 진보의 과제가 무엇인지도 질문했다. 또 공개적으로 이재명 지지를 선언한 이유도 들어 보았다.

- 핵심 질문부터 할까요? 진보와 보수를 한마디로 어떻게 규정하시겠습니까?

○ 진보는 오늘보다 내일 내 삶이 더 나아질 수 있다고 믿는 것이고 보수는 지금의 가치가 생활에 더 유용하다고 보는 것, 가치 체계가 전혀 다른데 둘 다 인정하고 존중합니다. 현재와 미래 사이에서 시선을 어디에 둘 것이냐의 문제니까. 이건 견해의 문제이지 옳고 그름의 문제는 아니라고 봐요.

- 그렇다면 우리나라에서 진보 세력을 자칭하는 친문·친노 세력, 586의 문제점을 뭐라고 보세요?

○ 질문이 적절치 않다고 생각합니다. 저는 친문, 친노, 586… 이런 카테고리가 실존하지 않는다고 보거든요. 법조, 언론, 재벌 같은 카테고리는 돈과 조직이 묶여 있는 실질적인 힘이니까 실존하는 그룹이 맞죠. 하지만 친문, 친노, 586은 실체가 불분명하고, 정치적 공격 대상으로만 유효해요. 이런 개념들은 민주당을 갈라치기하고 공격하기 위해 만들어 낸 임의적인 개념이라고 생각합니다. 어쨌든 민주당의 가장 큰 문제점은 권력 사용법을 잘 모른다는 데 있는 것 같아요. 부작용을 염려해서 권력을 적극적으로 선용하기를 주저하는 거죠. 그런데 노무현, 이재명, 추미애… 이런 분들은 권력을 적극적으로 선용하는 데 용기 있게 뛰어든 사람들이거든요. 그러니까 그만큼 공격을 많이 받았죠. 지금 민주당을 보면, 머릿속에는 진보적 전망이 있는데 태도에서는 타협적인 모습을 취하는 것 같아요. 안타까운 점이죠.

- 반대로 우리나라에서 보수라고 칭하는 세력, 국민의힘의 가장 큰 문

제점은 뭐라고 보시나요? 보수로 분류되는 정치인 가운데 좋아하는 사람이 있나요?

○ 그쪽의 문제는 시대의 변화 상황을 잘 끌고 가지 못한다는 점이죠. 기후위기 대응을 아무리 말해도 잘 인식을 못 하고 양극화를 말해도 못 받아들이죠. 시대의 요구에 대응을 해야 하는데 그걸 못해요. 시대에 따라 합리적으로 바뀌면 좋을 텐데 자기 권력의 틀을 딱 만들어 놓고 거기서 나오지를 않아요. 그러니까 뻔히 맞는 주장에도 반대를 하고 억지를 쓰는 경우가 많아 보여요. 보수로 분류되는 정치인… 국내 정치인 가운데는 좋아하는 사람을 찾기가 너무 어렵네요. 외국에서 꼽자면 드골이나 메르켈 정도가 참고할 만한 보수의 본형이 아닐까 싶습니다.

● 국가보안법 폐지 법안을 발의할 예정인 것으로 알고 있습니다. 반대하는 의견도 만만치 않은데요.

○ 저는 대체 이 법이 왜 있어야 하는지 모르겠습니다. 이 나라에서 가장 야만적인 법, 반드시 없어져야 하는 법이 바로 국가보안법이라고 생각해요. 우선 헌법 정신에 너무 어긋나잖아요. 왜 국가가 개인의 생각을 제약하고 가로막고 그걸 표현하는 것까지 막죠? 일제 시대에 치안 유지를 위해서 필요했던 법, 독재 시대에 정권 유지를 위해서 만들어진 법이 지금까지 살아 있다니… 말이 안 되잖아요.

● 하지만 이 법이 없어지면 국가 안보가 취약해지고, 북한을 규정하기도 애매해지고, 불온한 사상이 사회를 지배하게 된다는 시각도 많아요.

○ 말도 안 되는 논리라고 봅니다. 지금 북한이 우리의 주적인가요? 같이 가야 할 대상이지요. 이 법이 없어져도 국가 안보에 어떤 부분도

허점이 생기지 않는다고 확신합니다. 시민들이 세상에 대해서 자유롭게 생각하고 그것을 표현하는 것이 왜 나쁜가요? 자유민주주의만이 정답이다. 그러니까 그걸 받아들여라. 사회주의자, 공산주의자라고 말하면 잡아가겠다. 이런 사회가 정상입니까? 설령 사회주의자가 우리 사회에 있으면 또 어떻습니까? 그게 우리에게 큰 위협이 된다고 생각하지 않습니다. 그런 생각을 법으로 옥죄는 대신 우리의 민주주의 토대를 튼튼하게 하면 그게 최고의 안보지요.

● 이석기 전 의원이 국보법 위반으로 구속된 것에 대해서도 반대 입장이시겠네요?

○ 당연히요. 내란을 선동했다, 국가보안법을 위반했다, 이 혐의로 오랜 시간 구속돼 있는 건데, 정권이 마녀사냥을 해서 특정인에게 프레임을 씌우고 지극히 정치적인 이유로 잡아들인 거라고 봅니다. 빨리 풀어 줘야 한다고 봐요. 양심의 자유, 사상의 자유, 표현의 자유는 기본권 중에 기본권인데 그걸 무슨 이유로 나라가 제약한단 말입니까? 이게 시민을 '국민'으로 봐서 그래요. 개개인을 국가의 부속품, 국가가 통제해야 하는 대상으로 보니까 이런 발상이 나오는 거죠. 그래서 저는 국민이라는 단어를 좋아하지 않아요. 개개인 모두를 시민이라고 불러야 한다고 봅니다.

● 공개적으로 이재명 지사 지지를 선언했어요. 이유가 뭔가요? 어떤 사람이 좋은 대통령감이라고 보시나요?

○ 좋은 대통령은 이 시대가 원하고 바라는 시대정신을 잘 구현하는 사람이어야 한다고 봅니다. 지금 우리는 대전환의 시대를 살고 있잖아

요. 디지털로의 전환, 기후위기, 사람과 사람 사이의 관계가 민주적으로 재편되는 사회. 그런데 이 전환의 시대에 우리가 마주한 가장 큰 과제가 뭐냐? 불평등이죠. 잘사는 사람은 계속 잘살고, 못사는 사람은 계속 소외될 수밖에 없는 구조가 고착화되고 있어요. 이걸 해결하는 게 시대정신입니다. 여기에 대한 문제의식이 있고, 이걸 현실에서 해결할 수 있어야 좋은 대통령감이죠.

그러면 왜 이재명을 지지하느냐? 앞서 말한 좋은 대통령감에 이 사람이 부합한다고 보기 때문입니다. 첫째, 이 사람은 양극화 해소라는 시대정신을 제대로 이해하고 있고 이걸 실현할 추진력이 있어요. 둘째, 후보 가운데 정치 철학이 가장 뚜렷해요. 권력관도 확실하죠. 시민의 뜻을 반영하는 사람, '공복(公僕)'이라는 마인드가 있단 말입니다. 그러니까 추진력 위에 건강한 권력관도 있는 거죠. 셋째는 현실적인 이유죠. 누구보다 본선 경쟁력이 있어요. 문재인 정부를 계승하고 재집권을 도모할 수 있는 가장 현실적이고 강력한 카드라고 봐요.

● 기본소득에 대해서는 어떻게 생각하세요? 실현 가능하다고 보시나요?

○ 실현 가능하냐 아니냐가 아니라 반드시 해야 한다고 생각합니다. 미래 사회를 생각해 보세요. 노동의 형태가 완전히 바뀌잖아요. AI가 인간의 자리를 대신하고, 디지털화되고, 그 속에서 인간이 설 자리는 점점 없어지고. 노동을 하고 싶어도 못하는 사람들이 많아지는 사회에서 불평등과 양극화를 어떻게 막아 낼 수 있을까요? 나라가 돈을 줘야죠. 모든 사람에게 적은 금액이라도 줘서 자립할 수 있게 돕고, 그들이 일정 정도의 소비를 해서 경제가 돌아갈 수 있게 만들어 줘야죠. 경제 정책이자 사회 정책, 두 가지 성격을 모두 가지고 있는 게 기본

소득이라고 봅니다.

● 그러면 재난지원금도 보편 지급이 맞는다고 보시나요?

○ 그럼요. 반드시 보편 지급을 했어야 한다고 봅니다. 적은 액수라도 전 국민에게 주고, 거기에 자영업자처럼 많은 어려움을 겪은 계층에는 손실 보상을 얹어서 더 드리는 형태가 됐어야 한다고 생각해요. 그래서 선별 지원으로 귀결된 이번 재난지원금 논의는 정말 아쉬워요. 보편 복지를 실현하려면 세금 체계도 대폭 개편해야 하겠죠. 가진 사람은 더 내고 덜 가진 사람은 덜 내야 하는데 지금 세금 체계에서는 이게 제대로 실현되지 않는 경우가 많거든요. 줄 때는 보편적으로, 걷을 때는 차등적으로. 이 원칙이 제대로 작동할 수 있게 정비해 나가야죠.

● 구청장, 청와대 비서관, 그리고 지금은 국회의원으로 일하고 계십니다. 각 직책의 특징이 다 다를 것 같아요. 지자체장, 청와대 구성원, 국회의원으로 일하는 것은 어떻게 다른가요? 어떤 일이 가장 재밌던가요?

○ 단언컨대 지자체장이요. 흔히들 사법은 과거를 판단하는 일이고 행정은 오늘을 집행하는 일이고 국회는 내일을 준비하는 일이라고들 하죠. 지자체장은 행정에 무한 책임을 지는 일이에요. 일을 기획하고 예산을 사용해 정책을 펼치고, 거기에 대해서 책임을 져야 합니다. 기본적으로 선출직 권력은 자기를 뽑아 준 시민의 요구에 부합해야 하죠. 그러니까 시민의 목소리에 귀를 쫑긋 기울여야 하는 건 국회의원이나 지자체장이나 마찬가지인데, 구청장을 해 보니 이 자리는 자신이 노력을 투입한 만큼 바로바로 성과가 나오더라고요. 시민들의 삶에 바로 마주 닿아 있다고 해야 하나.

예를 들면 이런 거예요. 제가 구청장을 했던 광산구에는 폐지 줍는 노인들이 정말 많았거든요. 이분들이 일을 열심히 하는데 돈이 너무 안 돼요. 그래서 폐지 줍는 어르신 백여 명 정도를 모았어요. 그분들을 거래상과 연결하고 고정급을 드리는 형태의 협동조합을 만들어 보자는 아이디어를 냈죠. 실제로 그게 잘 됐어요. 이런 게 참 보람 있었어요.

그에 비해 국회의원은 모든 것을 다 할 수 있는 것처럼 보이지만 아무것도 하기 어려운 것같이 느껴질 때가 있어요. 집행력이 없으니까요. 내가 어떤 생각을 가지고 있어도 한 당의 구성원이다 보니 당의 의견이 우선될 때가 많고요.

청와대 구성원 때는 어땠나… 돌아보면 그때만큼 권력의 힘을 강하게 느껴 본 적도 없는 것 같습니다. 청와대 비서관은 선출된 권력이 아니라 대통령을 보좌하는 역할을 하는 사람이잖아요. 그러니까 운신의 폭은 좁은데, 청와대 구성원이 갖는 힘이 상당하더란 말이죠. 거기서 오는 뿌듯함이 있긴 했죠. 각 역할별로 장단이 있지만 제게는 구청장 시절이 가장 행복하게 느껴집니다.

- 본인이 낸 법안 가운데 마음속 1호 법안이 있나요?

○ 재난취약계층 지원 기본법이요. 사회적 약자를 보호하는 게 국가의 기본 책무니까요. 코로나19 유행으로 재난 상황에서 시민들이 얼마나 고통받는지 확인했잖아요? 이걸 제도적으로, 시스템적으로 막는 법을 발의했어요. 하나 더 꼽자면 공무원과 교원의 기본권을 보장하는 법안이요. 앞서 말한 국가보안법 폐지와도 일맥상통하는 건데요. 공무원은 왜 자신의 정치적 의사를 밝히면 안 되죠? 선생님은 왜 안

되죠? 물론 학생을 가르칠 때는 편파적으로 가르치면 안 되고 공정해야죠. 하지만 한 개인으로 돌아왔을 때는 선생님도 얼마든지 자신의 정치적인 호불호가 있을 수 있는 것 아닙니까? 그걸 법으로 막는 건 잘못이라고 봐요.

● 정치 왜 하시나요?

○ 노무현 콤플렉스, 운동권 콤플렉스 때문에요. 2008년 총선에 도전하려다가 못 하고 학교로 돌아와서 강의를 하고 있었어요. 그런데 2009년 노무현 대통령이 그렇게 돌아가셨어요. 울분을 참을 수가 없었어요. 이건 검찰에 의한 명백한 타살이잖아요. 검찰 권력을 손에 쥐고, 사유화하고, 정치적으로 악용한 것. 반드시 바로잡아야 합니다. 조국 전 장관에 대한 수사도 마찬가지에요. 유례없이 가혹한, 말도 안 되는 수사를 했다고 봐요. 노무현을 지키지 못해서 미안하고, 학생 운동을 하면서 희생한 친구들에게 미안하고. 미안해서, 빚을 갚아야 하니까 정치를 합니다.

● 정치를 한 단어로 규정하자면?

○ 정치의 본질은 평화죠. 사람과 사람 사이의 관계를 평화롭게 하는 것. 자본주의 사회의 수많은 사회 갈등을 민주적으로 해결하도록 돕는 것. 저희 집안이 기독교 집안이거든요. 원래는 "나 복 받게 해 주세요." 하는 기복신앙에서 출발했는데, 이제는 예수 가르침의 본질은 평화라는 생각이 들어요. 세상의 갈등과 모순을 해결하는 것, 이 땅에 평화를 가져오는 것. 이게 예수의 가르침 아닐까요? 예수의 가르침도, 정치도 결국은 평화로 귀결되는 것 같아요.

- 나중에 어떤 사람으로 기억되고 싶은지요?

○ 기억되고 싶지 않아요. 그냥 잊히고 싶어요.

- 네? 역사에 큰사람으로 기억되고 싶지 않으세요?

○ 아니요, 전혀. 아무도 저를 기억하지 않고 그냥 잊어 줬으면 좋겠어요. 내가 뭐 대단한 사람이라고. 그래서 저는 자서전 같은 거 절대 안 써요. 다만 구청장 할 때는 친구 같은 구청장으로 남고 싶다는 생각은 종종 했어요. 그런데 어디 그게 쉬운 일입니까. 나 싫어하는 사람이 얼마나 많겠어요? (웃음) 내가 만난 사람 가운데 절반 조금 넘게, 51%만이라도 날 좋아해 준다면 내 인생은 엄청 성공이죠. 영화 〈소울〉에 이런 대사가 나와요. "I am going to live every minute of it." 난 이 대사가 참 좋아요. 현재의 모든 순간을 소중히 살겠다. 너무 먼 미래를 계획하느라 현재를 잠식하고 싶지 않습니다. 지금 내 역할에 충실하고, 그리고 당당하게 잊히는 거죠.

"평화"

기억되지 않고 잊혔으면 좋겠다는 강렬한 바람을 남긴 그. 인생의 한 단어로 '평화'를 꼽았다. 정치를 통해서, 자신의 삶을 통해서 세상에 평화가 더해졌으면 좋겠단다. 정치하는 과정에서 불가피하게 종종 다툼도 필요하지만, 이 과정도 결국엔 진정한 평화를 가져오기 위함이라고….

야당을 만나며,
품격 있는 보수를 찾아서

21대 총선을 마친 뒤 미래통합당과 미래통합당의 위성정당인 미래한국당은 다시 하나가 됐습니다. 이후 국회가 개원한 뒤 얼마 지나지 않아서 국민의힘으로 당명까지 바꾸며 쇄신을 도모했지만 가라앉은 당의 분위기를 바꾸기는 쉽지 않아 보였습니다. 많은 의원들이 총선 대패의 원인이 무엇인지 분석하는 목소리를 제각각 내고 있었고, 그러면서도 제대로 된 답을 찾지 못하고 헤매는 모습이었습니다. 절대적인 수적 열세 속에서 무엇을 할 수 있을까 자조하는 목소리도 높아졌습니다.

국민의힘 안에도 여러 결의 보수가 있습니다. 우리 사회 안에서 북한 주적 개념이 흔들리는 것에 염려를 금치 못하고, '빨갱이 친북 좌파'가 정권을 장악해서 사회가 어지러워진다는 생각을 하는 정치인이 아직도 분명히 있습니다. 이에 반해 매우 전향적인 보수 세력도 존재합니다. 시장 원리에 무조건적으로 찬성하는 것이 아니라 최선을 다해 시장의 모순을 해결하려는 부류, 과격한 변혁보다는 온건한 개혁이 사회에 더 도움이 된다고 여기는 보수 세력이 존재했습니다.

21대 국회가 문을 연 뒤 국민의힘에서는 김종인 비대위원장을 필두로 '변해야 산다'라는 필사적인 생존의 목소리가 더 커지고 있습니다. 김종인 위원장이 얘기하는 기본소득을 유심히 들여다보거나 유승민 전 의원, 원희룡 전 제주지사 등이 주장하는 경제 청사진을 들어 보면 우리나라 보수가 얼마나 깊은 고민을 하는지, 이제까지의 보수와는 다른 길을 걸으려 하는지 느껴졌습니다. 또 대대로 진보의 이슈로 선점되어 온 젠더 문제나 환경 문제에 깊은 관심을 가진 국민의힘 의원도 많았습니다. 특히 젠더 문제에서는 상대적으로 두드러진 움직임을 보였습니다.

2020년 여름, 조두순 출소를 앞두고 우리 사회는 큰 두려움에 휩싸였습니다. 정치부도 사회부도 관련 보도에 힘을 쏟았습니다. 아동 성범죄를 막기 위한 다양한 의견이 쏟아진 가운데, 극도로 위험하다고 분류된 성범죄자는 출소 이후 사회에서 격리하는 방안을 담은 이른바 '조두순 보호수용법'이 발의됐습니다. 이 과정에서 국민의힘은 이수정 범죄심리학과 교수를 영입해 성폭력 대책 특별위원회를 만들고 관련 입법에 최선을 다하는 모습을 보여 줬습니다. 사실 성범죄자 격리 방안은 지난 2005년 사회보호법에 포함됐다가 인권 침해 논란을 일으키면서 폐지된 바 있습니다. 국민의힘 측은 이 법안이 출소 후에도 사람을 잡아 가두려는 법이 아니라, 출소자가 일상생활을 하면서 보호도 하고 치료도 할 수 있도록 돕는 법안이라며 진지하게 검토해 달라고 요구했습니다. 비록 법은 통과되지 못했지만 여성 인권 문제, 성범죄 문제에 대해 깊이 있게 고민하는 모습이 반가웠습니다. 더불어민주당의 부족한 부분이라고 생각했기 때문입니다. 국민의힘이 성폭력 대책 특위를 만들고 이른바 조두순 방지법을 만드는 과정에서 양금희 의원과 긴밀하게 소통하며 해당 내용을 기사로 다뤘습니다. 대구에서 오랫동안 시민단체 활동을 해 온 양 의원은 여성 문제에 특히 관심이 많아서 국회에 들어왔다고 했습니다. '제발 이 문제가 바뀌기를 바란다'는 그에게서 취재를 하는 내내 진심을 느꼈습니다. 이후 국민의힘 성폭력특위는 젠더 문제와 관련한 사안마다 여러 대안을 제시하고 비판의 목소리를 적극적으로 내는 등 그 역할을 이어 갔습니다.

한편 기본소득 이슈를 취재하면서 '전향적인 보수의 가치'를 느낄 수 있었습니다. 21대 국회에서는 초반부터 기본소득 논쟁이 벌어졌습니다. 당시 저는 기본소득 논쟁을 둘러싼 정치권의 다양한 생각을 담은 기획 기사를 준비했습니다. 기본소득을 주장하는 쪽은 여야를 막론하고 그 근본 가치에 동의하는 듯 보였습니다. 조금 적게 일하더라도 더 행복하게 살 수 있게 하기 위해, 사회적 약자의 인간다운 삶을 지켜 주기 위해 기본소득이 필요하다는 의견이 나왔습니다. 일자리가 줄어들고 고용 없는 성장을 하는 시대, 무조건 더 열심히 일하는 것을 넘어서서 사회의 부가가치를 좀 더 공평하게 나누는 방법을 생각해 보면 어떨까? 이런 고민에서 출발한 것이 기본소득이었습니다.

김종인 당시 미래통합당 비대위원장이 '기본소득제를 근본적으로 검토할 시기'라는 말로 논의에 불을 붙였고, 재난지원금이 어느 정도 성공했다는 평가가 이어지면서 기본소득에 대해서도 '한번 해 보자'는 움직임이 활발해졌습니다. 4차 산업혁명 시대, 플랫폼 노동자와 같이 새롭게 등장하는 계층은 현재 사회 복지 제도의 사각지대에 놓여 있는데 이 문제를 어떻게 해결할 것인지, 성장이 한계에 부딪히고 부가가치가 일부 기업에 집중되는 상황에서 공정한 분배는 어떻게 이뤄 갈 것인지 등에 대해 정치인들의 고민이 깊었습니다. 더불어민주당 소병훈 의원, 기본소득당 용혜인 의원, 시대전환 조정훈 의원, 미래통합당 조해진, 이양수 의원 등이 기본소득에 대해 이야기했습니다. 취지도 실행을 위한 구상 방안도 제각각이었습니다.

더불어민주당 소병훈 의원은 선제적으로 '기본소득에 관한 법률'을 대표 발의했습니다. 법안에는 우선 기본소득의 첫 삽을 뜨기 위한 기본소득위원회를 만들자는 내용이 담겨 있습니다. 국무총리와 민간위원 한 명이 공동위원장을 맡고 각계 전문가 30명의 위원으로 위원회를 구성하고, 지급 대상은 전 국민에게 소액이라도 다 주자는 원칙을 되도록 지키도록 했습니다. 재원 마련을 두고는 토론회를 열어 복지 제도 재편, 데이터세 등 신규 산업에 대한 세목 신설, 기존 조세 제도 개편 등 폭넓게 논의했습니다.

시대전환 조정훈 의원은 기본소득에 대한 고민을 오래전부터 해 왔다고 합니다. 조 의원은 청년 기본소득 혹은 지자체별 기본소득처럼 작은 단위부터 실험해서 전 국민에게 정착시키는 방안을 제시했습니다. 재원 마련 방안에서도 기존 복지 제도를 재편하거나 선별적 증세를 하는 것에는 동의하지 않았습니다. 기존 제도를 정비하면 아동 수당, 장애인 수당, 노령 수당 등 우리나라 공적 부조 영역에 해당하는 재원을 가져와야 하는데, 이런 논의 과정에서 해당 계층들 간의 논쟁과 갈등을 피할 수 없다는 겁니다. 데이터세, 토지보유세 등에 대해서도 틀을 갖추고 제도를 실행하는 데만 해도 큰 에너지와 시간이 드는 만큼 현실적이지 않다는 의견을 내놓았습니다. 조 의원은 조세 제도를 개편해 고소득자로부터 소득세를 좀 더 거둬서 재원을 마련하는 게 현실적이라고 주장했습니다. 이렇게만 해도 전 국민에게 30만 원씩 주는 기본소득 제도는 수월하게 정착시킬 수 있다며, 이미 재원에 대한 시뮬레이션 등은 마쳤다고 했습니다. 조 의원은 이런 내용을 구체화해서 기본소득의 실행 방안과 청사진 등을 담아 법안을 발의했습니다.

보수 진영에서 기본소득을 주장한 미래통합당 조해진 의원과 이양수 의원도 만나 인터뷰했습니다. 기본소득은 진보의 이슈에 가깝지 않느냐는 저의 질문에 조해진 의원은 '나는 스스로 보수라고 생각한다. 하지만 보수는 마음이 따뜻해야 하고 국민에게 책임의식을 가져야 한다. 그중에서 특히 어려운 계층에 대한 책임의식이 더 강해야 한다고 생각한다.'라고 답했습니다. 그리고 기본소득이 진보의 이슈에 가깝다는 말에 동의하지 않았습니다. 조 의원은 가만히 놔둬도 잘사는 사람을 위한 정책보다, 가만히 놔두면 인간적인 삶을 유지하지 못하는 사람을 돕기 위한 '선택적 기본소득'을 법제화하는 방안을 고민하겠다고 했습니다. 이를 위해 조 의원은 중산층 이상에게 지급되는 복지 혜택을 조정하는 등 현행 일부 보편적 복지 제도를 선별적 복지 제도로 전환해야 한다고 주장했습니다. 이렇게 절감한 재원으로 취약계층을 선별해 기본소득을 지급한다는 겁니다.

이양수 의원은 '농어민 기본소득제'부터 이번 국회에서 꼭 이루어야 한다고 주장했습니다. "쌀 가격 아십니까? 쌀 80kg 한 가마니 사면 4인 가족이 몇 달을 먹는데 그 가격이 아직도 20만 원이 안 된다는 게 말이 됩니까?"라며 목소리를 높였습니다. 우리 사회의 가장 취약한 계층 가운데 하나가 농어민이고, 이미 농촌에는 공익 직불금을 지급하고 있어 이 제도를 조금만 손질하면 기본소득 형태로 정착시키는 것이 어렵지 않을 것이라는 주장이었습니다.

개인적으로 국회에서 오가는 기본소득 논의가 참 반가웠습니다. 누군가는 선별적인 방식으로 기본소득 제도를 이루고자 했고, 누군가는 보편적인 방식에 대한 확신이 있었습니다. 사회적 약자의 인간적인 삶과 효과적인 부의 재분배를 위한 법안과 아이디어가 국회에서 활발하게 논의되면 좋겠습니다. 이런 논의가 보다 많은 사람이 인간다운 삶을 살 수 있는 사회를 만드는 초석이 될 것이라 생각하기 때문입니다. 보수와 진보 정치인이 논쟁하면 소모적으로 보이는 경우가 많았는데, 기본소득을 둘러싼 논쟁은 매우 의미 있어 보였습니다. 사회를 향한 애정은 같지만, 방법론적인 차이를 조율해 나가는 과정에서 이견을 보였기 때문입니다. 이 속에서 소위 보수라고 불리는 국민의힘은 여당이나 다른 정당과는 다른 모습을 보였는데, '노블리스 오블리주(noblesse oblige)', 약자를 위한 강자의 배려를 공개적으로 주장하고 나섰습니다. 그 모습이 신선했습니다. '품격 있는 보수'가 사회를 바라보는 시선이 어떠해야 하는지 모범적으로 보여 주고 있다는 생각이 들었기 때문입니다.

하지만 이런 의제 이외에 대다수의 사안 앞에서 국민의힘이 보여 준 모습은 정말 실망스러웠습니다. 현재 정권에 대한 합리적인 비판은 하지 못하고, 무작정 '빼앗긴 권력을 되찾아야 한다', '좌파가 나라를 망치고 있다', '정권 교체는 시대의 과제다' 등의 주장으로 목소리를 높이는 경우가 많아 보였습니다. 문제를 정확하게 분석하지 못하고 합리적인 대안을 제시하지 못하는 야당의 손을 어떻게 들어 줄 수 있을까요. 철 지난 빨갱이 프레임이나, '친북좌파' 프레임으로 여당을 공격하는 모습을 볼 때면, 어떻게 저렇게 시대를 못 읽어 낼까 안타깝기까지 했습니다. 그리고 그 속에서 나름의 소신으로 보수의 품격을 지켜 가고 있는 정치인을 보면 그 노력이 처절하고 안쓰럽게 느껴지기도 했습니다.

"보수가 무엇입니까? 부자들은 돈이 많아 주체를 못 하는데, 가난한 사람들이 죽어 가는 것을 내버려 두는 것이 과연 보수입니까? 재벌 대기업은 수십조 원 이익을 보는데, 중소기업과 자영업자 들이 죽어 가는 것을 내버려 두는 것이 과연 보수입니까? 4대강에는 22조 원이나 쏟아부으면서, 밥을 굶는 결식아동, 수천만

원 빚에 인생을 저당 잡힌 대학생, 월 백만 원도 안 되는 돈으로 살아가는 비정규직, 쪽방에서 인간 이하의 삶을 살면서도 기초생활보호도 못 받는 할머니 할아버지, 이분들을 위해서는 '예산이 없다'라고 뻔뻔스러운 거짓말을 내뱉는 것이 과연 보수입니까? 제가 꿈꾸는 보수는 그런 보수가 아닙니다. 제가 꿈꾸는 보수는 정의롭고 평등하고 공정하며, 진실되고 책임지고 희생하며 따뜻한 공동체의 건설을 위해 땀 흘려 노력하는 보수입니다."

앞의 글은 유승민 전 의원의 2011년 한나라당 당대표 출마 선언문의 일부입니다. 이 글 속에서 저는 천박한 자본주의를 극복하고, 공정한 경쟁을 하는 진짜 자본주의를 해 보려는 보수의 근원을 읽을 수 있었습니다. 하지만 현실 정치에서 이런 생각을 하는 보수 세력이 제대로 된 목소리를 내는 모습을 보기는 쉽지 않았습니다. 당내 헤게모니 다툼에서도 곧잘 밀리는 듯했구요. 오히려 변질되고 왜곡된 보수가 더 큰 목소리를 내고, 야당을 대표하는 듯 보일 때, 참 안타까웠습니다.

약자를 보듬는
따뜻한 보수가
필요하다

>>> 조해진 국민의힘 국회의원

서울대 법대 출신이다. 원래 법조인을 꿈꿨으나 대학생 때 정치를 하기로
마음먹었다. 위정자들은 청렴하고, 군대는 강하고, 시민들은 편안하고,
다른 나라는 한국을 부러워하는… 그런 사회를 꿈꾸며 정치에 발을 디뎠
다. 정치권에 처음 들어와서 박찬종 의원과 이회창 의원의 보좌진으로 일
했다. 이후 서울시장 시절부터 이명박 대통령을 도왔다. 본인을 MB계로
분류하는 것을 전혀 주저하지 않는다. 정치하면서 가장 기뻤던 순간으로
이명박 대통령이 당선됐을 때를 꼽을 정도다.

어려움을 모르고 자랐을 것 같은 이미지지만 실상은 다르다. 밀양 출신인
그는 삶의 여러 어려움을 겪으며 자랐다고 한다. 그래서 노블리스 오블리
주를 중시한다. 가진 사람도 '없이 사는 사람'의 마음을 반드시 알아야 한
다고 믿는다. 그래서 사회적 약자를 무시하는 보수는 존재할 이유도 없
고, 희망도 없다고 생각한다. 따뜻한 보수, 품격 있는 보수를 꿈꾸는 그에
게 정치적인 소신과 앞으로의 방향을 물었다.

- 지난해 여름, 저와 기본소득에 대한 인터뷰를 하셨잖아요. 그때 "진짜 보수는 사회적 약자를 생각하고 그들을 위한 정책을 만드는 사람들"이라고 강조하셨습니다. 어떤 의미로 보수의 자질로 '약자를 위한 마음'을 그렇게 강조한 건가요?

○ 기본소득은 우리 사회가 선진국으로 가는 과정에서 반드시 필요한 제도라고 봅니다. 절대빈곤을 줄이는 것, 빈부격차를 줄이는 것, 우리 사회가 마주한 시대적인 과제잖아요. 이 과제를 해결하는 데 진보와 보수가 따로 있을 수 없다고 생각합니다. 절대빈곤을 해결하는 가장 효과적인 방법은 기본소득을 주는 것이죠.

그런데 더불어민주당 일부나 이재명 지사가 생각하는 기본소득과 제가 생각하는 기본소득은 다릅니다. 그들은 다 똑같이 주자는 개념이고, 저는 빈곤선 아래에 있는 사람에게 일정 정도의 소득을 주자는 거예요. 차등적 기본소득이죠. 이렇게 얘기하면 '그건 기본소득이 아니야'라고 말하는 사람도 있는데, 무조건 전 국민에게 지급하라는 원칙이라도 있습니까? 그건 아니라고 봐요. 가장 가난한 사람, 도저히 노동 시장에서 경쟁력을 가질 수 없는 사람에게 얼마간의 소득이라도 국가가 보조해 주고, 그들이 자립할 수 있게 도와주자는 거죠. 사람으로 태어난 이상, 의식주는 보장되어야 한다고 생각합니다. 굶지 않을 권리, 입을 피복을 가질 권리, 잠잘 집을 가질 권리. 이건 국가가 해 줘야죠.

그래서 몇몇 지자체에서 운영하는 제로마켓 같은 모델을 매우 좋게 봅니다. 음식이든 옷이든 기부받아서 가져다 놓고 가난한 사람들이 자유롭게 갖다 쓸 수 있게 하는 거죠. 없는 사람도 자존심 덜 다치고 생활의 최저선을 유지할 수 있게 돕는 정치, 그게 제가 추구하는 목표입니다.

- 지금 우리나라가 해결해야 할 가장 큰 과제가 양극화 해결이라고 보시는 거네요?

○ 네. 격차 해소가 정말 중요하죠. 지방과 수도권의 격차 해결, 가난한 사람과 부유한 사람 사이의 격차 해결. 그리고 이에 더해서 입법부, 사법부, 사정 기관, 심지어 언론까지 모두 정치 권력의 지배를 받는 모순된 현실을 해결하는 것! 이게 오늘의 시대 과제라고 봅니다. 이번 정권 들어서서 정치 권력이 마땅히 독립되어야 할 나라 곳곳의 권력기관을 모두 지배하기 시작했어요. 그리고 보수 세력에 대한 편견과 혐오가 더 심해졌죠.

- 진정한 보수란 어떤 모습일까요?

○ 사심 없이 애국하는 사람들이죠. 보수주의자들은 나라가 어려울 때마다 순수하게 헌신했습니다. 그런데 이제 이런 보수의 이미지가 무너지고, 국민들에게 보수가 어떤 이익 집단, 기득권 집단으로만 비치는 것 같아요. 너무 안타깝습니다.

- 지금 보수의 가장 큰 문제점은 무엇이라고 보시나요? 국민의힘의 문제점을 냉정하게 분석하자면요?

○ 앞서 말한 것처럼 모름지기 보수라면 나라를 걱정하고 책임지고, 사심 없이 헌신하는 사람들이란 말이죠. 그런데 지금 보수는 국민으로부터 신뢰를 잃어버렸어요. 자기 밥그릇 챙기는 세력, 공익보다 사익을 추구하는 세력으로 낙인이 찍혀 버렸단 말이에요. 일례를 들어 볼까요? 보수 세력을 지칭하는 사람들의 상당수가 자주 호남을 포기해요. 영남 국민을 설득하는 게 더 쉬우니까 호남은 내버려 두고 가는 거죠. 2030 세대도 종종 포기해요. 나이 든 분들 설득하기가 손쉬우

니까 상대적으로 민주당 성향이 강한 젊은 세대를 포기하는 거죠. 우리 편 아니면 배제하고, 우리에게 표를 주는 세력에게만 집중하자. 이게 품격 있는 보수입니까? 말도 안 되는 거죠.

보수는 전체를 생각하는 사람이거든요. 지역과 계층, 세대를 모두 뛰어넘어서 한 나라의 구성원으로 존중하고 함께 끌고 가야죠. 보수는 대대로 우리 사회의 주류였어요. 나라 전체를 책임지는 사람들이었단 말입니다. 그런데 이제 보수가 '우리는 소수다' 이런 의식이 강해지면서 우리 편 남의 편 나누고, 남의 편은 배제해 버리는 행태를 취하고 있는 거죠. 이건 보수가 자멸하는 길이라고 봅니다.

● 반대로 현재 진보의 가장 큰 문제는 뭐라고 보시나요? 민주화를 위해 투신했던 운동권 선후배들에 대한 마음은 어떠신가요?

○ 진보로서의 철학과 이념이 부재하다는 점. 진보 세력을 보면 자신들이 어떤 가치를 추구하는지 정립이 안 되어 있고, 대중을 상대로 선전만 하는 모습이 종종 보여요. 운동권 출신 일부 586 정치인을 보면 그런 걸 강하게 느껴요. 주사파 사상을 바탕으로 한 운동권 세력은 사회주의적 포퓰리즘을 추구하는 사람들이란 말이에요. 그런데 그들이 일하는 방식을 보면 어떠냐? 상당히 전체주의적이에요. 민주주의를 가장 지향할 것 같은 사람들이 굉장히 모순적이게도 권력 집중형 전체주의를 추구하는 모습을 보입니다. 그들 내부의 의사 결정 구조도 그렇고 국회에서 다른 당을 대하는 태도도 그래요. 지금 권력의 핵심부에 이런 운동권 출신 586 인사들이 꽤 있어요. 그런데 그들의 입김이 매우 세기 때문에 역사에 유례가 없는 퇴행을 맞고 있다고 봐요. 국회, 청와대, 사법부, 노조, 시민단체, 사정 기관까지 이들이 지배하고 있는 것 같거든요. 이들

은 말로는 진보를 말하지만 실제로는 진보가 아닙니다. 본인들 코드에 맞는 사람들을 요직에 앉히고 거대한 카르텔을 만들어 버리죠.

- 그래도 그들이 우리나라 민주화를 위해서 헌신한 점은 존중해야 하지 않을까요?

○ 독재 정권 시절 나라의 민주화를 위해 헌신한 분들, 저는 정말 존경합니다. 장기표 씨나 주대환 씨 등이 대표적이라고 생각해요. 유신 독재 체제하에서 노동 운동에 헌신하고, 민청학련 사건, 부마항쟁 등으로 구속되는 등 굴곡진 삶을 살았던 분들이죠. 그런데 본인의 희생을 그렇게 자랑하지도 내세우지도 않아요. 제가 보기엔 절대다수의 순수한 운동권이 있는데, 일부 나서기 좋아하는 운동권이 그 과실을 독점하고 있는 것 같습니다.

그런데 이제 요즘 세대가 그들의 행태에 대해 반감을 갖고 배신감을 느끼기 시작한 것 같아요. 몇몇 운동권 출신 인사들이 나라 권력을 장악하는 것에 대해 염증을 느끼고 있는 거죠. 잠깐 학생 운동하고 감옥 갔다 온 걸로 평생을 우려먹고 수차례 공천받고 정치권에서 누릴 것 다 누린 사람들. 저는 그런 운동권은 인정하지 못합니다. 그들이 진보를 자청하는 것도 인정 못 하고요.

- 우리나라의 보수, 진보 논쟁이 성숙하지 못했다고 보시는군요.

○ 맞아요. 우리는 보수와 진보를 나누기 위해서 어떤 사상적 합의, 가치에 대한 토론을 한 적이 별로 없어요. 정치인들은 보수와 진보를 철저히 표를 얻기 위한 선전 방식으로만 이용해 왔죠. 보수와 진보는 철학이요 가치 체계인데, 거기에 대한 논의 없이 무조건 네 편 내 편

나누는 도구로만 이용해 왔으니…. 그런 게 전형적인 프로파간다, 즉 선전입니다. 그러니 보수도 진보도 건전하게 발전할 기회를 잃어 왔고요. 차츰 바로잡아 가야죠.

- 최근 최재형 전 감사원장 대선 캠프에 합류하셨습니다. 최재형 전 원장이 보수의 가치를 함께 이뤄 나갈 수 있는 사람이라고 보시나요?

○ 일단 지금 상황에서 보면 정권 교체는 반드시 이뤄야 할 우리의 과업입니다. 시대가 준 사명이죠. 그걸 누구를 통해서 이룰 수 있느냐, 저는 최재형 원장이 분명히 본선 경쟁력이 있다고 봅니다. 그러면 윤석열 총장은 아니냐? 그런 건 아닙니다. 제가 7월 16일 최재형 원장으로부터 전화를 받았어요. 좀 도와 달라더군요. 알겠다고 했습니다. 그런데 바로 다음 날 윤석열 총장으로부터 전화가 왔어요. 도와 달라고요. 이미 최 원장을 돕기로 했는데 어떻게 말을 바꿉니까. 이미 최 원장을 돕기로 해서 어렵다고 말했죠. 저는 최 원장과 윤 총장 둘 다 높이 평가합니다. 두 분 다 그 분야에서 오래 경력을 쌓아 온 분들이고, 나름의 소신도 있고요. 최 원장은 살아온 삶이나 종교나 여러 가지 면에서 저와 잘 맞는 측면이 있고, 윤 총장은 제가 처음 만났을 때부터 형님이라는 말이 절로 나올 정도로 특유의 친화력이 대단한 사람이고요. 저는 두 분 다 좋아요. 그런데 제게 먼저 손 내민 분이 최 원장이고, 또 저도 그분에 대한 깊은 호감이 있기 때문에 함께 가기로 한 거죠.

- 헌법이 보장한 감사원장 임기를 버리고 대선에 나온 부분은 어떻게 평가하세요? 감사원장 재임 시절부터 대선을 준비해 온 거라면 이제까지의 감사원장으로서의 업무는 중립성을 의심받을 수밖에 없다는

비판도 나옵니다.

○ 헌법에 감사원장의 임기를 보장해 준다고 했지, 감사원장이 중간에 나가는 게 불법이라고 한 적은 없지 않습니까? 보장된 임기를 포기하고 나오는 건 본인 자유죠. 대선이라는 게 바로 나올 수 있는 성질의 선거는 아니니까 감사원장 시절부터 당연히 준비는 하셨겠지요. 하지만 '내가 대권에 도전할 예정이니까 이 정부와 관련해 혹독하게 감사해야지.' 이런 생각을 한다는 건 말도 안 된다고 생각하고, 저는 최 원장이 그랬을 것이라고 절대로 생각하지 않습니다.

● 지금까지의 정치 여정을 보면 본인 인생에 가장 크게 자리 잡고 있는 사람이 이명박 대통령인 것 같아 보입니다. 이명박 대통령은 본인에게 어떤 의미인가요?

○ 내게 정치적인 승리를 알려 준 사람, 나의 정치적인 이상형이죠. 지금은 이명박 대통령에 대한 대중들의 평가가 야박하지만, 저는 흔들리지 않습니다. 언젠가 재평가받을 것이라고 봐요. 제가 박찬종, 이회창 의원의 보좌진을 하다가 이명박 대통령을 만났어요. 제가 정치를 하면서 가장 기쁘고 가장 큰 감동을 느낀 순간이 이명박 대통령이 당선됐을 때였습니다. 내가 모시던 분을 대통령으로 만드는 기분은, 뭐라고 설명할 수가 없어요. 내가 국회의원 됐을 때보다 훨씬 더 기뻤어요. 제가 그분을 서울시장 시절부터 모셨거든요. 이명박 대통령이 기업인 출신이잖아요. 이념이 아니라 실천, 행동으로 말하는 게 몸에 밴 사람이란 말이에요. 그러니까 함께 일하는 게 얼마나 재미있고 보람 있었는지! 청계천 보세요. 그걸 누가 할 수 있었겠습니까. 저는 지금도 힘들면 차 몰고 서울시청을 한 바퀴 돌아요. 그때의 희열, 그때의

기억을 복기해 보면 어려운 일도 이겨 낼 힘이 생겨요.

● 정치란 무엇이라고 생각하시나요? 어떤 정치가 좋은 정치라고 생각하는지요?

○ 하늘나라를 이 땅에 실천할 수 있는 정치요. 국민들이 서로 사랑하고 열심히 일하고, 그로 인해서 공동체가 바로 서고 나라는 부강해지고. 지도자와 정치인은 국민 앞에서 겸손하고, 우리나라가 다른 나라의 부러움을 사는 나라가 되고. 그런 부강하고 모범적인 나라를 만들어 가는 게 정치라고 생각합니다.

● 나중에 어떤 사람으로 기억되고 싶은지요?

○ 어떤 사람으로 기억되고 싶다기보다는 그냥 나라는 존재가 기억되고 싶어요. '조해진이라는 정치인이 우리 곁에 있었지. 그 사람이 우리와 이 시대를 함께 살았지.' 이렇게요. 역사 속에서 그저 잊히는 사람이 아닌, 어떤 형태로든 오래도록 많은 사람의 머릿속에 기억되고 회자되고 그리움의 대상이 되는 그런 사람이 되고 싶습니다.

"소명"

정치를 하는 이유도, 사는 이유도 '소명' 때문이라는 그다. 그의 소명은 종교에서 기인하기도 하고, 정치적인 신념에서 비롯되기도 한다. 법조인의 삶을 살았더라면 훨씬 더 안정된 삶을 살지 않았을까 사람들은 묻지만, 조 의원은 정치를 하는 게 본인 인생의 필연이자 이루어야 할 소명이라고 믿는다. 이루고 싶은 나라, 만들고 싶은 사회가 있기 때문이다.

제3의 길,
정의당과 소수정당을 만나며

21대 국회에는 거대 양당 이외에도 다른 정당들이 여럿 있습니다. 정의당(6석), 국민의당(3석), 열린민주당(3석), 기본소득당(1석), 시대전환(1석) 등이 있고, 무소속 의원도 6명이나 있었습니다.[30]

사실상의 양당 체제에서 이런 소수정당은 힘이 없습니다. 그럼에도 불구하고 이들을 지지하는 시민들이 분명히 있습니다. 시민들이 소수정당에 거는 기대는 무엇일까요? 양당이 담아내지 못한 다양한 욕구를 대변해 주길 바라는 마음, 양당을 보며 느낀 실망을 보상받으려는 마음이 아닐까요? 특히 원내 제3정당인 정의당에는 우리 사회 소수자들을 위한 입법에 활발하게 반응해 주기를 바라는 마음이 클 것입니다. 국회 출입기자로서 정의당을 비롯한 소수정당을 대하는 저의 마음도 사뭇 각별했습니다. 이 정당들이 추구하는 가치가 현실 정치에서 힘을 발할수록 우리 사회가 더 다양한 가치를 공유하고, 더 좋아질 것이라는 생각이 있었기에 이들이 잘하기를 바라는 맘이 컸습니다.

원내 제3정당의 무게, 정의당을 만나다

21대 국회를 취재하면서 가장 기억에 남는 입법 가운데 하나는 장애인 돌봄 시간을 늘리자는 내용의 입법이었습니다. 코로나 시국에 발달 장애인 자녀를 둔 부모들이 자살하는 사건이 여럿 있었습니다. 돌봄이 너무 어렵고 막막했기 때문이었습니다. 현행법에는 장애인을 위해 활동지원사를 지원하는 방안이 엄연히 있습니다. 하지만 한계가 있습니다. 천재지변으로 피해를 입을 경우 긴급 지원을 받을 수 있지만, 코로나19는 천재지변으로 분류되지 않았기 때문입니다. 이 문제에 정의당 장혜영 의원실이 반응했습니다. 장 의원은 천재지변에 '감염병 확산에 따른 위기 경보가 발령됐을 경우'까지 포함하는 내용을 담은 장애인활동법(장애인활동지원에 관한 법률) 개정안을 발의했습니다. 활동지원사의 도움을 받지 않으면 일상생활이 전혀 불가능한 중증 장애인이라면 누구나 24시간 도움받게 하자는 제안도 내놨습니다.

국회 소통관에서 장혜영 의원이 해당 법안을 발의한다는 기자회견을 할 때, 발달 장애아를 둔 부모들, 그리고 장애인 본인들이 함께 자리했습니다. 그들은 울면서 코로나 시국에 장애인으로 사는 것의 절절한 어려움을 토로했습니다. 기자회견도 법의 내용도 모두 마음을 울렸습니다. 해당 법안의 내용을, 그리고 기자회견장 너머에 있는 그분들의 사연을 기사로 발제해야겠다고 생각했습니다.

국회를 잠시 비우고 이분들 집에 직접 찾아가서 인터뷰를 했습니다. 집 안에서 꼼짝없이 누워만 있는 사람들을 인터뷰한 기억은 아직도 생생합니다. 재난은 불공평하게, 장애인과 돈 없는 사람에게 훨씬 더 가혹하게 다가오고 있었습니다. 갈 곳 없는 발달장애인 아이를 돌보며 종일 씨름하는 부모의 눈물, 활동지원사의 도움 없이는 전혀 움직일 수 없는 몸으로 집이라는 창살 없는 감옥에 갇혀 사는 전신 장애인. 이분들을 인터뷰하면서 이들을 위한 실질적인 입법의 필요성을 강하게 느꼈습니다.

법안 내용을 취재하면서 대표 발의자 장혜영 의원을 만나 얘기를 나눴습니다. 장 의원의 동생도 장애를 가지고 있습니다. 이미 언론을 통해 여러 번 기사화된 내용이었지만, 본인에게 직접 얘기를 들으니 더 안타까운 맘이 들었습니다. 그는 동생을 장애인 시설에서 데리고 나오기 위해 쏟은 노력, 그리고 의정 활동을 하기 위해 활동지원사를 써 가며 가족을 돌보는 고충을 이야기했습니다. 코로나 시국에 장애인을 돌보는 것의 어려움을 돌아본 이 법안은 의원 본인이 겪은 아픔에서 기인했기에 더욱 진정성 있는 입법이었습니다. 정치인이 경험한 삶의 역경은 개인적인 측면에서는 너무 큰 아픔이겠지만, 사회 전체의 측면에서는 때로 득이 된다는 생각이 들었습니다. 아픔을 직접 겪어 본 사람만이 볼 수 있는 삶의 어둠이 분명히 있습니다. 정치인이 자신의 삶 속에서 절절하게 느낀 아픔을 바탕 삼아 활동한다면 더욱 양질의 입법을 해내리라 생각합니다.

정의당 이은주 의원을 만나면서도 비슷한 생각을 했습니다. 오랜 시간 서울지하철공사에서 노동 운동을 해 온 그를 노동 관련 입법을 취재하면서 만났습니다. 국회의원이 되고 나서야 얼굴에 뭔가를 발라 볼 생각을 했다면서 화장하는 방법을 평생 처음 익히고 있다며 쑥스럽게 웃던 모습이 인상에 남습니다. 이제껏 해 온 노동 운동에서 필요하다고 생각한 내용을 법으로 만들고 있는데, 그게 참 어렵다고 솔직하게 고백하는 모습도 소탈하게 느껴졌습니다. 해고를 당해 보지 않은 사람들은 해고자의 심정을 모릅니다. 직접 육체노동을 해 보지 않은 사람들은 그 고단함을 알기 어렵겠죠. 학생 운동, 노동 운동을 하며 현장의 아픔을 몸으로 느끼며 살아온 그녀가 제도권 정치 안에서도 내실 있는 입법을 했으면 좋겠다는 생각과 함께 진심으로 응원하는 마음이 들었습니다.

앞서 중대재해처벌법 부분에서 언급한 강은미 원내대표는 제가 국회를 출입하면서 가장 많이 떠올린 정치인 가운데 한 명입니다. 제 나름 중대재해처벌법 취재에 너무나 진심이었기 때문에, 원내대표인 그가 얼마나 바쁘고 정신없을 줄 알면서도 그녀의 방을 여러 번 직접 찾곤 했습니다. 긴 노동 운동의 시간, 지방자치단체 의원으로서의 삶, 그리고 국회의원에 이르기까지. 그녀가 걸어온 길은 사뭇 일관됐습니다. 노동자를 위한 입법, 더 가난한 사람들을 위한 정치. 그리고 그것을 표현하는 방식도 투쟁적이거나 거칠지 않고 따뜻하고 논리적으로 느껴졌습니다. 그런데 중대재해처벌법 입법을 추진하는 과정에서 그의 깊이와 따뜻한 설명 방식이 사회에 제대로 전달되지 않고 있는 것 같다는 생각이 들었습니다. 사안이 너무 정치적인 공방으로 흘러 버린 것, 정의당이 강경한 어조로 이 법을 '당위'로 주장하는 것처럼 비친 것이 안타까웠습니다.

그렇다면 이제 개별 의원들에 대한 소회와 별개로 당에 대한 평가를 내려 보겠습니다. 정의당은 잘하고 있는 것인가? 제3정당으로서의 역할, 우리나라 대표 진보 정당으로서의 역할을 다하고 있는가? 의원들 개개인을 만나면 소탈하고 인간적이고 매력이 있습니다. 하지만 그것이 정치의 본령은 아닐 것입니다. 정의당은 "승자 독식을 넘어 함께 행복한 대한민국, 정의로운 복지 국가로 나아갈 것이다."라는 강령을 내세우고 있습니다. 하지만 정의당이 이 강령을 실천하기 위해 어떤 노력을 기울였는지, 그리고 그들이 메시지를 전달하는 방식이 대중에게 얼마나 설득력이 있었는지 돌이켜 보면 아쉬울 때가 참 많았습니다.

정의당은 거대 여당, 야당과는 다른 목소리를 내야 합니다. 중심을 똑바로 잡고 진보의 청사진을 제시해야 합니다. 그게 정의당이라는 진보 정당이 존재하는 이유일 것입니다. 정의당에서 낸 법안 가운데 더불어민주당, 국민의힘과는 다른 어떤 진보적인 입법이 있었나? 공정한 성장과 정의로운 분배라는 거대한 시대의 과제 앞에 정의당이 얼마나 더 깊이, 처절하게 고민했나? 묻게 됩니다. 정의당이 주도적으로 이끈 차별금지법과 중대재해처벌법이 있지만, 대부분의 경우 거대 양당의 논의 속에서 정의당의 존재감이 크지 않았기에 아쉬울 때가 참 많았습니다.

입법에서의 차별화가 부족한 것과 함께 정의당이 대중과 소통하는 방식도 다소 아쉬웠습니다. 개인적으로는 국회에서 여러 퍼포먼스를 해서 입법 내용을 알리는 것이 효과적인 소통 방식이라고 생각하지 않습니다. 의원이 진실한 입법을 하는 것보다는 자신이 주목받고자 하는 욕망을 우선 채우려는 것은 아닌가 하는 생각도 들었습니다. 진정성은 언젠가는 인정받는다고 봅니다. 대중들이 때로는 당장 호기심이 가는 쪽에 더 끌리는 것 같아 보여도 긴 시간이 지나고 나면 결국엔 진정성 있는 콘텐츠에 더 귀 기울인다고 생각합니다. 그런데 정의당 의원들 스스로가 당의 세력이 약하다는 점을 만회하고자 콘텐츠가 아닌 퍼포먼스에 집중한다면 대중은 정의당 정치인의 진심에 의문을 품을 가능성이 높아질 것입니다. 그것은 당 전체에도 큰 손실이 아닐까 싶었습니다.

심상정, 노회찬으로 대표되는 정의당의 '간판'은 수십 년째 바뀌지 않았습니다. 이제 세대교체를 이룰 때가 됐습니다. 다음 세대를 이끌 정의당 의원들은 진보의 본질을 제대로 이해하고 있는 것일까요? 우리 사회에 진보의 청사진을 밝게 제시해 줄 수 있을까요? 부디 더 나은 차세대 정의당 주자들이 많이 등장하기를, 그들의 고민이 더 깊어지기를, 그들의 발걸음이 우리 사회에 '정의로운 복지 국가'의 초석을 놓아 주기를 기대합니다.

누구도 가 보지 않은 길, 소수정당의 움직임

사실상 거대 양당 체제로 유지되고 있는 우리나라에서 소수정당이 국회에서 자리매김하고 제 목소리를 내는 것은 정말 어려운 일입니다. 강한 세력에 붙지 않으면 자기 존재감을 드러내기 어려운 것은 조직의 생리니까요. 그래서일까요? 국회에 출입하는 동안 소수정당 의원들을 만나면 더 마음이 갔습니다. 그나마 정의당은 인지도라도 있죠. '그런 당도 있었어?' 혹은 '당 이름조차 헷갈리네.' 이런 말을 듣는 소수정당들도 있습니다. 하지만 이들 역시 국회에서 나름대로 최선을 다해 분투하고 있었습니다.

원내 1석인 당으로 각각 조정훈 의원과 용혜인 의원이 소속한 시대전환과 기본소득당이 있습니다. 두 의원은 더불어민주당의 위성정당인 더불어시민당의 비례대표 의원으로 국회에 들어왔습니다. 이후 더불어시민당을 나와서 각자의 정당으로 돌아갔습니다.

시대전환은 "이념 대립에서 벗어나 실용을 추구하는 '생활진보 플랫폼'을 지향하겠다"고 천명한 정당입니다. 보수냐 진보냐, 운동권이냐 아니냐의 프레임으로 분류할 수 없는 제3의 정치 세력, 양당제로 굳어진 우리 국회 안에서 이런 정당이 내뿜는 신선함이 분명히 있었습니다. 국회를 점령한 거대 양당의 헤게모니 속에서 경제 정책에서는 진보적인 행보를 보이고 안보 이슈에서는 보수적인 목소리를 내면서 시대전환만의 색깔을 찾아 가려는 모습이 인상적이었습니다. 정치부 기자들 사이에서는 시대전환 의원실의 분위기, 보좌진들의 태도 등이 꽤나 화제였습니다. '의원실을 찾아가면 마치 교회에 새 가족 온 것처럼 따뜻하게 맞아 준다. 취재에 앞서 전도부터 당할 것 같은 분위기다.' 또는 '똘끼 있는 보좌관, 홀리한 보좌관 등등 캐릭터가 다들 매우 독특한데, 일단 다 착하다.' 등등. 21대 국회 개원 초반, 의원실을 소개할 때 의원 소개는 간단히 하고 보좌진 소개를 자세히 해서 여러 언론이 주목하기도 했습니다. 의원실 안에서 직분을 떼고 의원도 보좌관도 서로를 그냥 '정훈 님', '병태 님', '병현 님'으로 호칭하는 문화도 신선했습니다. 조정훈 의원은 중대재해처벌법으로 단식하는 정의당 원내대표를 찾아가서 격려하고 위로하는가 하면, 기본소득 논의를 할 때는 국민의힘 김종인 위원장을 찾아가 의견을 구하는 모습도 보였습니다. 너무나 자주 선명성을 요구받는 우리 정치판에서 이런 모습은 욕먹기 쉽죠. 알린스키는 "자신이 진리를 소유하고 있다고 완전히 확신하고 있는 자들은 내적으로는 어둠에 가득 차 있고 외적으로는 잔혹함과 고통, 불의로 세상을 어둡게 한다"고 말했다지요.[31] 시대전환을 향해 그리고 조정훈 의원을 향해 대체 진보와 보수 중 너희는 어느 쪽이냐고 묻는다면, 아마 알린스키의 말을 답으로 내놓지 않을까 싶었습니다.

기본소득당은 모토도 정강도 매우 선명하고 단순합니다. 국민모두에게 한 달에 60만 원을 주는 기본소득을 현실화하자는 것입니다. 기본소득당은 노동당 구성원 가운데 기본소득이라는 의제를 추진하려는 사람들이 따로 모여 만든 정당입니다. 지역구로는 의석을 내기 힘든 정당인데, 21대 총선에서 여당이 만든 위성

정당의 우산 아래에서 비례대표로 국회에 들어왔습니다. 21대 국회에서 기본소득 논의가 활성화된 데는 기본소득당의 영향도 크다고 생각합니다. 특정 정당이 한 가지 이슈를 아예 당명으로 내걸고 존재했던 적이 우리나라 정치사에서 매우 드물었기에, 기본소득당이 가지는 의미는 크다고 봅니다. 법을 통과시키는 데 큰 영향력을 끼치는 것은 물론 거대 양당이지만, 기본소득당이 보편복지를 둘러싼 고민, 기본소득을 둘러싼 논쟁에 불을 지핀 것만은 확실해 보입니다.

원내 3석인 열린민주당은 많은 시민들이 더불어시민당과 헷갈려 합니다. 더불어시민당은 더불어민주당의 공식적인 비례 위성정당입니다. 총선 이후 더불어민주당과 더불어시민당은 합당을 했고요. 반면 열린민주당은 선명한 친여 성향을 가지고 있는 당이고 비례대표 의원으로 구성된 당이지만, 더불어민주당의 위성정당으로 분류하기는 어렵습니다. 창당 선언문에는 "우리 '열린민주당'이 문재인 대통령을 지키고 그 성공의 길에 온몸을 던지겠습니다. 죽을 각오로 결단하겠습니다."라고 밝히고 있습니다. 이처럼 친여 성향임을 분명히 했지만, 더불어민주당으로 흡수되지는 않았습니다. 21대 총선을 앞두고 정봉주 전 의원이 창당했고, 손혜원 전 의원이 함께했습니다. 비례대표로만 3석을 배정받아 3명의 의원이 원내에서 활동하고 있으며 더불어민주당이 '중도주의의 환상에 빠져 있다'고 비판하고 있습니다.

국민의당은 안철수 전 의원이 창당한 정당으로 역시 21대 총선에서 비례대표 후보만 낸 비례 정당입니다. 정치적으로는 중도 진보, 중도 보수를 표방합니다. 21대 총선에서는 기대치에 미치지 못하는 3석의 성적표를 받았습니다. 안철수 전 의원은 현재는 국회의원이 아니라 당대표입니다. 현재 국민의당을 예전 2016년에 안철수 전 의원이 창당한 당과 헛갈려 하는 분들이 많습니다. 2016년에 만들어졌던 국민의당은 2018년에 바른정당과 통합해 바른미래당을 창당하면서 이미 없어졌습니다. 현재의 국민의당은 2020년 안철수 대표가 새로 세운 당입니다. 소위 '중도 보수', '개혁 보수'를 지향하는 세력이 걸어온 역사는 매우 복잡합니다. 진보 정당의 역사를 따라가다 보면 어느 순간부터인가 민주노동당, 진보당, 노동당, 정의당, 진보신당 등이 모두 헛갈려서 궤적을 파악하기가 쉽지 않았는데, 국민의당을 비롯해 바른정당, 바른미래당, 대안신당, 민주평화당 등 소위 중도 세력도 비슷한 모습인 듯합니다. 국민의당은 공식적으로 실용적인 중도 정치를 표방하고 있습니다. 기존의 여당과 야당, 진보와 보수의 구분에 지친 시민들에게 희망을 주자는 취지로 만든 당이죠. 하지만 이런 자칭 '중도 세력'은 수많은 분당과 합당, 창당을 거듭하는 과정에서 말하고자 하는 바가 차츰 퇴색하고, 국회에서의 입지는 점점 좁아지고 있는 듯 보입니다.

보신 것처럼 우리나라 소수정당의 힘은 약합니다. 그럼에도 불구하고 저는 이런 소수정당의 가치를 소중하게 생각합니다. 대의제 민주주의 국가에서 시민들은 선거를 통해 의견을 말합니다. 선거로 대표를 선출하고 그 대표들에게 국가를 운영하는 권력을 줍니다. 현재 선거를 통해 대표되는 이해 집단이 얼마나 다양한지, 시민의 요구가 정당을 통해 민주적으로 분출되고 있는지를 살펴보면, 아직 한계가 많아 보입니다. 거대 양당 체제로 굳어진 우리 국회는 사회의 다양한 계층의 이해관계를 미처 다 대변하지 못하는 측면이 많습니다. 현 정치 체제에서는 환경 문제, 페미니즘 문제, 노동 문제, 이주민 문제 등등 다양한 사회 문제를 대표할 수 있는 정치인이 국회에 들어가는 것이 쉽지 않은 것이 현실입니다. 때문에 개인적으로는 정당별로 투표할 수 있는 비례대표 의석을 좀 더 늘리는 방안을 적극적으로 검토해야 한다고 생각합니다. 거대 정당에 소속되지 않아도, 세력이 약해도 국회 입성의 기회를 가질 수는 있어야 하니까요. 다만, 비례의원은 국민이 직접 해당 인물에 투표하지 않고 정당에 투표하는 만큼, 각 정당이 비례대표 의원 명단을 구성할 때부터 철저하게 검증하고 시민의 의사를 반영하는 시스템을 구축해야겠지요.

더 다양한 소수정당이 더 다양한 색깔로 국회에 존재했으면 좋겠습니다. 때로는 그 소수가 사회의 주류가 되는 모습을 봐도 참 신선할 것 같습니다. 보수, 진보라는 말로는 다 담을 수 없는 이념까지 국회가 대변해 줄 수 있으면 좋겠습니다. 우리나라 정당 정치가 조금씩 발전해 갈수록 더 다양한 모습의 시민 대표가 국회 문턱을 넘을 수 있을 것이라 믿습니다.

보수도 진보도 아닌 새로운 길을 만들어 간다

>>> 조정훈 시대전환 국회의원

21대 국회 초선 의원. 공인회계사 시험에 합격한 뒤 미국 유학을 떠나서 하버드대학교 케네디 행정대학원에서 국제 개발 분야 석사 학위를 받았다. 이후 세계은행에 입사, 전 세계 각지를 돌며 일했다. 2016년 더불어민주당 영입 인재로 입당했으나 출마는 불발됐고, 2020년 시대전환을 창당, 더불어민주당 중심의 비례 연합 위성정당인 더불어시민당에 합류해 비례 대표로 국회에 입성했다. 2021년 서울시장 보궐 선거에 나섰으나 더불어민주당 박영선 후보와 단일화했다. 원내 1석, 시대전환의 당대표이자 유일한 국회의원이다. 소수정당의 생존법을 말해 줄 사람으로 조정훈 의원보다 더 적임자를 찾기는 어려웠다. 정치를 하는 그의 소회, 그리고 거대 양당 속에서 고군분투하며 본인 목소리를 내고 있는 그의 정치 생존기를 들어 봤다.

● 정치에 발을 들인 지 5년 정도 되신 걸로 알고 있습니다. 정치에 입문하고 난 뒤 가장 어려웠던 순간, 가장 보람 있었던 순간은 언제였나요?

○ 서울시장 후보 단일화하던 날이 가장 어려웠던 것 같아요. 내가 시장 하면 정말 잘할 자신이 있는데 그걸 포기해야 하니 마음이 정말 아팠어요. 그날 보좌진 몇몇이 많이 울더라고요. 내가 저 사람들을 실망시키고 울렸구나 생각하니까 더 마음 아프고. 국회의원직을 지키기 위해서 제 소신을 양보한 건데, 금배지 떼고서라도 끝까지 갔어야 했나? 정말 여러 생각이 들었죠. 처음부터 의원직을 걸 생각을 하고 선거에 나섰어요. 저는 진심이었지만 결국 당 내부의 반대를 넘어설 수 없었습니다. 시대전환은 국회의원이 저 한 명뿐인데, 그 소중한 역할을 제 욕심 채우느라 던지면 너무 이기적이라는 거였죠. 정치를 시작하고 나서 가장 힘든 순간이었습니다.

가장 보람 있었던 순간은… 하나로 꼽기 어려울 만큼 아주 소소하게 많은데요. 법이 통과되거나 대정부질문을 잘해서 스포트라이트를 받은 순간보다 민원인과 얘기를 나누던 때가 기억에 많이 남아요. 최근에 도봉구에서 소상공인 간담회를 했는데, 한 분이 코로나19 때문에 얼마나 어려운지 열변을 토하셨어요. 잠자코 가만히 들었어요. 그런데 그분이 그러시더라고요. "국회의원이 내 얘기 이렇게 오래 들어 준 게 처음이다. 진짜 고맙다." 저는 한 게 아무것도 없고 그냥 들었는데, 정치인이 자기 얘기를 들어 주는 그 자체가 그분들에겐 고마운 거예요. 그때 먹먹함과 함께 큰 보람을 느꼈습니다. 내가 들어 주는 것 자체로도 고마움을 주는 존재가 되었다는 것. 정치하는 보람을 느꼈죠.

- 손실보상법과 재난지원금 지급이 큰 이슈입니다. 소급을 할 것인가 말 것인가. 보편이냐 차등이냐. 어떻게 생각하세요?

○ 명확합니다. 손실은 소급 적용, 재난지원금은 보편 지급! 이 원칙을 지켜야 한다고 봐요. 이번 6월 상임위(산업통상자원중소벤처기업위원회)에서 통과된 손실보상법 개정안에 소급 적용 조항이 없는 것은 맞습니다. 하지만 과거에 일어난 손실에 대해 피해 지원을 하자는 부칙을 달았기 때문에 사실상의 소급 적용 효과를 내도록 했어요. '법이 공포되면, 이전에 코로나19 방역 관련 조치로 발생한 심각한 피해에 대해서는 피해의 규모 등을 종합적으로 고려해서 회복하기에 충분한 지원을 한다.'고 되어 있거든요. 국민의힘이 이 법이 소급 적용을 배제했다는 이유로 반대한 건 여러 정치적인 계산에 의한 것이라고 봐요. 이 법은 분명히 소급 적용의 정신을 포함하고 있습니다. 산자위에서 밤늦게까지 진통을 겪었어요. 저는 피해 지원 조항을 법 개정안에 녹여 내기 위해 제가 할 수 있는 최선을 다했습니다. 부족하지만 손실을 입은 소상공인들에게 도움이 될 것이라고 봐요.

- 소위 '불량 약자' 논쟁이 있을 수 있잖아요? 우리가 불법 유흥업소의 피해까지 도와줘야 하는가 하는 논쟁이 있어요.

○ 맞아요. 손실 보상은 여러 가치 논쟁, 도덕 논쟁까지 일으키죠. 코로나로 직격탄을 맞은 유흥업소, 특히 여성이 접대하는 룸살롱까지 우리가 도와줘야 하나? 그 물음에 저는 명확히 답합니다. 도와줘야 한다고요. 그들은 국민이 아닌가요? 그들도 국민이고 나라가 보호해야 할 대상입니다.

재난지원금은 당연히 보편 지급이어야 한다고 생각해요. 선별 지원은 취약계층을 따로 구분해야 하잖아요. '더 가난한 사람들에게 좀 더 줘야 한다.' 이건 시혜적인 지배계급의 논리라고 봐요. 줄 때는 공평하게 주고 걷을 때 돈 더 있는 사람에게 더 받으면 된다고 생각해요. 보편 지원을 하면 중산층이 기뻐합니다. 그들은 지원금 받으면 소고기 사 먹고, 외식합니다. 실질적인 소비 진작에 도움이 된다는 얘기죠.

지금 우리나라 복지 문제가 '저부담 저복지' 구조에서 온다고 생각하는데, 이걸 '중부담 중복지'로 바꿔 가는 초석이 이런 보편 복지에 대한 인식 개선이라고 봐요. 그렇게 퍼주다가는 곳간이 바닥난다고요? 바닥 안 납니다. 저도 경제 전문가고요, 다 계산 가능합니다. 재난지원금 전 국민에게 준다고 우리나라 경제 무너지지 않아요.

- 그런 면에서 기본소득을 주장하시는 거군요? 내년 대선에서도 중요한 이슈일 것 같은데, 정말 우리나라에서도 기본소득이 도입 가능하다고 보시는지요?

○ 그럼요. 도입 가능하다고 봅니다. 아주 적은 금액이라도 전 국민에게 실질적으로 쥐여 주는 돈이 있다면 우리 사회의 복지 구조는 완전히 달라질 것이라고 봐요. 중산층이 복지의 효과를 체감하고, 그것으로 인해서 경제가 더 활발하게 돌아가고, 복지 부담이 늘어도 거부감 없이 국민들이 받아들이고, 사회적 약자에게 더 많은 것을 줄 수 있는 선순환 구조로 이끄는 것. 저는 기본소득이라는 의제가 우리 사회의 핵심 이슈가 될 것이며 언젠가는 현실 가능하리라 봅니다. 확신이 있어요. 반대편에서는 기본소득이라는 건 실업률이

높은 사회에서나 실효가 있을 것이라고 하는데, 우리나라의 명목 실업률은 낮을지 몰라도 실질 실업률은 굉장히 높아요. 놀고 있는 사람들에게 작은 금액이라도 주는 것이 얼마나 큰 복지이고 얼마나 경제에 도움이 될 수 있는지 많은 분들이 공감해 주시면 좋겠습니다.

● 원내 1석. 시대전환은 소수정당이에요. 어떤 한계가 있고, 어떻게 극복해 가고 있나요?

○ 한계가 정말 많죠. 어디선가 이런 말을 본 적이 있어요. 메시지도 중요하지만 메시지를 내는 방식, 즉 패턴이 더욱 중요하다! 그 말에 공감해요. 소수정당은 힘이 없죠. 머릿수가 모자라니까. 그래서 메시지도 고민하지만 메시지를 내는 방식을 늘 열심히 고민해요. 어떻게 말해야 더 효과적으로 전달될까, 어떤 패턴으로 말해야 더 많은 사람이 들어 줄까. 내용은 물론이거니와 말하는 태도와 방식에 대한 고민도 정말 많이 해요.

또 다른 방법은 그 분야의 전문가가 되는 거예요. 제가 산자위 소속이잖아요? 산업부 업무에, 우리나라 산업 관련 지식에 해박해야 해요. 그래야 관료들도 귀를 기울이죠. '조정훈이 무슨 말을 하네. 저 말은 들을 만할 거야.' 이렇게 생각할 수 있게 하려면 저부터 더욱 열심히 공부하고 정진해야 합니다.

● 그래도 한계가 많죠?

○ 그럼요. 답답하죠. 마음대로 안 되는 것도 많고. 하지만 제가 더 부서지고, 더 어려워야 하고, 더 역경을 극복해 가야 한다고 생각해

요. 저는 정치인으로서 역경의 드라마가 약하잖아요. 정치인이 되기 전까지는 감사하게도 기회도 많이 가진 삶을 살아왔어요. 그런데 새롭게 정치를 하게 됐어요. 정치판에서는 지금 철저히 소수자죠. 그러니 이 기간 동안 더 깨지고 더 부서지고 더 고민해야 한다고 생각합니다. 그래야 성장하죠. 힘이 센 정당에 붙으면 쉽게 갈 수 있겠죠. 하지만 그건 제가 지향하는 삶은 아닙니다.

오히려 소수정당이니 남들이 못하는 말 마음껏 할 수 있다는 장점도 있고, 하나하나 바닥부터 함께 만들어 가는 느낌도 있어요. 당원들과의 동지애, 가족 같은 느낌이 있다고 해야 하나. 우리가 무에서 유를 창조해 나가고 있다는 걸 느껴요. 진보도 보수도 아닌 제3의 길. 새로운 길을 창조해 나가는 것만큼 매력적인 것도 없죠.

● 우리나라 진보·보수 세력의 가장 큰 문제점은 뭐라고 보시나요?

○ 진보가 진보하지 못했다는 것! 민주화를 위해 헌신한 것, 인정하고 존경해요. 하지만 지금 진보 정치인이 말하는 방식을 보면 자주 폭력적이고 위선적이에요. 다양성을 인정하지 않고 소수에 대한 존중도 없어요. 민주화 운동 하던 때에서 멈춘 것 같은 느낌. 위선적인 진보가 많죠. 물론 옳은 말을 하다 보면 그것에 부합하게 살지 못할 수 있어요. 하지만 적어도 본인 말과 다르게 사는 것에 대한 부끄러움은 있어야죠. 부끄러움조차 상실한 위선. 그건 큰 문제인데, 그런 위선이 간혹 보여요.

보수의 문제는… 진짜 보수가 없고 수구 세력이 더 많아 보인다는 것. 보수는 뭔가를 혁명으로 바꾸지 않고 보완해 나가려는 사람들이잖아요. 그런데 우리 보수 세력은 자기 것을 지키려고만 해요.

본인이 가진 힘, 권력, 돈, 그런 것을 지키려고만 하죠. 나라가 잘되려면 기득권이 지갑을 열어야 해요. 약자에 대한 동정과 애정이 있어야죠. 그런데 우리나라에서 보수를 자칭하는 사람들에겐 약자를 무가치하다고 생각하는 정서가 있어요. 그러면 보수가 아니라 수구죠.

한편 다른 나라에서는 민족주의자가 보수인데, 우리는 민족주의자가 진보 쪽으로 분류되잖아요. 분단과 식민으로 진보와 보수가 뒤죽박죽되었어요. 저는 진보, 보수 어디로 규정되고 싶지 않아요. 저는 저의 길을 갑니다.

● 굳이 정치를 안 했어도 부족함 없이 잘 살았을 것 같은 삶입니다. 회계사였고 세계은행에서 오래 일했고 나름대로 자리도 잡았는데, 어떻게 정치를 시작하게 되셨나요?

○ 그냥 막연히 언젠가는 정치를 하게 될 거라고 생각했던 것 같아요. 경영학과 출신이지만 돈 버는 일만 생각하는 게 적성에 진짜 안 맞더라고요. 하버드에서 국제 개발 분야를 공부할 때, 뭐랄까 세상을 더 좋게 만들기 위한 학문을 배우는 것, 한마디로 '공심(公心)'을 바탕으로 하는 학문을 배우는데 이게 너무 좋은 거예요. 나는 언젠가는 공적인 일을 하게 되겠구나. 그때 어렴풋이 생각했던 것 같아요.

● 2016년 더불어민주당 인재 영입으로 정치에 입문하셨잖아요. 처음 영입 제의를 받았을 때 '올 게 왔구나' 하셨겠네요?

○ 네, 맞아요. 그 표현이 맞는 것 같아요. 올 게 왔구나. 왜 이제야 나를

발견했어? (웃음) 오랫동안 세계은행에서 일했는데 그걸 정리하고 한국에 야심 차게 들어왔어요. 큰 뜻을 품고 정치권에 발을 들여놓았지만 우여곡절이 많았죠. 2016년 당시엔 공천이 이런저런 이유로 불발됐고, 이후 아주대학교에서 일했어요. 그러다 21대 국회에 들어왔습니다.

● 정치를 하면서 가장 이루고 싶은 게 뭔가요? 우리 사회에서 반드시 개혁해야 할 것은 뭐라고 보시나요?

○ 무엇보다 양극화 해결이요. 제가 10월에 태어났는데 천칭자리예요. 원래 그런 거 잘 안 믿는데, 천칭자리의 운명이 양극단에 못 있고 뭔가를 조율하고 균형점을 맞추는 역할이라고 하더라고요. 제가 그런 운명을 타고난 것은 아닌가 간혹 생각해요. 양극단에 있는 사람들을 중간으로 모아 내고, 격차를 해소하고, 갈등을 해소하는 역할. 그런 면에서 화합의 끝은 단언컨대 통일이죠. 제가 정치를 하는 동안 통일을 위해 기여하고 싶어요. 우리 사회 양극화 해결의 결론은 통일이라고 생각합니다.

● 가장 이상적이라고 생각하는 나라 모델은 있나요?

○ 독일이요. 석사과정을 미국에서 했지만, 독일 친구들을 만날 때마다 굉장히 합리적이라고 생각했어요. 우선 산업 베이스로 경제가 움직이고 있다는 점, 그리고 국민성 자체가 근면 성실하다는 점에서 우리나라와의 접점이 많은 것 같아요. 그러면서도 중산층이 매우 두텁고, 사회적 타협의 선례가 많다는 점 등등 배울 게 많은 사회라고 생각해요.

- 북유럽 모델에 대해서는 어떻게 생각하세요? 그런 면에서 보면 북유럽 모델도 이상향이 될 수 있지 않을까요?

○ 북유럽 모델과 독일 모델은 좀 다른 것 같아요. 북유럽은 경제에서 산업 베이스가 좀 약하거든요. 자동차 만들고 반도체 만들고 배 만들고. 그렇게 해서 먹고살아야 하는 우리에게는 독일 모델이 더 본받을 만하다고 생각해요. 더 공부하고 연구해 보고 싶은 사회죠.

- 정치 왜 하고 있나요? 어떤 정치가 좋은 정치라고 생각하세요?

○ 정치는 나의 운명이다. 운명이니까 하고 있다고 생각합니다. 그리고 빚진 게 많아서. 그걸 사회에, 신에게, 운명에게 갚아야 하니까 정치를 하는 것 같아요. 좋은 정치는 앞서 말했듯이 '듣는 정치'요. 자기 얘기 하는 정치가 아니라 남의 얘기 듣는 정치가 좋은 정치라고 봅니다.

- 정치를 한 단어로 규정하자면?

○ '길을 만들어 가는 일'이라고 규정하고 싶네요. 없는 길을 새로 만들어 가는 일. 그게 저와 저희 당의 시대정신이에요.

- 나중에 어떤 사람으로 기억되고 싶은지요?

○ 끝이 좋은 정치인! 우리나라 역대 대통령을 보면 끝이 좋지 않은 경우가 많잖아요. 저는 좋게 끝맺고 싶어요. 15년 정치할 생각으로 이 판에 뛰어들었습니다. 무슨 식으로든 어떤 방향으로든 무언가를 이뤄 낼 것이고요. 비난이 아니라 박수로 끝내는 정치를 하고 싶어요. 이제 시작한 지 2년 됐습니다. 앞으로 13년, 제 종착점이

어딜지 저도 궁금해지네요.

"김경희"

"저는 진심인데… 그래도 진짜 이 단어 써도 돼
요?" 그는 인생의 한 단어를 요청하자 아내 이름을
적었다. 초선 의원인 만큼 정치인으로서의 야심과
향후 계획을 담은 단어를 내놓을 줄 알았더니 예상
을 한참 벗어났다. 본인 인생을 가장 많이 규정하
고, 현재 본인이 가장 많이 사랑하는 존재인 아내
의 이름을 '인생의 한 단어'로 당당히 적는 용기가
부러웠다. 이제까지 본 모습 가운데 가장 쑥스러워
하는 모습으로 사진기 앞에 섰다.

좋은 정치란
무엇인가

진보와 보수가
수없이 헛갈리는 대한민국

여러 정당의 정치인을 만나면서 진보란 무엇인지, 보수란 무엇인지, 어떤 신념 체계가 우리 사회를 더 좋게 만들 수 있을지 참 많이 궁금해졌습니다.

진보란 무엇인지부터 진지하게 고민해 봅니다. 진보는 현재 사회의 모순을 해결하기 위해 노력하는 세력일 것입니다. 현재의 한국 사회는 문화적, 사회·경제적 삶의 질을 향상시키기 위해서 성장을 말하는 것이 아니라, 성장을 위해서 개인과 사회가 동원되는 모순에 빠져 있는 것 같습니다. 좋은 세상이란 인간의 가치, 민주주의의 가치, 평화의 가치가 우선해야 마땅한데, 이런 가치들이 경제 성장의 수단쯤으로 인식되는 겁니다. 수단과 목적이 거꾸로 된 것인데 이것이 한국 사회의 민주주의를 위협하고 있습니다. 미국의 언론학자 로버트 맥체스니는 이렇게 말합니다. "신자유주의는 시민이 아니라 소비자를 만들어 내며, 공동체가 아니라 쇼핑센터를 만들어 낼 뿐이다. 그 결과로, 기가 꺾이고 사회적인 무력감을 호소하며 뿔뿔이 흩어진 개인만이 존재하는 원자사회가 남게 된다."[32] 우리 사회도 가진 자가 더 가지고 가난한 사람들이 더 가난하게 되는 사회로 진입한 지 오래됐습니다. 자본이 중심이 되는 세상에서 가지지 못한 사람들이 택할 수 있는 선택지는 한정돼 있습니다. 이런 자본주의의 모순을 해결하고자 하는 세력이 '진보'입니다.

20세기 중반에 들어서 세계 각지에 복지 국가가 등장합니다. 모든 인간이 평등하다는 사상을 바탕으로 보편적인 노동권, 교육권, 의료권을 가져야 한다는 개념이 낯설지 않게 되기까지 수많은 투쟁이 있었습니다. 보통선거권, 노동조합의 권리, 1일 8시간 노동제, 최저임금제 등은 거저 주어지지 않았습니다. 주권자들이 투쟁하고, 정당을 통해 자신들의 요구를 반영하도록 하는 과정에서 사회 복지 예산이 늘어나고, 건강보험이나 실업보험과 같은 사회보험이 정착될 수 있었습니다. 우리나라도 코로나19 재난지원금 지급을 두고 보편이냐 선별이냐 치열하게 논쟁했습니다. 기본소득 논쟁도 마찬가지지요. 시장 자본주의의 폐해를 수정해 나가는 진보의 역사는 투쟁의 역사입니다.

보수란 무엇인가. 보수는 새로운 것보다 이전의 것을 지키려는 가치 체계입니다. 그러니 정치에서도 보수 정치인들은 혁명이나 변화보다는 현재의 체제를 안정적으로 유지하는 데 더 방점을 두지요. 경제적인 측면에서는, 진보 세력이 평등에 방점을 찍는다면 보수 세력은 분배의 차등을 더 합리적이라고 생각합니다. 물론 합리적인 보수는 평등한 기회와 노력에 따른 차등적인 분배를 지향하지만 상당수의 왜곡된 보수는 기회의 평등조차 반대하는 경우가 많아서 문제가 되기도 합니다.

진보가 강력한 복지 체제를 위해 큰 정부를 지향한다면 보수는 시장 경제의 존중을 위해 정부 개입을 최소화하는 작은 정부를 지향합니다. 법치주의를 믿고 개인의 자유를 중시하며 경쟁으로 인한 차등적인 결과에 대해서 당연하다고 생각하기 때문에, 평등을 중요시하고 다양한 종류의 차별에 반대하는 진보와는 대척점에 있습니다. 보수의 결은 다양합니다. 기본적으로 보수는 기존의 관습과 체제를 중요시하기 때문에 진보처럼 유토피아를 추구하거나 과격한 혁명, 급격한 사회 개혁을 원치 않습니다. 갈등을 일으켜 사회를 변화시키기보다는 되도록 사회를 통합하기 원합니다. 오래된 전통에 대한 믿음, 거기에서 축적된 경험을 신뢰하기 때문입니다.

제대로 된 보수주의자에게는 반대파에게 손을 내미는 여유가 있습니다. 이런 보수가 집권하면 사회가 안정됩니다. 격이 있는 보수, 진짜 자유주의자라면 '자유'라는 말에 경제적 자유 이상의 것이 담겨 있다는 것을 압니다. 또 시장 경제 체제가 가진 문제점도 바로 볼 줄 압니다.

우리나라에 이런 보수가 존재하는가? 이 물음 앞에서 깊이 고민해 보게 됩니다. 자유와 평등을 대척점에 놓지 않고 자유주의자이면서 평등의 가치까지 존중하는 보수가 있는가. 급격한 혁명을 원하지 않으면서도 자신과 반대되는 급진파에게까지 손을 내밀 수 있는 여유로운 보수, 분배의 차등을 받아들이려면 기회의 평등을 제도적으로 안착시켜야 한다고 믿는 보수. 이런 보수를 찾기는 참 어렵다는 생각이 듭니다.

우리나라 보수 세력이 오랜 시간 동안 자신들의 헤게모니를 지켜 온 가장 큰 동력은 '반공' 이념이었습니다. 정치적인 어려움이 오면 대북 강경책을 써서 남북 군사 긴장을 강화시켰고, 국민이 공포에 질리면 진보 세력에게 이념 프레임을 씌워 공격했습니다. 마녀사냥, 공포정치의 일환이었던 셈인데, 이것이 오랫동안 우리 사회를 지배했습니다. 하지만 한국 사회도 이제 변하고 있습니다. 보수가 진보를 향해 '빨갱이 사냥'을 하는 것만으로는 국민을 설득할 수 없는 세상이 분명히 온 것 같습니다. 대신 미래에 대한 비전을 제대로 제시하느냐, 자유와 경쟁의 기치를 내세우면서도 사회적 약자에 대한 배려를 잃지 않을 수 있는가가 중요해진 것이지요.

우리나라에서 보수와 진보는 역사적인 맥락과 섞여 매우 혼란스러운 것이 사실입니다. 보통 진보는 반시장, 평등, 큰 정부 등의 개념과 함께하고, 보수는 친시장, 자유, 작은 정부 등의 개념과 함께합니다. 그리고 민족주의와 보수주의가 함께하는 경우가 많고요. 하지만 우리나라는 분단이라는 특수한 상황을 거치면서 민족주의와 진보주의가 함께하는 경우가 많았습니다. 그래서 분명히 진보 정당을 표방하는데 그 안에는 통상적인 개념으로는 보수로 분류되는 민족주의자 구성원이 많이 있습니다. 식민과 분단이 우리에게 안겨 준 가치 혼란의 하나지요. 가짜 애국자, 가짜 보수도 많습니다. "진짜 우익이어야 할 사람들이 졸지에 좌익으로 몰리고, 반면 우익의 자격도 없는 친일파들, 민족을 배반한 친일파들이 반공과 국가주의자라는 이념하에 졸지에 애국자가 된 것이다. 민족주의와 국가주의의 대립. 바로 이것이 한국 근현대사의 경쟁 이념이었다."[33] 라는 말에서 엿볼 수 있듯 우리나라는 역사의 아픔을 거치며 이렇게 진보와 보수가 마구 엉켜 버렸습니다.

독재를 거치며 또 한 번의 가치 혼란이 오기 시작합니다. 경제 성장을 이뤄 낸 독재 정권에 대해 어떤 판단을 내려야 하는가? 선인가, 악인가? 필수불가결한 과정이 아니었던가? 이것은 소위 진보를 자칭하는 사람들 사이에서도 아직까지 고민의 불씨를 남기고 있는 듯합니다. 하지만 저는 '좋은 독재'라는 말은 형용모순이라는 말에 동의합니다.[34] 박정희 대통령은 경제 발전을 위해 인권을 억압했습니다. 저는 그가 독재를 지속하기 위해 경제 발전을 명분으로 내세웠다고 봅니다. 일제는 우리에게 철도와 도로를 만들어 줬습니다. 그들이 한국에 사회 기반시설을 만들어 준 것이 우리나라의 발전을 위한 진심이라고 생각하는 사람은 없을 것입니다. 거기에 감사해야 한다고 생각하는 사람도 없을 것입니다. 독재를 바라보는 우리의 기준도 마찬가지여야 한다고 봅니다.

근래에 들어서 진보와 보수의 논쟁은 친북, 반북 프레임을 벗어나고 있는 것 같습니다. 사회적 약자에 대한 시선, 시장의 효용성에 대한 가치 판단이 진보와 보수를 구분 짓는 가늠자가 되어야겠지요. 지금까지 보수에서는 불평등이 늘어나도 양적으로 더 크게 성장하면 약자에게도 자연스럽게 혜택이 돌아간다는 이른바 '낙수 이론'을 중요한 가치 체계로 삼아 왔습니다. 열심히 노력한 개인이 잘살아야 하고, 그렇게 되어야 경쟁이 활성화되어 나라도 잘살게 된다는 주장도 펼쳐 왔지요. 그런데 이것은 누차 강조했듯이 기회가 평등해야 가능한 일이겠지요. 처음부터 주어지는 기회 자체가 달랐는데 결과 마저 다르게 나온다면 그것을 참을 수 있는 사람이 어디 있을까요?

진보와 보수는 이제 이 '기회의 균등'을 어떻게 이루어야 할지를 두고 치열하게 논쟁해야 한다고 봅니다. 그리고 개인의 노력에 따라 결과가 다르게 나왔을 때 사회가 얼마나 개입해서 그 결과의 불균형을 보완해 주어야 할지, 그 정도를 두고 열심히 토론해야 합니다.

그래서 이 말이 참 인상에 남습니다. "이 땅에 진정한 보수가 서려면, 불법과 반칙이 결국 이긴다는 잘못된 신념, 힘센 자에게 줄 서고 충성을 바치면 옳지 않더라도 결국은 나에게 보상이 돌아온다는 불의한 관행과 인식이 깨져야 한다."[35] 사회의 여러 모순된 관행이 깨질 때 진정한 보수가 바로 설 수 있다는 뜻입니다. 자유민주주의를 믿고, 보수 정신을 믿고, 자신과 다른 이념의 사람과도 정정당당하게 경쟁할 수 있다는 자신감을 가진 보수가 바로 설 때 우리 사회도 한층 더 발전해 나갈 수 있을 것입니다.

가식적이지만 덜 야만적인 진보
vs 야만적이지만 덜 가식적인 보수

그렇다면 이제 진보가 좋다, 보수가 좋다. 이런 논쟁은 무의미해집니다. 세상을 바라보는 시선, 사회의 역동에 대한 호불호에 따라 자신을 진보 혹은 보수로 위치 지으면 됩니다. 그러나 이런 물음은 가능해집니다. 가식적이지만 덜 야만적인 진보와 야만적이지만 덜 가식적인 보수 가운데 누구를 택할 것인가?

여기 진보를 자청하는 사람이 있습니다. 사회적 약자를 보호해야 한다고 말합니다. 평등을 말하고 경쟁의 폐해를 얘기합니다. 하지만 본인의 삶은 말하는 것과 다른 경우도 많습니다. 평등을 말하지만 부동산에 투자할 수도 있고, 자녀를 더 좋은 대학에 보내기 위해 사교육에 몰두할 수도 있지요. 때로 편법을 행하기도 합니다. 하지만 본인이 말하는 바, 지향하는 바가 있으니 본인 본성의 야수성을 '그나마' 성찰하며 자제하기 위해 노력합니다.

반대로 보수를 자청하는 사람이 있습니다. 경쟁의 합리성을 주장하며 약자에 대한 배려보다 노력하는 개인이 더 잘살아야 한다는 데 더 큰 가치를 부여합니다. 때로는 사회적 약자를 무시하는 말도 많이 합니다. 그리고 본인이 말한 대로 삽니다. 주식 투자, 부동산 투자에 몰두하여 돈을 벌고, 가난한 사람들은 '저러니 가난하다'고 규정하며 삽니다. 편법을 행하면서도 가책을 덜 받습니다.

진보를 자청하는 사람은 절대적인 기준으로 보면 보수를 자청하는 사람보다 더 선하게 삽니다. 하지만 표리부동합니다. 보수를 자청하는 사람은 말한 대로 사니까 앞뒤가 똑같습니다. 하지만 선한 삶이라고 보기는 어렵습니다.

표리부동하지만 덜 야만적인 진보와 비록 좀 더 야만적이지만 가식적이지 않은 보수 가운데 누구를 선택할 것인가? 둘 다 싫지만, 굳이 하나를 택해야 한다면 저는 전자를 택할 것 같습니다. 하지만 요즘의 시대가 선호하는 모습은 오히려 후자에 가까운 것 같습니다.

인간은 누구나 표리부동하다고 생각합니다. 자신이 말한 대로 살 수 있는 사람이 세상에 몇 명이나 될까요? 저도 날마다 저의 가식에 분노하고, 저를 미워합니다. 그럼에도 불구하고, 더 나은 세상을 향한 염원을 얘기하고, 약자와의 동행을 얘기하고, 그렇게 되기 위해 몸부림치는 사람들의 가치를 인정합니다. 설령 본인의 말에 완전히 합치하는 삶을 살지 못하더라도 입으로 야만을 말하고 실제로도 야만적으로 사는 삶보다는 낫다고 생각하기 때문입니다. 예를 들자면 이런 겁니다. "나는 약자 배려고 뭐고 그런 거 다 허상이라고 생각한다. 게으르고 능력 없어서 저렇게 가난한 거 나라가 어떻게 하라는 거냐? 난 수단 방법 안 가리고 다른 사람들 위에 올라서고, 돈 많이 벌어서 떵떵거리면서 살 거야." 이렇게 생각하고, 실제로 그렇게 산다면 이런 삶은 야만에 가깝다고 봅니다. 이런 야만보다는 차라리 좀 가식적이어도 야만의 정도가 덜한 삶이 더 낫지 않나 싶습니다.

조국 전 장관을 둘러싼 대중의 분노는 그런 의미에서 도를 넘은 것 같다고 생각될 때가 종종 있었습니다. 검찰의 수사도, 언론의 기사들도 선을 넘었다고 생각합니다. 물론 우리 사회에서 가식 없는 진보를 만나면 참 좋겠습니다. 품격 있는 보수를 만나면 너무나 좋겠습니다. 하지만 표리부동한 진보와 야만적인 보수 중에 반드시 하나만을 택하라면 차라리 전자를 택하는 것이 우리 사회에 조금은 더 나은 선택이 될 것 같습니다. 지난날 대체 우리 사회는 무엇에 그토록 분노했던 것인가? 어쩌면 가장 합당한 분노를 쏟아 내야 할 대상을 착각한 것이 아닌가 되묻게 됩니다.

운동권을 위한 변명

여당과 여러 진보 정당을 논하면서 '운동권'에 대한 평가를 피해 갈 수는 없습니다. 2020년, 2021년 국회에서는 탈586 논쟁이 벌어졌습니다. 운동권 출신 진보 세력이 지겹다, 이제 그만 좀 해 먹어라. 이런 말이 곳곳에서 나오기 시작했습니다. "인간적 한계에 대한 고려가 없고 정치적 이성을 갖추지 못한 진보라면 보수보다 더 나쁠 수 있다."[36]라는 비판도 있었지요. 그런 면에서 진보 세력에 대한 혐오, 특히 운동권 정치인에 대한 혐오는 일면 수긍이 가는 면도 있었습니다.

그렇지만 운동권을 위한 변론을 펴 보고자 합니다. 그들의 젊은 날의 희생에 대해 어찌 누가 함부로 평가할 수 있으랴 하는 생각에서 출발합니다. 굳이 희생하지 않아도 잘 먹고 잘살 수 있었던 사람들이 독재에 맞서 민주화를 위해 본인의 안위를 희생했습니다. 물론 우리 앞에 보이는 사람들은 '운동권을 팔아서' 잘 먹고 잘사는 사람들이 더 많을 수 있습니다. 하지만 대의를 위해서 개인의 삶을 포기하는 젊은 시절을 보낸 뒤, 그늘진 인생에 들어서게 된 사람들도 많습니다. 오늘의 우리가 민주주의와 경제 성장의 혜택을 누리는 것은 상당 부분 그들의 희생과 소명의식에 기대고 있다고 생각합니다. 40대이고 01학번인 저는 운동권의 끝물을 경험했을 뿐이지만, 1970~1980년대에 젊음을 희생한 운동권 선배들에 대한 존중은 여전합니다. 그들 때문에 더 좋은 세상을 만났다고 생각하기 때문입니다.

하지만 오늘의 시점에서 운동권을 냉정하게 바라볼 때, 여러 가지 한계와 아쉬운 점이 있는 것은 어쩔 수 없습니다. 운동권이 민주화 이후에 한국 민주주의 발전에 기여하기 어려웠던 이유로 그들이 실제 민중이기보다 중산층적 배경을 가진 사람들이었고, 급진적인 이념으로 현실의 문제를 해결하려 했다는 비판[37]에도 귀를 기울이게 됩니다. 이념에 몰두하다 보니 현실이 돌아가는 변화의 흐름에 적절히 적응하지 못한 측면이 있었고, 그들 중 일부는 기득권층이 되어 사회 문제가 무엇인지 정말로 모르는 방향으로 흘러가기도 했기 때문입니다.

예를 들자면 이런 겁니다. 소위 NL이라고 불리는 자주파, 민중해방전선에서는 통일된 민족 국가를 만든다는 이상 아래, 이것을 방해하는 외세에 투쟁하는 과정을 민주화로 봅니다. 식민과 분단으로 이어진 한국 사회의 아픔 속에서 민주화를 이렇게 규정하는 것이지요. 이 시각이 오랫동안 운동권 안에서 한국 사회의 모순을 바라보는 강력한 관점이었습니다. 하지만 한국 사회는 이 관점으로 해결될 수 없는 수많은 변화의 물결을 거쳐 가고 있습니다. 아직도 이런 방식으로 세상을 본다면 그들의 목표인 평화 통일도 오히려 더 어려워질 것입니다.

저는 민주화 운동을 생생하게 기억하는 세대는 아니지만, '이제 학생 운동이 끝났구나.'라고 개탄하며 안타까워하는 딱 그때쯤 대학을 다닌 것 같습니다. 대학이 학문의 전당이자 사회 참여의 중심축이 아니라 학점 경쟁, 스펙 경쟁만 하는 공간이 되었다고 안타까워하는 선배와 교수님 들을 보며 대학 생활을 했습니다. 어떻게 하면 뜨거운 열정으로 다시 학생 운동과 학생회를 일으킬 수 있을까 진심으로 고민하는 선후배들을 보며 저도 같은 고민을 하기도 했습니다.

하지만 이렇게 바뀐 사회 속에서 어떻게 학생 운동의 부활을 기대할 수 있을까 하는 생각이 듭니다. 때문에 "(운동의 부활을) 현실적으로도 기대하기 어렵지만 그런 책임을 다시 그들에게 부과하는 게 옳은 일인가도 생각해 볼 수 있다."[38]는 말에 고개를 끄덕이게 됩니다. 운동은 자기희생을 기본으로 합니다. 자신의 삶을 상당 부분 포기해야 합니다. 누가 누구에게 이런 희생을 강요할 수 있을까요? 여전히 운동을 통해 해결할 수밖에 없는 사회 문제도 있을 것입니다. 옳은 삶, 대의를 위해 본인의 개인적인 삶을 희생하는 사람들도 분명 있습니다. 하지만 이제 우리는 민주주의를 바탕으로 한 정치 제도를 통해 문제를 해결해 나갈 수 있다고 생각합니다. 아무리 불평등의 시대를 살고 있다지만, 정치적으로는 한 사람에 한 표라는 표면적인 평등을 유지하고 있습니다. 사회의 수많은 모순을 어떤 누군가의 희생이 아닌, 정치 참여를 통해서 해결해 나가야 하는 시대가 온 것이 아닐까요?

그럼에도 불구하고 낭만적인 민족주의에 기반을 둔 운동권 세력이 개인의 내면과 사회를 변화시키는 데 아무런 기여도 하지 못했다는 주장에는 동의하기 어렵습니다. 그들이 스스로 역동적으로 성장하지 못했고 변화하지 못했다고 해서 그들이 꿈꾼 대의마저 부정할 수는 없다고 보기 때문입니다. 운동을 통해서 여러 이익 집단과 사회적인 의사가 표시되던 사회를 넘어서서, 이제 우리는 정당을 통해서 여러 다양한 욕구가 분출되는 '새 세상'을 살고 있습니다. 혁명을 부르짖던 사람들이 이제는 선거와 대의제의 중요성을 인식하고, 더딘 타협, 긴긴 정치적 조율의 과정을 이해해 가는 과정에 있다고 봅니다. 그들이 이념의 선명성 경쟁을 넘어서서 정당 정치, 대의 정치의 가치를 진정 이해하는 순간, 더 성숙한 진보 정치가 우리나라에 뿌리내릴 수 있을 것이라 믿습니다.

그래서 저는 많은 시민들이 운동권 출신 정치인에 대한 무조건적인 애정이나 혐오가 아닌, 비판적인 애정을 가지길 희망합니다. 지난날을 뜨겁게 달군 그들의 열정이 시대의 변화를 수용해 건전하게 발전해 나간다면, 지금 우리 사회를 더 아름답게 만들어 줄 수 있을 것 같기 때문입니다. 대의를 위해 젊은 시절을 과감히 희생했던 그들의 뜨거운 심장이, 역사 속에서 새로운 모습으로 승화될 수 있으리라는 기대를 품어 봅니다.

정치인에게 돈이란?

취재 과정에서 좋은 정치인을 많이 만났습니다. 소신과 이상을 가지고 일하지만 돈이 없어서 고민하는 정치인을 만날 때면 안타까운 마음이 들었습니다. 돈도 없고, 돈을 모을 수 있는 네트워크도 없고, 본인이 소속된 정당도 힘이 없지만, 의원 개인은 열의가 넘치고 자질이 충분한 경우를 왕왕 봐 왔기 때문입니다.

정치인과 돈은 떼려야 뗄 수가 없습니다. 돈이 있으면 정치를 하는 데 절대적으로 유리합니다. 물론 재산이 너무 많으면 대중의 입방아에 오르내리기도 하고, 오히려 거부감을 주니까 정치인으로서 불리할 수도 있습니다. 하지만 본인의 재산이 넉넉하거나 여러 경로를 통해서 자금을 끌어올 수 있으면 선거에서 이기는 데 매우 유리해집니다. 반대로 개인 재산도 없고, 소속 당 살림도 넉넉하지 않고, 자금을 끌어올 네트워크도 없는 정치인은 지역구 당선을 노리기가 정말 어렵습니다.

이런 정치인들이 자신의 뜻을 펼칠 수 있도록 돕는 제도, 정치자금법에 대해 짚어 보고자 합니다. 당초 정치자금법의 취지는 정치 자금을 적정하게 보장하면서도 수입과 지출 내역을 공개해서 투명성을 확보하자는 데 있습니다. 따라서 정치 활동을 위해 소요되는 경비로만 지출해야 하고 사적 경비로 지출해서는 안 됩니다. 정치 자금에는 여러 종류가 있습니다. 당원이 내는 당비, 의원의 후원회에 기부하는 후원금, 선거관리위원회에 기탁하는 기탁금, 국가가 정당에 지급하는 보조금, 이외 정당 활동으로 창출되는 부대 수입 등이 다 정치 자금에 포함되지요. 이렇게 법으로 정해진 범위 바깥에서 돈을 받으면 5년 이하의 징역 또는 1천만 원 이하의 벌금형에 처해집니다.

그런데 합법적으로 정치 자금을 모으는 데 제한이 많습니다. 연간 기부 가능 한도액이 정해져 있고 법인이나 단체는 기부할 수 없습니다. 국가와 공공단체에 의해 설립된 법인도 기부할 수 없고 노동조합을 통해서 정치 자금을 기부하는 것도 불법입니다. 이런 점 때문에 정치자금법이 돈 없는 후보의 출마를 배제하는 결과를 낳았다는 비판이 큽니다. 노동조합을 통한 정치 자금 기부가 금지되다 보니 노동자들이 지지하는 정당과 후보를 돕는 데 제한이 따르기 때문입니다. 이제 경제적인 여유가 있거나 남의 돈이라도 동원할 능력이 있는 사람들만 정치를 할 수 있는 '신종 금권 정치'의 시대로 들어서게 되었다[39]는 비판은 일면 타당성이 있어 보입니다.

결국 정치도 돈과 연결되어 있습니다. 돈이 있어야 사람도 동원하고 선거에도 나가고 정책도 원활하게 추진해 갈 수 있기 때문이지요. 정의당이나 시대전환 같은 소수정당 의원들을 만날 때마다 돈이 없는 세력이 권력을 잡는 것의 어려움을 여실히 느꼈습니다. 정의당 의원들은 본인 월급의 절반을 당비로 내고 있음에도 당은 돈이 없어 항상 허덕이고 있었습니다. 많은 역대 대통령들이 정치 자금법 위반으로 수사를 받았습니다. 노무현 대통령도 그랬죠. 자금력이 부족한 노무현 대통령에게는 강금원, 박연차 두 명의 굵직한 후원자가 있었습니다. 그런데 이것이 나중에 족쇄가 되어 그를 검찰 수사, 그리고 죽음으로까지 끌고 갔죠.

비록 돈은 없지만 진정성 있는 정책과 사회 비전을 제시하는 정치인이 국민을 대표하도록 도울 길은 없는 걸까요? 돈이 있어야만 할 수 있는 정치가 아니라, 본인이 사회적 약자일지라도 그런 계층의 이익을 대변할 수 있는 정치인이 되는 것은 진정 불가능한 걸까요? 이를 위해서는 현행 정치자금법이 조금 더 유연해질 필요가 있어 보입니다. 정치인이 부패한 돈을 받는 것을 막으려다가 오히려 더 부패한 방식으로 정치 자금을 모을 수밖에 없는 부작용을 낳는 법이라는 생각이 들기 때문입니다.

이에 더해서 시민들 각자가 아주 작은 금액이라도 본인이 지지하는 정치인에게 직접 후원하는 게 성숙한 민주주의로 나아가는 방법이 될 수 있겠다는 생각도 듭니다. 시민들 개개인이 소액으로 보내는 돈은 법에 저촉될 위험도 거의 없거니와 그런 작은 돈들이 모여서 큰 자금이 되기 때문입니다. 성숙한 시민, 참여에 적극적인 시민들이 돈을 모아 좋은 인재를 자신들의 대표로 세우는 데 도움을 줄 수 있다면 그것이야말로 가장 이상적인 민주주의의 발전상 가운데 하나일 것 같습니다.

그들이 가진 소명에 눈을 크게 뜨고

정당 정치, 진보와 보수 모두 중요하지만 이 모든 논쟁을 뛰어넘어 정치의 가장 중요한 본질은 '정치인 개개인이 가슴속에 어떤 이상을 품고 있는가'인 것 같습니다. 정치인이 품고 있는 '소명'이 무엇인가 하는 것이죠. 저도 기자가 된 이후 소명이란 무엇이고 진심이란 무엇인지 자주 생각했습니다. 기자라는 일을 밥벌이로만 보기에는 이 직업에 담긴 의미가 참 다양하다는 생각을 했기 때문입니다. 14년 차가 된 지금까지도 기자로서 제 소명을 찾아가는 과정에 있는 것 같습니다. 정치부에 배치받은 뒤 다시금 소명과 진심의 정의에 대해 고민했습니다. 정치인에게 소명이란 어떤 의미일지 궁금해졌기 때문입니다. 많은 정치인을 만나며 내가 생각하는 소명의식과 진정성을 그들에게도 적용할 수 있을까를 여러 차례 생각해 봤습니다.

막스 베버를 거울삼아 정치인의 소명을 생각해 봅니다. 베버는 '정치란 열정과 균형 감각을 가지고, 단단한 널빤지를 강하게, 그리고 서서히 구멍 뚫는 작업'이라고 말했습니다. 불가능해 보이는 것을 가능하게 만들기 위해 인내를 가지고 천천히 노력하는 작업이 정치라는 말이겠죠. 의지를 가지고 때때로 희망이 하나도 없어 보여도 앞으로 나아가는 사람, 이런 사람이 정치에 소명감을 느낄 수 있고 정치인으로 성공할 수 있다는 말을 한 것이 아닐까 생각해 봅니다.

베버는 도덕적으로 선한 행동을 택하는 '신념 윤리'와 어떤 정치적인 결정에 대해서 책임을 지는 '책임 윤리'를 강조했습니다. 신념 윤리를 이상, 가치, 목표로 생각하고, 이것을 현실로 이루기 위한 노력을 책임 윤리로 생각하면 이해가 쉬울 것입니다. 책임 윤리를 따르는 과정은 선하지만은 않습니다. 그러니 때로 정치는 야수의 얼굴을 하고 있는 것이 아닐까요? 그런데 사람이 이 두 가지를 다 만족시키는 것이 가능할까요? 베버에 따르면 정치가는 신념(선한 목표, 즉 소명)과 책임(소명을 실천하기 위한 추진력)을 둘 다 가져야 정치인으로서 성공할 수 있습니다.

그렇다면 베버가 생각한 '소명'의 실체는 무엇일까요? "그가 헌신할 수 있는 목표는 국가적인 것일 수도 있고, 인류애나 사회적이고 윤리적인 것 내지 문화적인 것, 혹은 현세적이거나 종교적인 것일 수도 있다. 그는 '진보'—그것이 무엇을 의미하든—에 대한 강한 믿음에 의해 스스로를 유지할 수도 있고, 아니면 이런 종류의 믿음을 냉철하게 판단해 거부할 수도 있다."[40]

정치인 각자가 가지는 소명의 종류는 다양합니다. 때로는 인류애일 수도 있고 때로는 자신이 속한 사회에 대한 사랑과 책임일 수도 있습니다. 그들 소명의 바탕이 어떤 것에서 기인하든 본인의 신념에 따라서 더 나은 세상을 만들겠다는 진정성이 없으면 그 사람이 어떻게 정치를 할 수 있겠습니까. 신념 없이 자신의 허영심을 채우기 위해 정치를 한다면 대통령이 되든, 국회의원이 되든, 시장이 되든, 자신이 잡은 권력이 어떤 종류의 것이든 공허할 뿐이죠. 사석에서 만난 한 정치인이 제게 이런 말을 했습니다. "인생에서 명분을 잃으면 다 잃는 거야. 어떤 경우든 명분이 있어야 해." 이 말이 한참 동안 잊혀지지 않았습니다. 내가 어떤 선택을 하든 그 선택의 결과가 이후에 옳은 것으로 판명되든 그렇지 않든 간에 명분이 있어야 한다!

그렇다면 지금 이 시대가 요구하는 명분과 과제의 실체는 무엇일까요? 이 시대가 진정으로 필요로 하고 정치인들이 사력을 다해 해결해야 하는 우리 사회의 핵심 문제는 무엇일까요? 저는 그

것이 사회 불평등 해소라고 봅니다. 한국 사회는 지난 수십 년 동안 양극화와 불평등 문제로 독하게 고통받고 있습니다. 세계에서 가장 심각한 수준의 저출산, 가장 높은 자살률이 우리 사회의 고통을 수치로 방증합니다. GDP가 늘고 반도체와 스마트폰 생산을 잘 한다고 해서 그 사회가 질적으로 좋은 사회는 아닙니다. 사회 다수에게 기회조차 공정하게 주어지지 못한 사회, 결과에 승복할 수가 없는 사회, 돈 많은 부모 아래서 태어나지 못한 것을 저주하고 좌절의 늪으로 빠져들어 가는 사회에서 누가 행복감을 느낄 수 있을까요?

이것을 자본주의의 폐해 탓으로만 돌릴 수는 없다고 생각합니다. 전 세계가 자본주의 시스템 속에서 살고 있지만 우리 사회가 유독 그 후유증을 심각하게 겪는 이유는 무엇일까? 그 이유는 민주화 이후 우리 사회가 '진보 정당 있는 민주주의', '노동 있는 민주주의'의 길을 더 깊고 더 넓게 개척하지 못했기 때문일 것입니다.[41] 민주주의는 사회의 다수를 형성하는 약자가 평화롭게 자신을 보호할 수 있을 때 가치 있는 제도입니다. 그래야 사회 다수가 시장 자본주의를 신뢰할 수 있으니까요.[42] 그리고 자본주의가 만들어 낸 가장 큰 문제점인 불평등을 정치로 완화해 줘야 더 나은 성장도 기대할 수 있습니다.

노암 촘스키는 "'기회가 없는 자유는 악마의 선물'이며, 그런 기회 제공을 박탈하는 것은 범죄이다."[43]라는 말을 남겼습니다. 어쩌면 우리 사회가 사회적 약자에게 조직적으로 범죄를 행하고 있는 것은 아닐까요? 그렇다면 우리 사회를 움직이고, 시민들의 삶을 가장 가까이서 들여다봐야 할 정치인의 소명은 이런 문제를 해결하는 것이어야 하지 않을까요? 정당과 정부는 극심한 불평등을 해결할 정책을 제시해야 합니다. 단단한 성장 기반을 기본으로 고통받는 사회적 약자들, 계층 사다리를 오르는 데 실패하고 삶의 나락으로 몰리는 사람들을 위한 구체적인 대안을 제시해야 합니다. 이 대의를 향해 국가를 어떻게 운영할지 어떤 시스템이 효율적일지 고민하고 답을 내놔야 합니다.

정치는 냉혹하고 권력은 냉정합니다. 권력의 달콤함만을 탐하고, 그것을 위해 전력을 다하는 정치인은 불나방과 같습니다. 그런 정치인은 삶의 어둠과 아픔, 사회적 약자를 향해 가진 생각이 천박할 때가 많습니다. '당신들은 너무 게으르다. 당신들은 너무 거칠다. 그러니 그렇게 살 수밖에 없는 거다.'라는 인식을 가진 사람은 정치인이 아닌, 그저 정치꾼에 불과하다고 생각합니다.

정치인이라면 마땅히, 본인은 가난의 기억 자도 모르는 삶을 살았더라도, 그 아픔을 이해할 수 있는 '공감력'이 있어야 한다고 봅니다. 그래야 민주적인 성장을 고민할 수 있고 정당한 분배도 고민할 수 있게 됩니다. 그런 공감력과 분명한 소명의식이 없으면 정치인으로 크게 성장하기도 어렵거니와 설령 권력의 핵심부에 다가간다 해도 사회의 거대한 괴물이 될 가능성이 큽니다.

국회를 출입하면서 많은 정치인을 만났습니다. 그들을 만날 때마다 생각했습니다. 이 사람의 소명은 무엇일까? 인류애인가? 진보 혹은 보수로 대변되는 신념 추구인가? 사회를 더 좋게, 더 행복하게 만들어 가야 한다는 진심이 있는가? 권력에 대한 근원적인 욕구와 본인 이름을 알리고 싶은 허영심을 얼마나 잘 자제할 수 있을까? 중심이 흔들리지 않는 사람일까? 이런 물음을 끊임없이 던지다 보면 좋은 정치인, 좋지 않은 정치인이 어느 정도 가려지곤 했습니다.

저는 대중들에게 좋은 정치인을 구분할 지혜가 있다고 생각합니다. 때로 역사는 독하게 후퇴하는 것처럼 보여도, 긴 시간의 흐름으로 보았을 때는 반드시 진보하는 것이리라 생각합니다. 우리 사회가 진정성 있는 소명으로 무장한 정치인을 더 많이 만날 수 있으면 참 좋겠습니다. 그들의 지향점이 보수든 진보든 어느 쪽으로도 나눌 수 없는 결의 것이든 상관없습니다. 다만 그들의 소명이 분명하고 비전이 올곧으면 좋겠습니다. 약자를 더 보듬는 방식의 건전한 복지, 공정한 기회를 보장해서 결과의 불평등을 납득할 수 있게 만드는 성장, 생각이 다른 사람도 품어 안는 민주적인 정당 정치. 이런 사회를 볼 수 있기를 간절히 기대합니다. 이런 사회를 위한 비전을 바로 제시하는 정치인을 가지길 희망합니다. 그리고 저 스스로가, 그리고 더 많은 시민들이 다음 선거에서, 그리고 또 다음 선거에서 '그들이 가진 소명에 눈을 크게 뜨고' 더 나은 우리 사회의 대표를 뽑을 수 있기를 간절히 바랍니다.

위로하는
정치를 찾아서

지난 1년, 많은 정치인을 만났습니다. 그들을 마주할 때마다 궁금했습니다. 이 사람들은 왜 정치를 하는가? 어떤 정치를 좋은 정치라고 생각하며 살아가고 있는가? 그래서 이 책을 위해 인터뷰한 사람들에게 공통 질문 두 가지를 던졌습니다. "어떤 정치를 목표로 하고 있나요? 정치, 왜 하고 있나요?" 이렇게 묻고 답하는 과정 속에서 정치란 무엇인지, 잘 사는 삶이란 무엇인지 다른 어느 때보다 깊이 고민하게 됐습니다. 아직 완전하지는 않지만 이제까지 얻은 저의 결론은 이렇습니다. '좋은 정치, 좋은 삶이란 결국 인간의 고통을 이해하는 일이 아닐까? 더 구체적으로는 인간(시대)의 고통에 공감하고, 그 아픔을 위로하며, 이를 통해 더 나은 앞날의 청사진을 제시하는 것이 아닐까?'

삶의 역경은 우리에게 어떤 의미인가?

그렇다면 공감하고 위로하는 정치란 어떻게 가능할까요? 그건 정치인 본인도 '아파 봐야' 가능한 경우가 많았습니다. 그런 의미에서 정치인이 겪은 삶의 역경은 개인의 인생에서는 불행이요 아픔이지만, 좋은 정치인이 되는 데는 오히려 큰 도움이 된다는 생각을 종종 했습니다. 정치부에서 여러 정치인을 만났습니다. 누가 봐도 안정된 이력, 밝고 건강한 가정에서 태어나 아쉬움 없이 자란 사람을 만날 때보다 혹독한 시련과 어려움을 겪고도 거기에 굴하지 않고 밝은 웃음을 지으며 서 있는 정치인을 만날 때가 훨씬 더 반가웠습니다. 그들이 겪어 온 삶의 역경을 듣다 보면 가슴 한편이 서늘하게 아파 왔습니다. 삶의 파도와 맞선, 절망 속에서 홀로 몸부림쳐 본 사람만이 가질 수 있는 삶의 깊이를 느꼈습니다. 그 모든 아픔과 절망에 갉아 먹히지 않고 오히려 더욱 단단하고 떳떳하게 자라난 사람들. 그들을 우리나라의 국정을 책임지는 관료로, 국민을 대표하는 정치인으로 마주했을 때, 고마운 마음마저 들었습니다.

굶어 본 사람만이 굶는 사람의 마음을 알 겁니다. 집이 없어 본 사람이 집 없는 사람의 설움을 더 절절히 느낄 겁니다. 그래서 삶의 눈물을 아는 정치인은 정말 귀하다고 생각합니다. 깊이가 다를 뿐만 아니라, 그가 살아온 궤적 그 자체로 많은 이들에게 말 없는 위로를 줄 수 있으니까요.

그렇다고 좋은 정치인이 되고자 일부러 삶의 아픔을 경험하고 싶은 사람은 없겠지요. 다만 지금까지 안정된 삶을 살아온 이가 정치를 하고자 한다면, 저는 적어도 그들이 상대의 아픔을 이해할 수 있는 공감력만은 반드시 있어야 한다고 생각합니다. 생존을 향한 절박한 고통, 삶의 끄트머리에 선 사람들의 애끓는 심경을 어느 정도 예상할 줄 알고 그들의 손을 잡을 줄 아는 겸손함이 있어야 우리 시대를 짊어지고 갈 리더의 자격이 있는 것 아닐지요.

올해 저는 마흔 살이 되었습니다. 긴 시간을 살지는 않았지만, 돌아보면 견디기 쉽지 않았던 기억들이 꽤 있습니다. 학창 시절엔 이대로 우리 집이 무너지면 어떻게 하나, 내가 과연 학업을 마칠 수 있을까, 진지하게 걱정하던 기간도 있었습니다. 이런저런 어려움을 이겨 내면서 학창 시절이 가고, 저와 형제들이 사회생활을 시작하고… 그사이에 가정 형편이 자연스럽게 나아졌습니다. 삶의 무게가, 적어도 경제적인 면에서는 한결 가벼워졌습니다.

그렇지만 여전히 지난날을 이야기하기가 쉽지 않습니다. 그 시절을 말하는 것이 아직은 제게 아픔이기도 하거니와, 상대방이 나를 편견을 가지고 볼 것 같아 두렵기 때문입니다. 그런데 아이러니하게도 유명한 정치인과 유능한 관료 가운데 저보다 훨씬 더 어렵고 더 고통스러운 삶의 길을 걸어온 사람이 많다는 것을 알게 됐습니다. 사회 구조를 바꾸자거나 체제를 개혁하자는 거대 담론보다 그들의 생애가, 삶의 궤적이 제게는 정말 큰 위로가 됐습니다. '이렇게 털어 낼 수 있는 거구나. 이렇게 당당해도 되는 거구나. 시련은 겪을 당시엔 물론 괴롭지만, 내면을 단련시키는 힘이자 세상을 올곧이 보게 해 주는 동력이기도 하구나.' 하는 생각이 들었습니다.

몇몇 정치인의 삶은 마흔의 저에게 손을 내미는 듯했습니다. 이제 괜찮다고, 한 걸음씩 가다 보면 좋은 날이 올 거라고 말하는 것 같았습니다. 제가 느낀 이런 온기를 더 많은 이들과 나누고 싶었습니다. 때로는 보수와 진보, 좌와 우가 아닌 인간 대 인간으로 정치인을 바라보면 좋겠습니다. 같은 시대를 함께 살아가는 그들의 삶의 여정에 내 삶의 짐을 투영하기도 하면서 함께 웃고 울어도 좋지 않을까 싶습니다. 그 과정에서 작게나마 위로를 받으셨으면 좋겠습니다. 그리고 우리나라의 정치인과 관료 들은 더욱 민감하고 처절하게 시민들의 어려움에 귀 기울이고자 몸부림치셨으면 좋겠습니다. 그런 깊은 공감에서 비롯된 문제의식이 더 나은 제도를, 더 합리적인 소통을 가져오는 바탕이 될 것이기 때문입니다.

그래서, 위로하는 정치를 찾아서

2007년, 스물일곱 살에 KBS에 입사했습니다. 기자가 된 이후, 신이 내게 이 직업을 허락하신 이유는 무엇일지 종종 생각했습니다. 제가 내린 결론은 이렇습니다. '삶의 다양한 어려움을 겪으면서 자랐으니까, 그 경험을 기억하며 우리 사회 약자들의 목소리를 더 많이 대변하고 취재하라는 뜻이 아닐까.'

기자가 된 뒤 사회 곳곳의 어려움을 많이 취재했습니다. 정말 힘들었습니다. 제가 나름의 아픔을 겪어 봤다고는 하지만, 그렇다고 노숙을 할 정도는 아니었습니다. 반지하 방에서 밥을 굶다가 아이들과 함께 자살할 정도는 아니었습니다. 비닐하우스나 쪽 방촌에 살 정도도 아니었습니다. 한 해 내내 농사짓고도 비롯값 조차 남지 않는 농민이 되어 본 적도 없습니다. 산재 사고로 가족을 잃어 본 경험도 없었습니다. 저는 비장애인이고 장애인 가족을 돌본 적도 없습니다. 화재나 교통사고로 사랑하는 이를 떠나보낸 경험도 없습니다. 그런데 기자가 되고 난 뒤 그런 현장을 계속 마주하게 됐습니다. 추울 땐 추운 곳에, 더울 땐 더운 곳에 서 있어야 했습니다. 몸이 힘든 건 차치하고, 마음이 정말 힘들었습니다. 상상도 하기 힘든 삶의 아픔이 마음에 뼈저리게 다가왔습니다.

그들의 사연을 담아 만든 뉴스가 전파를 타고 소멸되고 나면, 그들에 대한 내 책임을 그걸로 방기하는 것 같아서 종종 괴로웠습니다. 저의 20대 말과 30대 초반은 그런 고통으로 점철돼 있습니다. 매우 괴롭고 힘든 순간들이 많았기에, 저는 다시 제게 젊음을 준다고 해도 절대로 기자 시절 초반으로는 돌아가고 싶지 않습니다.

지금은 연차가 찼습니다. 기자가 된 지 14년이 지났습니다. 하지만 여전히 10여 년 전 제가 보도했던 이 사회의 아픔이 끝없이 반복되는 걸 봅니다. 폭염이 기승을 부리던 어느 날 음식물 쓰레기 작업장에서 숨진 작업자의 뉴스를 접했을 때, 다른 곳도 아니고 남이 먹다 버린 음식물 쓰레기 속에서 생의 마지막을 맞은 노동자의 죽음 앞에서 할 말을 찾기 어려웠습니다.

끼어서 죽고 떨어져서 죽는 산재 사망 사고 뉴스를 접할 때마다 이 아픔이 독하게 우리 사회에서 반복된다는 것이 두렵게 느껴집니다. 무능한 기자로서 제가 할 수 있는 일이 무엇인가 생각할 때면, 보도를 하고 또 해도 바뀌지 않는 현실 앞에서 무기력함과 분노를 느낍니다.

눈 밝은 시청자들이라면 KBS에서 반복해서 보도하는 뉴스를 알고 있을 겁니다. 폭염과 한파엔 기자들이 쪽방촌에 갑니다. 그곳에 사는 사람들이 이 날씨에 얼마나 힘들게 지내고 있는지 거듭 보도합니다. 똑같은 뉴스를 계절마다 다시 합니다. 산재 뉴스도 반복적으로 내보냅니다. 그 사람들이 얼마나 아프게 돌아가셨는지 보도합니다. 왜 했던 뉴스를 식상하게 또 하냐고요? 제가 생각하기에는 전혀 식상하지 않습니다. 이 뉴스가 더 이상 뉴스가 될 수 없는 세상이 될 때까지 언론은 이 실상을 보도해야 한다고 생각합니다.

사회의 아픔에 귀를 열어 두고, 그 실상을 보도하고자 애쓰는 것. 그게 저의 소명이자 언론의 소명 가운데 하나라는 생각이 들기 때문입니다. 비록 현실의 내 삶은 비루해도 '더 좋은 세상 만들기'라는 대의를 마음속에 품고 있다면 조금은 덜 흔들릴 것이라 생각합니다. 이 대의는 우리 사회를 움직이는 정치인과 관료에게도 중요한 목표점이 되어야 한다고 생각합니다.

이 책을 쓰며 저의 지난날을 돌아보고 사회를 향한 몇몇 의문을 곱씹게 됐습니다. '좋은' 사회란 어떤 모습일까? 더 많은 사람이 행복하게, 결과는 달라도 기회만은 공정하게 누리며 살면 좋겠는데 그런 사회는 어디에 있나? 진보 정당이 제 역할을 잘해 줬으면 좋겠는데 왜 한국의 진보 정당은 이런 모습일까? 다른 사민주의 국가, 복지 국가 들은 지금 어떻게 하고 있을까?

이런저런 물음과 씨름하다 보니, 이 물음에 대한 해답의 상당 부분을 정치에서 찾을 수 있을지도 모른다는 생각을 하게 됐습니다. 좋은 정치는 좋은 세상을 만드는 초석이니까요. 그렇다면 우리는 무엇을 해야 할까요? "어떻게 해야 정치가 좋아지는 것이냐?" 누군가 제게 물으신다면 다소 교과서적이지만 건전한 비판, 성숙한 참여가 중요하다고 답할 수밖에 없습니다. 시민들께서는 정치와 정치인에 관심을 가지고, 건전한 비판을 이어 갔으면 좋겠습니다. 언론을 통해서든 직접 소통을 통해서든, 정치권과 우리 사회가 돌아가는 모습에 귀를 많이 기울이셨으면 합니다. 그러다 보면 더 좋은 세상을 만드는 데 도움이 되는 정치와 그렇지 못한 정치가 구분이 되겠지요. 소중한 나의 투표로 잘한 정치인과 잘못한 정치인을 심판하고, 잘한다 싶은 정치인이 있으면 적극적으로 응원하셨으면 합니다. 자질 있는 정치인이 돈 때문에 쓰러지지 않도록 후원금도 보내고, 정당에 가입하셔도 좋겠습니다. 같은 생각을 가진 사람들이 모인 시민단체를 통해서 목소리를 내셔도 참 좋겠습니다.

비판하고 참여하고 격려하고, 이렇게 정치와 함께 숨 쉬는 사람이 늘어갈수록 우리 정치가 더 나은 방향으로 나아갈 것이라 믿습니다. 그 길에 이 책이 아주 작은 보탬이라도 될 수 있기를 바랍니다. 많은 분들의 삶에, 그리고 우리 사회 전체에 선선한 위로가 깃들길 간절히 기원합니다.

책을 쓰는 이유 & 감사의 글

기자가 되고 5년에 한 권씩은 책을 써야겠다고 결심했습니다. 자서전을 남기거나, 세상을 바라보는 저만의 시각을 에세이로 녹여 남길 만한 사람은 아니니, 그런 책을 쓸 생각은 처음부터 없었습니다. 다만 제가 취재한 것을 바탕으로, 역사의 기록으로 남기고 싶은 것을 모아 책으로 엮어야겠다고 생각했습니다.

2010년 국제부에 있으면서 세계의 가난한 사람들, 전쟁으로 고통받는 사람들, 특히 아이와 여성을 중심으로 한 프로그램을 열 편가량 만들었습니다. 프로그램을 만들면서 콩고민주공화국과 스리랑카, 파키스탄 등을 오갔습니다. 현지에서 쓴 일기를 많은 사람과 공유해도 좋겠다 싶어 책으로 엮었습니다. 2011년의 일입니다. 2014년부터 2016년까지 2년 반가량을 〈취재파일 K〉팀에 있었습니다. 노숙인, 비정규직 노동자, 성폭력 피해 여성 등 우리 사회 소수자를 많이 만났습니다. 보다 많은 이들에게 그 실상을 전하고 싶어 두 번째 책을 냈습니다. 2016년의 일입니다.

2020년과 2021년을 정치부에서 보내며 청와대와 총리실, 국회를 출입했습니다. 코로나19 유행의 한중간, 부동산 광풍이 몰아치던 시기에 여러 정치인과 관료를 만났습니다. 그들 나름대로 옳다고 생각하는 세상을 만들기 위해 분투하고 있었습니다. 그들을 만나며 때로는 깊이 실망하고 때로는 큰 희망을 보았습니다. 그들이 살아가는 이야기, 정치권에서 일어나고 있는 이야기들을 그냥 흘려보낼 수 없다는 생각이 들었습니다. 학부와 석사과정에서 정치학을 배웠음에도 불구하고 정치부에 와서야 정확하게 알게 된 여러 정치 상식을 많은 사람과 정제된 언어로 공유하고 싶다는 생각이 들었습니다. 저는 삶에 운명이 있다고 믿습니다. 정치부를 거치면서 제가 책으로 기록해야 할 시간이 다시 왔다는 생각이 들었습니다. 부족한 세 번째 책을 쓰게 된 제 나름의 이유입니다.

정치부에 있는 동안 부족한 저를 믿고 기다려 주고, 제게 큰 자극을 준 선후배, 동료에게 고마움을 전합니다. 다른 시각으로 정치 보도를 고민하게 해 주었고, 더 열심히 더 잘하고 싶다는 생각을 갖게 해 줬습니다. 더 나은 길을 찾을 수 있게 함께 고민하고 조언해 줬습니다. 고맙습니다.

이 책을 위한 인터뷰에 응해 준 정치인, 관료 들께도 감사를 전합니다. 여기 실린 인터뷰는 뜨거운 2021년의 여름에 이뤄졌습니다. 이분들 모두 저와 마주 앉아 진심을 다해 소통하고, 정성스럽게 답해 줬습니다. 공식적인 언론사 인터뷰가 아닌 개인 저작인데도 불구하고 이분들이 인터뷰에 흔쾌히 응해 준 이유는 무엇일까요? 사회에 보탬이 되는 책을 만들라는 격려, 본인 비전과 업무를 세상에 더 진실하게 설명해야 한다는 사명감, 정치에 대해 진지하게 고민하는 한 기자를 기특하게 여기는 마음 등 여러 가지가 섞여 있었을 겁니다. 이분들이 앞으로도 더 좋은 정치, 더 좋은 행정을 해 주길, 우리 사회의 더 큰 버팀목이 되어 주시길 간절히 바랍니다.

책의 초고를 보낸 뒤부터 지금까지 조언을 아끼지 않은 저의 편집자와 저의 오랜 대학 선배에게도 고마움을 전합니다. 그리고 저의 등대가 되어 주시는 신과 제 인생의 가장 큰 보물인 귀염둥이 아들도 참 고맙습니다. 마음속 품은 꿈을 하나둘씩 인생에서 이뤄 가고, 더 성숙하고 행복한 사람, 좋은 사람으로 커 가고 싶습니다.

미주

1   로버트 윌슨 지음, 허용범 옮김, 『대통령과 권력』, 나남, 2002, 23~24쪽.

2   막스 베버 지음, 박상훈 옮김, 『막스 베버, 소명으로서의 정치』, 후마니타스, 2013, 121쪽.

3   박상훈 지음, 『청와대 정부』, 후마니타스, 2018, 190쪽.

4   김남훈·김정섭, 「농업전망 2021: 코로나19 이후 농업·농촌의 변화와 미래」, 한국농촌경제연구원, 2021.01.22.

5   유정아 지음, 『당신은 상대의 아픔을 보지 못했다』, 쌤앤파커스, 2012, 210쪽.

6   「[홍세화 칼럼] 우리 대통령은 착한 임금님」, 《한겨레》, 2020.11.19. https://www.hani.co.kr/arti/opinion/column/970693.html

7   박상훈 지음, 『청와대 정부』, 후마니타스, 2018, 41쪽.

8   유정아 지음, 『당신은 상대의 아픔을 보지 못했다』, 쌤앤파커스, 2012, 78쪽.

9   황순영 지음, 『우리만 모르고 있는 마케팅의 비밀』, 범문사, 2003, 221쪽.

10 제9대 정일권 1964.05.10.~1970.12.20. (6년 225일),
    제11대 김종필 1971.06.04.~1975.12.18. (4년 198일),
    제12대 최규하 1976.03.13.~1979.12.05. (3년 268일),
    제18대 노신영 1985.05.16.~1987.05.25. (2년 9일),
    제21대 강영훈 1988.12.16.~1990.12.26. (2년 10일),
    제33대 이한동 2000.06.29.~2002.07.10. (2년 11일),
    제41대 김황식 2010.10.01.~2013.02.25. (2년 148일),
    제45대 이낙연 2017.05.31.~2020.01.14. (2년 228일)

11 정청래 지음, 『정청래의 국회의원 사용법』, 푸른숲, 2016, 141~142쪽.

12 민형배 지음, 『내일의 권력』, 단비P&B, 2015, 38쪽.

13 국회법 제33조(교섭단체) ① 국회에 20명 이상의 소속 의원을 가진 정당은 하나의 교섭단체가 된다. 다만, 다른 교섭단체에 속하지 아니하는 20명 이상의 의원으로 따로 교섭단체를 구성할 수 있다.

14 전진영, 「제20대 국회 입법활동 분석」, 국회입법조사처, 2020.12.30.

15 박선민 지음, 『국회라는 가능성의 공간』, 후마니타스, 2020, 141쪽.

16 박선민 지음, 『국회라는 가능성의 공간』, 후마니타스, 2020, 141쪽.

17 「[팩트체크] 국내 산업재해 사고 사망자 주요 선진국보다 많다?」, 《연합뉴스》, 2021.05.12. https://www.yna.co.kr/view/AKR20210512080000502

18 「알맹이 없는 중대재해법, 노회찬은 뭐라 말할까」, 《오마이뉴스》, 2021.07.06. http://omn.kr/1ubwm

19 「6·17 부동산 대책…"암덩어리 그대로 놓아둔 채 항생제 처방" 서울대 이준구 교수 쓴소리」, 《매일경제》, 2020.06.02. https://www.mk.co.kr/news/realestate/view/2020/06/632501/

20 전월세상한제와 계약갱신청구권제는 주택임대차보호법에, 전월세신고제는 부동산 거래신고에 관한 법률에 담겨 있다.

21 박선민 지음, 『국회라는 가능성의 공간』, 후마니타스, 2020, 166쪽.

22 막스 베버 지음, 이남석 옮김, 『행정의 공개성과 정치 지도자 선출 외』, 책세상, 2002, 55, 59, 62~63쪽.

23 민형배 지음, 『내일의 권력』, 단비P&B, 2015, 216쪽.

24 「국민이 뽑은 사람이 관료 통제해야 한다」, 《한겨레21》, 2020.05.08. https://h21.hani.co.kr/arti/politics/politics_general/48656.html

25 국회 법제사법위원회 소속 더불어민주당 소병철 의원이 법무부 출입국·외국인정책본부로부터 제출받은 '총 체류 외국인·불법체류 외국인 현황' 자료에 따른 수치.

26 국회의원 보좌진은 통상 9명으로 구성된다. 4급 보좌관 2명, 5급 비서관 2명, 6급, 7급, 8급, 9급 비서가 각각 1명, 인턴 1명으로 구성된다. 보좌관은 의원실에 따라 정책 보좌관과 정무 보좌관으로 업무가 나뉘어 있거나, 지역구 의원의 경우 보좌관 가운데 한 명을 지역구에 두기도 한다. 비서관은 주로 정책 업무를 담당하는 경우가 많고 비서들은 정책 업무, 수행 업무, 행정 업무 등을 나눠서 한다. 인턴은 의원실의 막내로 다방면의 일을 모두 담당하게 된다.

27 박상훈 지음, 『정치의 발견』, 후마니타스, 2015, 136쪽.

28 민형배 지음, 『내일의 권력』, 단비P&B, 2015, 272쪽.

29 국회 법제사법위원회에서는 다른 법률과 충돌하지 않는지 살피는 체계 심사와 법안에 적힌 문구가 적정한지 확인하는 자구 심사를 진행한다. 이를 아울러 체계·자구 심사라고 한다. 그런데 법사위에서 상임위 의결을 거친 법안을 심사를 핑계로 묶어 두거나 다시 논의하는 경우가 많았다.

30 더불어시민당이 더불어민주당으로, 미래한국당이 미래통합당으로 흡수 합당된 뒤인 2020년 5월 29일을 기준으로 함.

31 박상훈 지음, 『정치의 발견』, 후마니타스, 2015, 92쪽.

32 노암 촘스키 지음, 강주헌 옮김, 『그들에게 국민은 없다』, 모색, 1999, 14쪽.

33 진중권 지음, 『폭력과 상스러움』, 푸른숲, 2002년, 267쪽.

34 정세균 지음, 『정치 에너지』, 후마니타스, 2009, 133쪽.

35 표창원·구영식 지음, 『표창원, 보수의 품격』, 비아북, 2013, 116쪽.

36 박상훈 지음, 『정치의 발견』, 후마니타스, 2015, 77쪽.

37 최장집 지음, 『민중에서 시민으로』, 돌베개, 2009, 192쪽.

38 박상훈 지음, 『정치의 발견』, 후마니타스, 2015, 36쪽.

39 박상훈 지음, 『정치의 발견』, 후마니타스, 2015, 29쪽.

40 막스 베버 지음, 박상훈 옮김, 『막스 베버, 소명으로서의 정치』, 후마니타스, 2013, 201쪽.

41 박상훈 지음, 『정치의 발견』, 후마니타스, 2015, 46쪽.

42 정세균 지음, 『정치 에너지』, 후마니타스, 2009, 62쪽.

43 노암 촘스키 지음, 강주헌 옮김, 『그들에게 국민은 없다』, 모색, 1999, 140쪽.

큰글자책

정치, 이렇게 굴러갑니다

청와대, 총리실, 국회는 무슨 일을 하는가

© 손은혜 2022

2022년 6월 22일 초판 1쇄 발행
2022년 11월 15일 초판 2쇄 발행

지은이 손은혜
펴낸이 류지호 • 상무이사 김상기 • 편집이사 양동민
편집 이상근, 김희중, 곽명진 • 디자인 박은정
제작 김명환 • 마케팅 김대현, 정승채, 이선호 • 관리 윤정안

펴낸 곳 원더박스 (03150) 서울시 종로구 우정국로 45-13, 3층
대표전화 02) 420-3200 • 편집부 02) 420-3300 • 팩시밀리 02) 420-3400
출판등록 제300-2012-129호(2012. 6. 27.)

ISBN 979-11-90136-79-2 (03340)